הגדה של פסח · הגדה של הנפש

מגיד

חגי לונדין

הגדה של הנפש

הגדה של פסח ללִיל גאולה פנימית

קטעי סיפורת מאת
יובל פרוינד
ואיורים מאת
מירב בר לב

מגיד

Rabbi Hagay Lundin
Haggada of the Soul

חגי לונדין
הגדה של הנפש

עורך אחראי: ראובן ציגלר
עורכת משנה: אפרת גרוס
עריכה לשונית: דוד ברוקנר
עיצוב: אליהו משגב
עימוד: רינה בן גל
עיצוב הכריכה: אליהו משגב

ספרי מגיד, הוצאת קורן
ת"ד 4044 ירושלים 9104001
טל': 02-6330530 פקס: 02-6330534

www.maggidbooks.com

מסת"ב ISBN 978-965-526-289-6

נדפס בישראל תש"ף Printed in Israel 2020

לעילוי נשמת הורינו היקרים

הרב צבי יצחק ומרים לונדין ז״ל

הרב יצחק ישעיהו ובלומה רפפורט ז״ל

שיצאו בחייהם משעבוד לגאולה,

וזכו לראות בתקומת עם ישראל ולהקים דור ישרים.

תוכן העניינים

הקדמה

שערי השמיים נפתחים

חג הפסח אינו עוד חג בשרשרת החגים, אלא החג הפותח את מעגל השנה היהודי.[1] יציאת מצרים היא אחד המאורעות ההיסטוריים החשובים ביותר שלנו, והיא מלווה אותנו כמעט בכל זמן בחיינו: בתפילות השבת, בחגים וברבות ממצוות התורה מצוין שהם "זכר ליציאת מצרים". כולנו יודעים מה אירע ביציאת מצרים, אבל מדוע נעשה אירוע זה למרכזי כל כך, עד ש"מצווה להזכיר יציאת מצרים ביום ובלילה, שנאמר 'למען תזכור את יום צאתך מארץ מצרים **כל** ימי חייך'"?[2]

המדרש[3] מלמד כי "מתחילה לא היה עבד יכול לברוח ממצרים, שהיתה סוגרת ומסוגרת". ארץ מצרים איננה רק מקום גיאוגרפי, אלא 'בית העבדים' הגדול של העולם העתיק. גם אם הצליח עבד כלשהו לברוח ממצרים בגופו – "המצריות" המשיכה לשלוט בנפשו. מצרים, מלשון מֵצַר, היא ביטוי למצב של חסימה נפשית, צרות אופקים וחוסר התקדמות, או במילה אחרת – עבדות. התרבות המצרית שימשה מודל של כלל התרבות האלילית, הדוגלת בהעצמה של הצדדים היצריים והגסים שבנפש האנושית.

חוסר היכולת להשתחרר מהמוגבלות שכופות עלינו התאוות והחולשות – זוהי נשמת אפה של התרבות המצרית. העבדות הממשית במצרים הייתה רק ביטוי חברתי של האידיאולוגיה האלילית, של השקיעה המוחלטת – עד כדי אובדן חושים – בממד הגס שבחיים. לא בכדי היה השה (כבש) בעל החיים שבחר לו העם המצרי לאלוה.[4] השה הוא ביטוי לבעל חיים תמים, טבעי, שהולך כעדר אחר האינסטינקטים החייתיים ואינו מתנהל מתוך דעת ומוסר. לפני יציאת מצרים מצווה עם ישראל לקחת שה ולזבוח אותו – כלומר 'לשחוט' את הטבעיות העיוורת.[5]

ביציאת מצרים מנצח עם ישראל את הזמן.[6] זו הסיבה לכך שהתורה מספרת לנו שהיציאה נעשתה בחיפזון ובמהירות – היציאה מהבתים ולקיחת הבצק שלא הספיק לתפוח. זהו זמן שבו מתרחש דילוג, פסיחה, על הסדר הטבעי הרגיל.[7]

ביציאת מצרים מופיעה על בימת ההיסטוריה אומה המלמדת את האנושות כי אפשר להיות בני חורין, להתעלות מעל מגבלות המציאות, לגלות את המוסר, הטוב והצדק ולחשוף את **הערך** בחיים. תמצית עניינו של עם ישראל היא היציאה מן המְּצָרים העכשוויים והמוגבלים אל העתיד. לכן, אך טבעי הוא שיציאת מצרים מלווה בשידוד קוסמולוגי של מסגרות הטבע, בעשר המכות ובקריעת ים סוף.

יציאת מצרים היא נקודת המפנה על ציר הזמן שבה התברר כי ישנה חירות, כלומר ממד ערכי למציאות. החירות קובעת שהמציאות איננה רק מעגל חיים סתמי וטכני, אלא יש נקודת פריצה, יכולת לצאת מן המְּצָרים הטבעיים. מסיבה זו אנו אומרים: "בכל דור חייב אדם לראות עצמו כאילו **הוא** יצא ממצרים"[8] – בכל רגע מחיינו אנו צריכים **לחיות מחדש** את יציאת מצרים,[9] להתמודד עם משברים, לצלוח אתגרים, לשחרר את עצמנו מן החולשות, ההרגלים והמוסכמות ולתת לאור החירות להאיר בתוכנו.

חג הפסח הוא חג החופש. החג שבו נולד עם ישראל, החג שבו אנו נזכרים בכל שנה שניתן לנצח את הכול, לקפוץ ולפסוח מעל התהום. הרב קוק כתב כי "יציאת מצרים תישאר לעד האביב של העולם כולו".[10] האביביות, הפריחה, היכולת של הטבע לצאת ממגבלותיו – כל אלה מוטבעות באנושות מאז וממשיכות עד היום, בכל יום.

גולת הכותרת של חג הפסח היא ליל הסדר; זהו הלילה שבא 'לעשות סדר' בחיים. אך מהו בדיוק סדר? בתורה, סדר משמעו 'ערך'. כך מתרגם אונקלוס את הפסוק "**וְעָרַכְתָּ** אֶת עֶרְכּוֹ"[11] – "ותסדר ית סדריה". קיומה של מציאות מסודרת מעיד על כך שמאחוריה עומדות כוונה ומטרה, והן שגורמות לה להופיע דווקא בצורה זו ולא אחרת. 'ליל הסדר' הוא, לפיכך, **ליל הערך**. הלילה שבו הופיע הלאום הישראלי על בימת ההיסטוריה הוא הלילה המסדר את המציאות כולה והנותן לה את משמעותה הערכית. ממילא מובן, כי גם ללילה זה צריך להיות סדר פנימי.

ליל הסדר מורכב מחמישה עשר שלבים, שסודרו בימי הראשונים:[12] **קַדֵּשׁ. וּרְחַץ. כַּרְפַּס. יַחַץ. מַגִּיד. רָחְצָה. מוֹצִיא. מַצָּה. מָרוֹר. כּוֹרֵךְ. שֻׁלְחָן עוֹרֵךְ. צָפוּן. בָּרֵךְ. הַלֵּל. נִרְצָה.**

חמישה עשר שלבים אלה הם כנגד חמש עשרה המעלות[13] (מדרגות) שהיו בבית המקדש, שעליהן היו עומדים הלוויים בחג הסוכות ומשוררים את חמישה עשר שירי המעלות שבספר תהילים. משמעות הדברים היא שאף בלילה הזה, ליל הסדר, אנו עוברים תהליך של התעלות, המרומם אותנו באופן מדורג ומובנה אל על.[14] כפי שנראה,

בסוף ליל הסדר אנו מגיעים אל מדרגת הקדושה הגבוהה ביותר, אוכלים 'על השובע' אכילה לשם אכילה, מקדשים את החומר ו'מעלים ניצוצות'. מדרגות שלאורך השנה כולה רחוקות מהישג ידינו, הופכות בלילה הזה להיות נגישות לכל. בלילה הזה אנו מצויים מעל הזמן – "כי בחיפזון יצאת מארץ מצרים",[15] וההשתחררות ממגבלות הזמן והטבע מאפשרת לחבר בין העולמות.[16]

ליל הסדר לא אמור להיות לילה מתיש העמוס בטקסטים לא מובנים, במאכלים מוזרים ובמפגשים משפחתיים מעיקים, אלא לילה שבו נפתחים שערי השמיים והקב"ה נושא אותנו "על כנפי נשרים",[17] עד שכל אחד ואחת יכולים לגעת בכוכבים, לפסוח ולדלג מעל מדרגות. זהו לילה קצר, שבו דחוסים בתמצית כל תהליכי השחרור, ההתעלות וההתקדמות של חיינו. לכל מילה בהגדה, לכל הלכה, לכל מנהג ולכל מאכל, יש משמעות קיומית, רוחנית, נפשית ומעשית אדירה. זהו לילה מופלא, ששבו חייבים לפסוח, ואותו אסור להחמיץ.

ההגדה היא ככל הנראה הטקסט היהודי שסביבו התחברו הפירושים הרבים ביותר. ועם זאת, רבים מהפירושים מתמקדים בדור הצעיר, ועם השנים נוצר הרגל שעל מנת לקיים את הציווי "והגדת לבנך" יש לפנות רק למכנה המשותף הנמוך של יושבי הסדר, וכך הופך סיפור ההגדה להיות רק סיפור לילדים. בביאור זה של ההגדה ננסה לפנות דווקא אל המבוגרים שבחבורה. חשוב לזכור שלא רק הילדים יצאו ממצרים אלא גם ההורים, והציווי "והגדת לבנך" מכוון גם לבן ולבת שהגיעו לגיל חמישים ושמונים.[18] להגדה יש אמנם פשט, אבל ככל התכנים שנכתבו ברוח הקודש גם עיקר עניינה של ההגדה נמצא בדרש, ברמז ובסוד, ועל מנת לצאת מהמְּצָרים יש להבין את המשמעות העמוקה של דברי ההגדה. למעשה, לימוד דברי ההגדה באופן המתעלה ממובנם הפשוט אל מובנם המופשט – הוא עצמו סוג של יציאה לחירות: יציאה מהבנה גולמית ומוגשמת אל ההבנה הפנימית.

בחיבור זה ניסינו לבאר את מהלך ליל הסדר ואת מילות ההגדה באופן שיבהיר כיצד המילים הקדושות הללו, שנכתבו לפני אלפי שנים, גונזות בתוכן תוכן שרלוונטי לנפש האיש והאישה החיים בתרבות המאה ה־21. בלילה הזה אנו צועדים יד ביד עם פסוקי הנבואה ועם דברי חכמי ישראל לאורך הדורות, המלווים אותנו צעד אחר צעד ומלמדים כיצד לצאת מכל השעבודים בחיינו. זוהי הנגיעה של נבואת ישראל בנקודה הקיומית, כי היכולת להשתחרר מכל המְּצָרים שבחיינו – התאוות, ההתמכרויות, הדיכאונות, הכישלונות, האכזבות – נרכשת בליל הסדר. ההפנמה כי כל אחד ואחת יכולים לצאת ממצרים הפרטית, לפרוץ כל גבול ולגעת בתקווה, באהבה ובאמונה – כל אלו מקבלים בלילה זה משמעות חדשה.

רבים סייעו לי במסע הזה של היציאה לחירות:

בראש ובראשונה אשתי אפרת וחמשת בניי – יצחק, דוד, יהודה, ישי ורועי – שמלמדים אותי בכל יום מהי המשמעות של משפחת בנים בת חורין ופורצת גבולות. לרבי יהושע מילר, מנכ״ל הוצאת קורן, שהסכים לאתגר ההוצאה לאור של ביאור לא־שגרתי על ההגדה ותמך לאורך כל הדרך. לרב דרור יהב על העריכה התוכנית, לרב ראובן ציגלר על הליווי ולאפרת גרוס עורכת המשנה. לרב יובל פרוינד שהוסיף קטעי סיפורת של המסע הנפשי שאנו עוברים בלילה הזה. לרב שלמה בן יאיר, שהוסיף את מראי המקום ונאלץ לעמול קשה כדי ׳להיכנס לראש׳ שלי ולהבין כיצד הגעתי מן המקורות לדברי הביאור; למירב בר לב על האיורים הקולעים; לדוד ברוקנר על עריכת הלשון; לאליהו משגב ולרינה בן גל על העיצוב הייחודי; ולפני הכול ואחרי הכול – לאדון כול, שמוציא אותנו בכל רגע ורגע לחירות מן הכול.

וכעת – בואו נתחיל לצאת לחירות, צעד אחר צעד.

חגי לונדין
ניסן תש״ף

ביעור חמץ

אור לארבעה עשר בניסן (ואם חל בשבת – אור לשלושה עשר)
בודקין את החמץ לאור הנר.
לפני הבדיקה מברכים:

בָּרוּךְ אַתָּה יהוה אֱלֹהֵינוּ מֶלֶךְ הָעוֹלָם
אֲשֶׁר קִדְּשָׁנוּ בְּמִצְוֹתָיו, וְצִוָּנוּ עַל בִּעוּר חָמֵץ.

אחר הבדיקה אומרים:

כָּל חֲמִירָא וַחֲמִיעָא דְּאִכָּא בִרְשׁוּתִי
דְּלָא חֲמִתֵּהּ וּדְלָא בִעַרְתֵּהּ
לִבְטִיל וְלֶהֱוֵי הֶפְקֵר כְּעַפְרָא דְאַרְעָא.

ערב פסח שחרית, בשעה החמישית של היום, שורפים את החמץ
ואחר כך אומרים:

כָּל חֲמִירָא וַחֲמִיעָא דְּאִכָּא בִרְשׁוּתִי
דַּחֲמִתֵּהּ וּדְלָא חֲמִתֵּהּ,
דְּבִעַרְתֵּהּ וּדְלָא בִעַרְתֵּהּ
לִבְטִיל וְלֶהֱוֵי הֶפְקֵר כְּעַפְרָא דְאַרְעָא.

עירוב תבשילין

בחוץ לארץ, אם חל ערב פסח ביום הרביעי, עושים עירוב תבשילין.
נוטלים מצה ותבשיל ואומרים:

בָּרוּךְ אַתָּה יהוה אֱלֹהֵינוּ מֶלֶךְ הָעוֹלָם
אֲשֶׁר קִדְּשָׁנוּ בְּמִצְוֹתָיו וְצִוָּנוּ עַל מִצְוַת עֵרוּב.

בְּדֵן עֵרוּבָא יְהֵא שְׁרֵא לָנָא לְמֵיפֵא וּלְבַשָּׁלָא
וּלְאַטְמָנָא וּלְאַדְלָקָא שְׁרָגָא
וּלְמֶעְבַּד כָּל צָרְכָּנָא
מִיּוֹמָא טָבָא לְשַׁבְּתָא לָנוּ וּלְכָל יִשְׂרָאֵל
הַדָּרִים בָּעִיר הַזֹּאת.

הגדה
של פסח

הדלקת נרות

המנהג הנפוץ בהדלקת נרות הוא שהאישה מדליקה קודם את הנרות ואז מכסה את עיניה בידיה ומברכת:

בָּרוּךְ אַתָּה יהוה אֱלֹהֵינוּ מֶלֶךְ הָעוֹלָם
אֲשֶׁר קִדְּשָׁנוּ בְּמִצְוֹתָיו
וְצִוָּנוּ לְהַדְלִיק נֵר שֶׁל יוֹם טוֹב.

אם הדלקת הנרות נעשית לפני הקידוש מברכת האישה גם:

בָּרוּךְ אַתָּה יהוה אֱלֹהֵינוּ מֶלֶךְ הָעוֹלָם
שֶׁהֶחֱיָנוּ וְקִיְּמָנוּ, וְהִגִּיעָנוּ לַזְּמַן הַזֶּה.

כאשר יום החג הוא בשבת מדליקים נרות לפני כניסת השבת ומברכים:

בָּרוּךְ אַתָּה יהוה אֱלֹהֵינוּ מֶלֶךְ הָעוֹלָם
אֲשֶׁר קִדְּשָׁנוּ בְּמִצְוֹתָיו
וְצִוָּנוּ לְהַדְלִיק נֵר שֶׁל שַׁבָּת וְשֶׁל יוֹם טוֹב.

ואחר כך:

בָּרוּךְ אַתָּה יהוה אֱלֹהֵינוּ מֶלֶךְ הָעוֹלָם
שֶׁהֶחֱיָנוּ וְקִיְּמָנוּ, וְהִגִּיעָנוּ לַזְּמַן הַזֶּה.

תפילה אחרי הדלקת הנרות:

יְהִי רָצוֹן מִלְּפָנֶיךָ יהוה אֱלֹהַי וֵאלֹהֵי אֲבוֹתַי, שֶׁתְּחוֹנֵן אוֹתִי (מוסיפה: וְאֶת אִישִׁי / אם הוריה חיים: וְאֶת אָבִי / וְאֶת אִמִּי / אם יש לה ילדים: וְאֶת בָּנַי וְאֶת בְּנוֹתַי) וְאֶת כָּל קְרוֹבַי, וְתִתֶּן לָנוּ וּלְכָל יִשְׂרָאֵל חַיִּים טוֹבִים וַאֲרֻכִּים, וְתִזְכְּרֵנוּ בְּזִכְרוֹן טוֹבָה וּבְרָכָה, וְתִפְקְדֵנוּ בִּפְקֻדַּת יְשׁוּעָה וְרַחֲמִים, וּתְבָרְכֵנוּ בְּרָכוֹת גְּדוֹלוֹת, וְתַשְׁלִים בָּתֵּינוּ וְתַשְׁכֵּן שְׁכִינָתְךָ בֵּינֵינוּ. וְזַכֵּנִי לְגַדֵּל בָּנִים וּבְנֵי בָנִים חֲכָמִים וּנְבוֹנִים, אוֹהֲבֵי יהוה יִרְאֵי אֱלֹהִים, אַנְשֵׁי אֱמֶת זֶרַע קֹדֶשׁ, בַּיהוה דְּבֵקִים וּמְאִירִים אֶת הָעוֹלָם בַּתּוֹרָה וּבְמַעֲשִׂים טוֹבִים וּבְכָל מְלֶאכֶת עֲבוֹדַת הַבּוֹרֵא. אָנָּא שְׁמַע אֶת תְּחִנָּתִי בָּעֵת הַזֹּאת בִּזְכוּת שָׂרָה וְרִבְקָה וְרָחֵל וְלֵאָה אִמּוֹתֵינוּ, וְהָאֵר נֵרֵנוּ שֶׁלֹּא יִכְבֶּה לְעוֹלָם וָעֶד, וְהָאֵר פָּנֶיךָ וְנִוָּשֵׁעָה. אָמֵן.

קדש

ורחץ

כרפס

יחץ

מגיד

רחצה

מוציא מצה

מרור

כורך

שולחן עורך

צפון

ברך

הלל

נרצה

קדש

שאיפות

את ליל הסדר אנו פותחים בהכרזה: קדש!

מהי השאיפה שלנו בלילה הזה? – להתקדש. לא פחות!

יציאת מצרים איננה רק התרפקות על מאורע היסטורי זכור לטוב, אלא היכולת לצאת מהמְּצָרים המעיקים עלינו בכל דור ודור, והיינו – להתקדש. פירוש המילה 'קדושה' הוא לייחד את עצמנו לדבר מסוים,[19] כדוגמת חפצים שהוקדשו לבית המקדש. כך, בליל הסדר אנו מייחדים את עצמנו למטרה העליונה של החיים – שכל מעשינו, דיבורינו ומחשבותינו – יוכוונו למטרה אחת ולאחדות אחת: לגעת באלוהים. זוהי ההתקדשות.

השקיעה בעבדות, לעומת זאת, היא הפיזור לצדדים הטבעיים והחומרניים של החיים: ההתבוססות בתאוות, ביצרים, בכישלונות ובאכזבות.[20]

'קדושה' היא מילת קוד שמבטאת את האפשרות לצאת משעבוד היצרים אל החופש העליון.[21]

חופש הוא הערך המוביל של הדורות האחרונים. כולם מבקשים אותו, שרים עליו ומעריצים אותו, וכמעט אף אחד לא שואל: למה? האם חופש יכול להיות אין־סופי? האם באמת כדאי לשחרר כל דבר? האם טוב לשחרר את האדם מקולות המצפון, ולתת לו לעשות ככל העולה על רוחו? כולנו נסכים שלא כדאי לשחרר רוצח מסוכן מבית הכלא לשם החופש - ומדוע נחשוב אחרת כאשר מדובר בערכי מוסר?

נראה שיש שני סוגים של חופש: חופש "עליון" שהוא קדוש ומבורך, וחופש "תחתון" שהוא סבוך ומסוכן. ההבדל ביניהם הוא בשאלה לאיזה אזור בנפש אנחנו רוצים לאפשר שחרור וזרימה מיטבית.

החופש התחתון תובע לשחרר את **הגוף** מכל כבליו, מכל עול ומוסר, ולתת דרור ליצרים הפראיים. לעומתו, החופש העליון תובע לשחרר את **הנשמה** מכל כבליה, מכל עיוורון ורוע, מן הקיבעון והקטנוניות.

יציאת מצרים היא זמן חירותנו: חגו של החופש הישראלי שמבשר לעולם על כוחה האדיר של הנשמה, ועם זאת גם קריאת מלחמה ב"חופש" המצרי, שכל כולו אינו אלא שיעבוד.

בליל הלידה הלאומי של עם ישראל, נראה כי הפנייה הטבעית אמורה הייתה להיות אל הציבור – 'קדשו!'. מדוע, אם כן, הנוסח שקבעו חכמים הוא בלשון יחיד, 'קדש'?

אין זאת אלא שלמרבה הפלא, בלילה זה אנו מטפלים גם במצוקותיו ובמעמדו של היחיד.

במהלך יציאת מצרים, כאשר מגיעה האומה לקריעת ים־סוף אנו מוצאים שני פסוקים הנראים כסותרים זה את זה. מחד נאמר "וַיָּבֹאוּ בְנֵי יִשְׂרָאֵל בְּתוֹךְ הַיָּם בַּיַּבָּשָׁה", ומאידך נאמר "וּבְנֵי יִשְׂרָאֵל הָלְכוּ בַיַּבָּשָׁה בְּתוֹךְ הַיָּם".[22] מסביר הגאון מווילנא:[23] כאשר עם ישראל יצא ממצרים, הסתדר באופן טבעי בטור ארוך – ונמצא שכאשר ראש הטור של עם ישראל נכנס לתוך הים, היה שאר הטור עדיין ביבשה, וכאשר ראש הטור יצא אל היבשה, עדיין היה סוף הטור בתוך הים.

על משקל דומה, אפשר לומר כי ישנו טור נשמתי היוצא כל העת ממצרים. בכל

רגע ורגע משתחררים כל אחד ואחת מאיתנו ממְצָרֵי החיים. ישנם כאלה הצועדים בראש הטור – אלה הם האנשים בעלי שאר הרוח, החיים איתנו בגופם, אולם בנשמתם מצויים מאות שנים קדימה, במעמקיה של הגאולה העתידית. ולעומתם ישנם כאלה שגופם חי איתנו, אך במעמדם הנפשי הם מצויים מאות שנים מאחור, אי שם בימות הביניים. אך אל חשש – כולם יוצאים ממצרים, וכולם מתקדמים כל העת.

בתחילתו של ליל הסדר פונה ההגדה אל האדם, ושואלת אותו באופן נוקב: אתה! היכן **אתה** מצוי בטור היוצא ממצרים? איפה את מצויה במסלול החיים האישי שלך? עם ישראל ייגאל כולו בסופו של דבר, ויגאל עימו את העולם כולו; ואולם השאלה היא האם את ואתה מתקדמים ביציאה הפרטית שלכם ממצרים? היכן אתם ממוקמים בטור הנשמתי שיוצא משעבוד לחירות? זהו הלילה שבו אמור כל יחיד לעגן עצמו בשרשרת הדורות הנולדת בלילה הזה, ולהתחבר אל הכלל.[24]

מספרים על רבי זושא מאניפולי שאמר פעם: כשאגיע לעולם האמת, לא ישאלו אותי 'זושא, למה לא היית אברהם אבינו?', אלא: 'זושא, למה לא היית זושא?'.

בחשבון האמיתי, הקדוש ברוך הוא לא רוצה שתהיה 'כמוהו' ושתהיי 'כמוה'.

אין ציונים ותעודות לפניו יתברך, אין השוואות, סטטיסטיקות וגרפים.

יש שביל אחד בלבד: השביל שלך. רק אתה קיבלת אותו, רק את הולכת בו – ורק על־פיו נקבעת ההתקדמות או הנסיגה שלך.

בשביל הזה, כל התגברות על מכשול היא "יציאת מצרים" קטנה. כל התעלות והתעצמות היא "קריעת ים סוף". ולפעמים צריך גם ללכת שעות רבות ומתישות במדבר, עד שברגעי השיא זוכים להיכנס לארץ ישראל.

ולכן הפסק לפזול לצדדים, לשביליהם של אחרים, ולחשוב שאם אתה "עוקף" אותם, או נמצא "מאחוריהם", יש לכך משמעות כל שהיא. היישר מבט אל הקוצים והמזיקים שבדרכך, בהם עוד לא טיפלת, ואל הנופים והמעיינות המיוחדים לך, שאותם עוד לא גילית.

"זה הכול בשבילך..."

במבט חיצוני נדמה שאין הבדל מהותי בין סיפור יציאת מצרים לבין שחרור לאומי מסוג אחר. אולם בעזרת תהליך מדורג של שתיית ארבע כוסות המלאות ביין – נוזל פנימי, הנסחט מתוכיותו של פרי הגפן – ניתן להעמיק ולזהות ארבעה רבדים המייחדים לילה זה, והופכים את יציאת מצרים ל'אביב החירות' של העולם כולו.

בלילה הזה אנו מתוודעים, באופן מובנה ושיטתי, לזהותנו המתגבשת על ידי ארבע לשונות של גאולה:

א) "**וְהוֹצֵאתִי** אֶתְכֶם מִתַּחַת סִבְלֹת מִצְרַיִם"

ב) "**וְהִצַּלְתִּי** אֶתְכֶם מֵעֲבֹדָתָם"

ג) "**וְגָאַלְתִּי** אֶתְכֶם בִּזְרוֹעַ נְטוּיָה וּבִשְׁפָטִים גְּדֹלִים"

ד) "**וְלָקַחְתִּי** אֶתְכֶם לִי לְעָם וְהָיִיתִי לָכֶם לֵאלֹהִים".[25]

הכוס הראשונה היא כנגד "וְהוֹצֵאתִי אֶתְכֶם מִתַּחַת סִבְלֹת מִצְרַיִם", ומשמשת ככוס הקידוש: עד ללילה זה הייתה האנושות מצויה לכאורה ללא קדושה, שרויה כולה "תַּחַת סִבְלֹת מִצְרַיִם", ונדמה היה כי נגזר על האדם להתקיים מתוך סבל ושעבוד. בניגוד למצב הפשוט והזורם של הדומם, הצומח והחי, המוצאים את צורכיהם מזומנים להם מן הטבע ללא מאמץ מיוחד, האדם נזקק לעמל רב כדי לספק את צרכיו, ונאלץ להתאים את עצמו למציאות הטבעית. במאבק שבין הטבע הגס לבין הרוח האנושית, נראה כאילו האנושות מפסידה, וכאילו הטבע של 'מצרים' שולט בנו לנצח.

ביציאת מצרים מתברר כי ההפך הוא הנכון: עם ישראל מכריז על יכולתה של האנושות לצאת מן המְצָרים של הטבע העולמי הגס. שאר מרכיבי היש – הדומם, הצומח והחי – הם פועל יוצא של הבריאה הטבעית, חסרת הבחירה. לעומתם נקרא האדם לבחור בטוב, להוציא במאמץ אדיר את המציאות מגסותה, ובכך להשתחרר ולצאת ממגבלות הטבע, מ"סבלות מצרים", ולהיות בן חורין.

ועל כך – אנו מברכים בכוס הראשונה של הקידוש.

ר' נחמן מברסלב מצייר באחת מתורותיו ציור מתעתע - טור עיוורים ההולכים בשביל מפותל ללא שום אמצעי עזר. העיוור הראשון אוחז בידו של השני, השני בידו של השלישי, וכך הלאה. הם צועדים בבטחה ובשמחה לעבר האופק - למרות שאינם רואים דבר.

הא כיצד? מפני שבראש הטור צועד אדם פיקח, הרואה את המשך הדרך ומוביל אחריו את השיירה כולה. האדם האחד הזה מסוגל להנהיג עשרות ומאות עיוורים, שאוחזים זה בזה, יד ביד, עד אליו.

כך הם חיינו, אומר ר' נחמן. רובם של הרגעים - עיוורים. ברובם של הימים הלב ישן שינה עמוקה. ישנם הרבה שאלות, בלבולים ותעתועים, והערפל מכסה את השביל.

אבל ישנו יום אחד, יום מיוחד, 'מנהיג', שבו הראות משתפרת פלאים ואפשר לראות הכול בבהירות. ביום זה אפשר לחוש את האמת, לזהות את המשמעות ולדעת בוודאות לאן ללכת.

יום כזה יכול להיות ליל הסדר, הקובע את הסידור והמבנה של השנה כולה.

מוזגים כוס ראשונה ומקדשים.

הנני מוכן ומזומן לקיים מצוות כוס ראשונה של ארבע כוסות. לשם ייחוד קודשא בריך הוא ושכינתיה על ידי ההוא טמיר ונעלם בשם כל ישראל.

כשחל בשבת מתחילים כאן:

בראשית א בלחש: **וַיְהִי־עֶרֶב וַיְהִי־בֹקֶר**

בראשית ב **יוֹם הַשִּׁשִּׁי: וַיְכֻלּוּ הַשָּׁמַיִם וְהָאָרֶץ וְכָל־צְבָאָם: וַיְכַל אֱלֹהִים בַּיּוֹם הַשְּׁבִיעִי מְלַאכְתּוֹ אֲשֶׁר עָשָׂה, וַיִּשְׁבֹּת בַּיּוֹם הַשְּׁבִיעִי מִכָּל־מְלַאכְתּוֹ אֲשֶׁר עָשָׂה: וַיְבָרֶךְ אֱלֹהִים אֶת־יוֹם הַשְּׁבִיעִי, וַיְקַדֵּשׁ אֹתוֹ, כִּי בוֹ שָׁבַת מִכָּל־מְלַאכְתּוֹ, אֲשֶׁר־בָּרָא אֱלֹהִים, לַעֲשׂוֹת.**

אם ליל הסדר חל ביום חול מתחילים כאן:

סברי מרנן

בָּרוּךְ אַתָּה יהוה
אֱלֹהֵינוּ מֶלֶךְ הָעוֹלָם
בּוֹרֵא פְּרִי הַגָּפֶן.

יוֹם הַשִּׁשִּׁי – לאחר שש שלבי הבריאה, הגענו לשלב בו **וַיְכֻלּוּ הַשָּׁמַיִם וְהָאָרֶץ** – הסתיימו ['כָּלוּ'] יצירותיהם של ממדי הרוח המצויים אי־שָׁם ['שָׁמַיִם'], ושל ממדי החומר בהם שטף החיים רָץ ['אָרֶץ'], **וְכָל־צְבָאָם** – כלל הכוחות שמשרתים אותם.

וַיְכַל אֱלֹהִים בַּיּוֹם הַשְּׁבִיעִי מְלַאכְתּוֹ אֲשֶׁר עָשָׂה – הכוח האלוהי, המוביל את היקום אֶל הטוב ואֵל האחדות, השלים את כל ['וַיְכַל'] עשייתו ביום השְּׁבִיעִי[26]; מה שמביא **לַוַּיִּשְׁבֹּת בַּיּוֹם הַשְּׁבִיעִי מִכָּל־מְלַאכְתּוֹ אֲשֶׁר עָשָׂה** – לשביתה מכל עשייה, עבודה ושליחות ['מלאכות'], לחשיפת הנקודה הפנימית שמעניקה תחושת שובע ['שְׂבִיעִי']. בציר הזמן של העמל והשאיפות היומיומיים, ישנו רגע בו מתנוצצת השלמות.

וַיְבָרֶךְ אֱלֹהִים אֶת־יוֹם הַשְּׁבִיעִי – היום השביעי מחובר [מוּברך] עם המטרה האלוהית, **וַיְקַדֵּשׁ אֹתוֹ** – והוא מתייחד אל הקדושה. מדוע? **כִּי בוֹ שָׁבַת מִכָּל־מְלַאכְתּוֹ, אֲשֶׁר־בָּרָא אֱלֹהִים, לַעֲשׂוֹת** – בתוך תהליך העשייה וההתקדמות אל ה'אֵל' (היעד) האלוהי בחיינו, קיימת נקודה של מנוחה שבה שָׁב ['שָׁב־ת'] ומתברר ייעודו המקורי של עולמנו – שבת, המזכירה לנו מה מטרתה של העשייה האנושית.

המקדש שואל: **סַבְרִי מָרָנָן?** – רבותי, האם אתם סוברים כך? האם אתם, המקשיבים לקידוש, מעוניינים לצאת ידי חובה בברכתי?

המקדש מברך: **בָּרוּךְ אַתָּה יהוה אֱלֹהֵינוּ מֶלֶךְ הָעוֹלָם, בּוֹרֵא פְּרִי הַגָּפֶן** – היין מבטא את העולם הפנימי: הענבים הם ביטוי למעטפת חיצונית שמתרסקת, ומתוכה ניגר הנוזל שהיה נסתר וחבוי.[27] בנוסף נוזל היין מוציא את הפנימיות החבויה אצל האדם, כדברי חכמים: "נכנס יין יצא סוד".[28] בליל הסדר (וכן ברגעים אחרים של חשיפת הפנימיות, כדוגמת שבת, פורים, חתונה, ברית מילה וכדומה) – אנו מברכים על היין.

בָּרוּךְ אַתָּה יהוה אֱלֹהֵינוּ מֶלֶךְ הָעוֹלָם, אֲשֶׁר בָּחַר בָּנוּ מִכָּל עָם, וְרוֹמְמָנוּ מִכָּל לָשׁוֹן, וְקִדְּשָׁנוּ בְּמִצְוֹתָיו – מעבר לקדושת השבת, שהיא קדושה אלוהית הנובעת מן העולם העליון, ישנה גם קדושת המועדים, שהיא פועל יוצא של חיינו כעם, כאשר בית הדין, המייצג את האומה, מקדש חודשים ומכריז מתי יחולו המועדים[29] -

וַתִּתֶּן לָנוּ יהוה אֱלֹהֵינוּ בְּאַהֲבָה (שַׁבָּתוֹת לִמְנוּחָה ו)מוֹעֲדִים לְשִׂמְחָה, חַגִּים וּזְמַנִּים לְשָׂשׂוֹן – עם ישראל, באמצעות בית הדין המקדש את החודש, קובע רגעים שבו הוא נפגש ומתוועד עם בורא עולם, והם מביאים לשמחה נקודתית ולתחושת ששון מתמשכת.

(לשבת: **אֶת יוֹם (הַשַּׁבָּת הַזֶּה וְאֶת יוֹם) חַג הַמַּצּוֹת הַזֶּה זְמַן חֵרוּתֵנוּ** – זהו יום שבו אנו משתחררים מכוחות החיים שמחמיצים אותנו, וחגים סביב הנקודה הפנימית הדקה ['מצה'], מנוקים מכל שעבוד ומצויים בחירות ובחופש עליון (**לשבת: בְּאַהֲבָה** – בשבת, שכאמור לעיל נובעת מהצד האלוהי של חיינו, ולא מצדנו האנושי,[30] מופיע שפע אהבה ורצון מעל ומעבר לימי המועד הרגילים),

מִקְרָא קֹדֶשׁ זֵכֶר לִיצִיאַת מִצְרָיִם – המועדים הללו, ש'קוראים' עליהם קדושה, מחיים בנו את המאורע המכונן של לידתנו הלאומית ביציאת מצרים, שבעומק העניין מזכירה לנו את יכולתנו לצאת מהמְצָרים האישיים והציבוריים בכל דור ודור; **כִּי בָנוּ בָחַרְתָּ וְאוֹתָנוּ קִדַּשְׁתָּ מִכָּל הָעַמִּים, (וְשַׁבָּת) וּמוֹעֲדֵי קָדְשֶׁךָ (בְּאַהֲבָה וּבְרָצוֹן) בְּשִׂמְחָה וּבְשָׂשׂוֹן הִנְחַלְתָּנוּ. בָּרוּךְ אַתָּה יהוה, מְקַדֵּשׁ (הַשַּׁבָּת וְ)יִשְׂרָאֵל וְהַזְּמַנִּים.**

בָּרוּךְ אַתָּה יהוה
אֱלֹהֵינוּ מֶלֶךְ הָעוֹלָם
אֲשֶׁר בָּחַר בָּנוּ מִכָּל עָם
וְרוֹמְמָנוּ מִכָּל לָשׁוֹן
וְקִדְּשָׁנוּ בְּמִצְוֹתָיו
וַתִּתֶּן לָנוּ יהוה אֱלֹהֵינוּ
בְּאַהֲבָה (שַׁבָּתוֹת לִמְנוּחָה
ו)מוֹעֲדִים לְשִׂמְחָה
חַגִּים וּזְמַנִּים לְשָׂשׂוֹן
אֶת יוֹם (הַשַּׁבָּת הַזֶּה וְאֶת יוֹם)
חַג הַמַּצּוֹת הַזֶּה
זְמַן חֵרוּתֵנוּ (בְּאַהֲבָה)
מִקְרָא קֹדֶשׁ
זֵכֶר לִיצִיאַת מִצְרָיִם
כִּי בָנוּ בָחַרְתָּ וְאוֹתָנוּ קִדַּשְׁתָּ
מִכָּל הָעַמִּים, (וְשַׁבָּת)
וּמוֹעֲדֵי קָדְשֶׁךָ (בְּאַהֲבָה וּבְרָצוֹן)
בְּשִׂמְחָה וּבְשָׂשׂוֹן הִנְחַלְתָּנוּ.
בָּרוּךְ אַתָּה יהוה
מְקַדֵּשׁ (הַשַּׁבָּת וְ)יִשְׂרָאֵל וְהַזְּמַנִּים.

כשחל במוצאי שבת קודש מקדשין בסדר יקנה"ז –
ראשי תיבות: יין, קידוש, נר, הבדלה, זמן:

בָּרוּךְ אַתָּה יהוה
אֱלֹהֵינוּ מֶלֶךְ הָעוֹלָם
בּוֹרֵא מְאוֹרֵי הָאֵשׁ.

בָּרוּךְ אַתָּה יהוה
אֱלֹהֵינוּ מֶלֶךְ הָעוֹלָם
הַמַּבְדִּיל בֵּין קֹדֶשׁ לְחֹל
בֵּין אוֹר לְחֹשֶׁךְ
בֵּין יִשְׂרָאֵל לָעַמִּים
בֵּין יוֹם הַשְּׁבִיעִי
לְשֵׁשֶׁת יְמֵי הַמַּעֲשֶׂה
בֵּין קְדֻשַּׁת שַׁבָּת
לִקְדֻשַּׁת יוֹם טוֹב הִבְדַּלְתָּ
וְאֶת יוֹם הַשְּׁבִיעִי
מִשֵּׁשֶׁת יְמֵי הַמַּעֲשֶׂה קִדַּשְׁתָּ
הִבְדַּלְתָּ וְקִדַּשְׁתָּ
אֶת עַמְּךָ יִשְׂרָאֵל בִּקְדֻשָּׁתֶךָ.
בָּרוּךְ אַתָּה יהוה
הַמַּבְדִּיל בֵּין קֹדֶשׁ לְקֹדֶשׁ.

המעבר בין ימי הקודש לימי החול מצריך ריכוך. חכמים דאגו למעבר הדרגתי מיום של התעלות רוחנית לשגרת השבוע השוחקת, ולכן פותחים בנגיעה בנקודה הפנימית המבוטאת ביין; מייחדים את הרגע לקדושה; מתרגלים לשיבה אל היצירה האנושית, המתבטאת באש; מפתחים את יכולת הבדלה; ומתמקדים בזמן המיוחד.

בָּרוּךְ אַתָּה ה' אֱלֹהֵינוּ מֶלֶךְ הָעוֹלָם, בּוֹרֵא מְאוֹרֵי הָאֵשׁ – חכמים מלמדים כי הזמן שבו גילה אדם הראשון את האש היה במוצאי שבת.[31] כעת, בצאת השבת, זהו הזמן שבו מתחדשת היצירה האנושית, המבוטאת באופן מובהק באש.

בָּרוּךְ אַתָּה ה' אֱלֹהֵינוּ מֶלֶךְ הָעוֹלָם, הַמַּבְדִּיל בֵּין קֹדֶשׁ לְחֹל, בֵּין אוֹר לְחֹשֶׁךְ, בֵּין יִשְׂרָאֵל לָעַמִּים, בֵּין יוֹם הַשְּׁבִיעִי לְשֵׁשֶׁת יְמֵי הַמַּעֲשֶׂה – היכולת להבדיל באופן חד בין המדרגות השונות הוא עניין מהותי שמתבטא בכל מדרגות החיים: בממד הרוח בין קודש לחול, במציאות הפיזית בין אור לחושך, בממד הנפש בין ישראל לעמים, ובממד הזמן בין ימי השבוע לשבת; ואף **בֵּין קְדֻשַּׁת שַׁבָּת לִקְדֻשַּׁת יוֹם טוֹב הִבְדַּלְתָּ** – גם הבדל דק יותר, בין קדושת יום טוב לשבת, זקוק לאבחנה, אף על פי שמדובר בשני ימי קודש שההבדל ביניהם הוא קטן יחסית, **וְאֶת יוֹם הַשְּׁבִיעִי מִשֵּׁשֶׁת יְמֵי הַמַּעֲשֶׂה קִדַּשְׁתָּ** – לעומת הבדלה זו בין שני סוגי הקודש, הפער בין שבת לששת ימי השבוע הוא גדול יותר, בין קודש לחול ממש; בין כך ובין כך **הִבְדַּלְתָּ וְקִדַּשְׁתָּ אֶת עַמְּךָ יִשְׂרָאֵל בִּקְדֻשָּׁתֶךָ** – הייחודיות של עם ישראל מכילה הן את ההבדלה והן את הקדושה. ייעודו של עם ישראל מופרד משאר העולם באופן המהותי ביותר שיכול להיות, וזו תובנה חשובה להפנמה בליל הסדר:

בָּרוּךְ אַתָּה ה', הַמַּבְדִּיל בֵּין קֹדֶשׁ השבת **לְקֹדֶשׁ** יום טוב.

בָּרוּךְ אַתָּה יהוה אֱלֹהֵינוּ מֶלֶךְ הָעוֹלָם שֶׁהֶחֱיָנוּ וְקִיְּמָנוּ וְהִגִּיעָנוּ לַזְּמַן הַזֶּה – כל חיינו וימינו מתנקזים ומכוונים לרגע הזה, שבורא בנו חיים וקיום מחודש.

בשבת, בחול ובמוצאי שבת מברכים:

בָּרוּךְ אַתָּה יהוה
אֱלֹהֵינוּ מֶלֶךְ הָעוֹלָם
שֶׁהֶחֱיָנוּ וְקִיְּמָנוּ וְהִגִּיעָנוּ
לַזְּמַן הַזֶּה.

את הכוסות שותים בהישענות (הסבה) על צד שמאל,[א] ומתרווחים כ"בני מלכים". מעבר לנוחות שמבטאת נינוחות של אנשים חופשיים, נמצא כאן רעיון נפשי עמוק: מכיוון שאצל רוב בני האדם צד ימין הוא הדומיננטי, הרי צד שמאל מבטא את צדדי החולשה והחיסרון.[ב] ואולם, דווקא מתוך מבט של חירות ושליטה מלאה על חיינו אנו יכולים לחזק גם את הצדדים הפגומים שלנו, כדרכם של מלכים הפורסים את חסותם גם על הנחשלים שבממלכתם..

ושותה בהסבת שמאל, ואינו מברך ברכה אחרונה.

ורחץ

חזרה לקרקע

לאחר ההכרזה על השאיפה להתקדשות, אנו נוחתים לקרקע המציאות. כדרכם של חלומות גדולים ישנו פער בין החזון לבין המימוש. אחרי ההיבריס מגיע הנמסיס, ואחרי כל תפילה מרוממת באה נפילה. אנו מעוניינים להתקדש, להשתחרר ממעגלי הטבע הגס שמושך אותנו כלפי מטה – אולם מסתבר שאין זה כה פשוט כפי שנדמה לכתחילה.

יציאת מצרים היא היכולת לצאת מן הטבע. לא בכדי היה סמלו הגרפי של אחד האלילים המרכזיים במצרים, אל השמש 'רע', צורת עיגול – המבטאת מעגליות טבעית בלתי ניתנת לפריצה. לעומת זאת, הסימון הגרפי היהודי (שאמנם נקלט בעם ישראל בתקופה מאוחרת, ובכל זאת הפך להיות סמל מאפיין), הוא המגן־דוד, הבנוי מקווים

ישרים (׳ישר־אל׳): משולש ה׳פורץ׳ מלמטה למעלה ו׳נענה׳ ממשולש היורד מלמעלה למטה – מאמץ אנושי הנענה בשפע אלוהי – ״פתחו לי פתח כחודה של מחט ואני אפתח לכם פתח כפתחו של אולם״.[32] כן, אפשר לצאת מן המעגליות הטבעית!

ביציאת מצרים התברר שישנו קו שפורץ את תחושות השחיקה וחוסר התכלית, ונולד עם שמלמד את העולם כולו כיצד מוצאים את המשמעות בחיים ומשתחררים מהסחרור התמידי.

אין זה פשוט להשתחרר מהמעגליות של עולם הטבע. לאדם ישנה נטייה מולדת להתבסס באזור הנוחות של המוכר והקיים, ולפיכך גם לאחר יציאת מצרים, ואפילו לאחר מעמד הר סיני – הרצון למעגליות לא מרפה. משה רבינו נקרא בשמו מפני שהוא נמשך [׳נמשה׳] מן המים,[33] כלומר מזרימת החיים הטבעית.[34] אך כאשר הוא ממשיך את הקו הישר, העולה מעלה מעלה אל הר סיני, לקבלת התורה – חש עם ישראל כבדות, ובא בטרוניה אל מורה ההוראה לעם [׳אהרן׳] שאמור לשמש כמתווך בין משה אליהם: ״מֹשֶׁה הָאִישׁ... לֹא יָדַעְנוּ מֶה הָיָה לוֹ״[35] – הפתיחות האינסופית היא למעלה מכוחותינו. לכן, הם מדמיינים כי ימצאו את סיפוקם ב״עגל מסכה״, מציאות של בעל חיים תמים הנע במעגלים, אובייקט נגיש ונוצץ מזהב, היוצר מסכה בין האדם לבין פנימיותו. זוהי השתוקקות לניכוס ולרכושנות [׳זֶה־הַב׳], שבני האדם משלים עצמם כאילו הם אלה שיעניקו להם את המנוחה לנפשם. אולם – לשווא. חייבים להמשיך ולצאת מהמְּצָרים. אין דרך אחרת.

בתפילה הרגשתי מטר מעל הקרקע. פתאום הכול היה לי פשוט ובהיר. נזכרתי כמה אני אוהבת את הילדים, מחוברת אליהם מעומק נשמתי. מבקשת להעניק להם אהבה, זה הכול. זו הייתה חוויה מצמררת של התעלות וביטחון בדבר האמיתי. ואז חזרתי הביתה, ושוב הגדול הציק לקטן, שוב מריבות, שוב אף אחד לא הקשיב. ושוב ניסיתי להגיב באופן שקול, ומהר מאד נסחפתי לצעקות. זה קרה כל כך מהר, והיה כל כך מאכזב...

אבל, בראשי ידעתי שמה שהבנתי בתפילה לא נעלם, ושעליי להיאחז בזה. לא לשכוח מה אני רוצה, ולחפש את הכלים הכי טובים שיש בסביבה כדי שהרצון הזה יתממש - לאט לאט, בקצב של החיים.

בליל הסדר נולדת האפשרות להשתחרר מהמעגליות ולהתיישר אל הקדושה. אולם כיצד ניתן להוריד זאת לקרקע המציאות?

לאחר הצהרת כוונות הקדושה ב'קדש', אנו רוצים לממש זאת בפועל – מה שיתבטא באכילת הכרפס. אך לפני כן אנו מטהרים את הידיים, כלי העשייה של האדם, באמצעות נטילתן (ללא ברכה בשלב זה[36]). הידיים הן הכלים שאיתם פועל האדם בעולם, וכפי שמסבירים חכמים, "עסקניות הן":[37] יש להן נטייה להידחף ולמצוא עצמן במקום שבו הן לא אמורות להיות. למרות השאיפה לקדושה, האדם לעיתים מוצא את ידיו במקום הלא־נכון, כאשר כלי העשייה שלו נמשכים לחומריות ולטבע הגס, והאמצעים שבהם הוא משתמש בחייו נהפכים לו לרועץ.

יתרה מזאת: לעיתים האדם מנחם עצמו שלמען המטרה הסופית, למען הקדושה, ניתן, ואף בלתי נמנע, להשתמש באמצעים לא כשרים. לכן מגיע שלב ה'רחץ' – בן אדם, רחץ את ידיך! **האמצעים אינם מקדשים את המטרה.** הדרך אל הקדושה היא ארוכה, וזקוקה להכשרה מרובה. לכן אנו נוטלים את הידיים במים, הביטוי לעולם הטבע האלוהי[38] ולמציאות החיים הטהורה שהאדם טרם הספיק לקלקל. אנו נוטלים בכמות של 'רביעית' מים,[39] שעומדת בפני עצמה ומשמשת כעין 'מיני־מעיין' שבו אנו מטהרים ומקדשים את ידינו, האמצעים שיובילו אותנו באופן מדורג ומובנה אל הקדושה.[40]

כל התקופה הזו עבדתי קשה מאוד. התקדמתי במהירות מתפקיד לתפקיד, התחלתי להרוויח יפה וקיבלתי יותר ויותר פרויקטים גדולים לידיים. הרגשתי על גג העולם. קנינו רכב חדש וסוף סוף יכולנו להרשות לעצמנו דירה גדולה יותר, חופשות כמו שחלמנו. הכול הרגיש טוב כל כך...

חוץ מהרגעים שבהם הייתי לבד. גם אם היה לי זמן פנוי ולא היה צריך לעשות שום דבר, הראש המשיך לעבוד, ותמיד תמיד רק על העבודה. איך מייעלים, איך מוכרים יותר, איך משווקים. אפילו כשישנתי חלמתי עליה.

הרגשתי איך המקצוע משתלט עליי מבפנים ומנהל לי את כל המחשבות והרגשות. לא היה רגע אחד של מחשבה נקייה על עצמי, על החיים, על הילדים. על התכלית.

בבוקר בהיר אחד ניגשתי אל המנכ"ל וקיצצתי לעצמי את המשרה כמעט בחצי. הוא התפלא מאוד, ולא הסכים לוותר בקלות. "בדיוק עכשיו התפנה תפקיד משמעותי שממש נתפר עבורך", אמר. האצבעות רעדו לי, והלב הלם ודפק. אבל היה ברור לי שאני חייב לצאת מהמלכודת הפנימית הזאת. חייב להשתחרר, ולקבל את חיי בחזרה.

נוטלים ידיים ואין מברכים.

כמובן, יש גם סיבה הלכתית שבגללה לא מברכים על נטילת הידיים לפני הכרפס. בדרך כלל, הטעם לנטילת ידיים לפני אכילת "מאכל שטיבולו במשקה" (כלומר שיש עליו רטיבות מאחד משבעת המשקים - יין, דבש דבורים, שמן זית, חלב, טל, דם ומים) הוא מפני שהרטיבות 'מכשירה' את הירק לקבל טומאה, ומעתה הידיים הנוגעות בירק יטמאו אותו. מכיוון שכיום איננו מקפידים על דיני טומאה וטהרה, איננו מברכים על נטילה זו, שיש מחלוקת אם היא נהוגה כעת.

אולם, מעבר לסיבה ההלכתית של היעדר החיוב לברך, יש בכך גם אמירה רוחנית ורעיונית. משמעות הברכה היא לחבר ['להבריך'], באמצעות מילות-הברכה, בין הפעולה הנעשית והקדושה. אם נטילת הידיים מבטאת את הכשרת כלי-המעשה לפני הפעולה, אזי יש לברך עליה כאשר לפעולה יש ערך מצד עצמה. ואולם, כפי שנסביר מייד, אכילת הכרפס אינה פעולת אכילה העומדת בפני עצמה, אלא נועדה לפתוח את התיאבון, כלומר להכין כלי קיבול לאכילה העיקרית בהמשך הלילה ששיאה באכילת 'מוציא-מצה' ובאפיקומן שב'צפון'. מכיוון שאין לאכילה כעת חשיבות בפני עצמה - איננו מברכים על נטילת הידיים שלפניה.

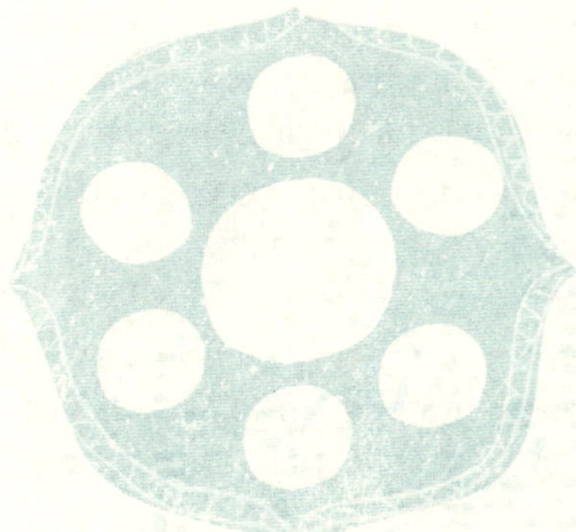

כרפס

הרחב פיך ואמלאהו

לאחר ההכרזה על השאיפה להתקדשות, וההבנה שיש להכשיר את הכלים שיובילו אותנו לכך באופן מדורג – אנו מתחילים להכין את עצמנו לעיקר הפעולה של הלילה הזה: אכילה.

עד כמה שהדבר נשמע משונה, עיקר העיסוק בליל הסדר הוא סביב פעולות אכילה ושתייה: ארבע כוסות, כרפס, מצה, מרור, כורך, שולחן עורך, אפיקומן – פעולות חומרניות להחריד. אם מטרתנו בליל הסדר היא להתקדש, אך אנו עסוקים בו כל כך בעניינים קולינריים, מהו תוכן הקדושה שאליה מכוון עם ישראל?

התשובה היא שהקדושה הישראלית איננה נזירות ופרישות מן העולם הזה.[41] אדרבה, היא תובעת מאיתנו להיות "מַמְלֶכֶת כֹּהֲנִים וְגוֹי קָדוֹשׁ"[42] – אומה שתקדש ו'תאכל' את מישורי החיים כולם, כולל הכלכלה, הצבא והיצירה.[43] בסופו של הלילה נגיע למצב שבו נאכל את האפיקומן 'על השובע', כאשר איננו רעבים עוד. על פי רוב אנו אוכלים בכדי להתקיים, והאוכל (המבטא באופן המובהק ביותר את העולם הזה) הוא אמצעי ולא מטרה.[44]

אולם, בלילה הזה ילך ויתברר כי האומה הישראלית חותרת למצב שבו העולם הזה אינו רק אמצעי לעולם הבא, אלא אפשר למצוא את הערך העצמי של העולם הבא כבר כאן בעולם הזה.[45] זוהי אכילה לשם אכילה, 'לחיות בשביל לחיות' – מדרגה המכונה 'העלאת ניצוצות', כשאנו מעלים את הנקודה האלוהית מתוך הממד החומרי של העולם הזה.

בתחילת התשובה הטקטיקה הייתה מאד פשוטה: להילחם בהכול, לשכוח את העבר. מחקתי את כל התמונות מהנייד, ניתקתי קשרים, עזבתי את העבודה, שכחתי מצורכי הגוף והתכנסתי למעין תיבת נוח: הישיבה.

ההתחלה הייתה מדהימה. הרגשתי איך הנשמה פשוט מתנקה, כמו כיבוס ושטיפה של כל החדרים הפנימיים. התקדמתי, זרחתי, רציתי רק עוד ועוד מן המתיקות הנפלאה הזו.

זה החזיק שנתיים וחצי, ואז התחילה הדעיכה. איבדתי את הכוחות ואת החיוניות. הייתי חיוור ועצוב, ולא הבנתי מה קורה לי. הרי אני על פסגת הר סיני, אז למה אני מרגיש כל־כך רע? איך מה שעד לפני זמן קצר עבד נהדר - כבר לא הצליח להקנות לי את אותה שמחה ותחושת משמעות? השאלות התחדדו פתאום, והמבט נעשה קצת יותר חיצוני, ואפילו ביקורתי.

יום אחד תפס אותי חבר טוב במסדרון, הסתכל ישר לתוך עיניי הכבויות, ואמר: "אתה חושב שאתה בהר סיני, אבל משה קיבל את התורה כדי להוריד אותה מההר עד למטה". הסתכלתי עליו בחזרה בתמהון. מאיפה הוא יודע שכך אני מרגיש? הוא הוסיף ואמר שזה היתרון שלנו על המלאכים: להם זה בלתי אפשרי, אבל אנחנו, בני ישראל, מסוגלים לעשות תנועה מורכבת של 'מעלה־מטה־מעלה'. לקחת את כל מה שאספנו ברוח, וליצוק אותו אל תוך החומר, להפוך את התורה לחיים.

הדיבור הזה הציל אותי. היום אני מבין שהתורה לא סותרת את החיים. אני אוהב את החיים ולא מתכחש אליהם. ואתם תראו: אני עוד אכבוש את העולם, אבל זה יהיה מתוך קדושה וטהרה.

בלילה זה כולנו מתרוממים למדרגה השייכת בדרך כלל רק לקדושי עליון. תחילת התהליך הוא כאן: אנו מרחיבים את כלי האכילה – "הַרְחֶב פִּיךָ וַאֲמַלְאֵהוּ".[46]

אנו טובלים את הכרפס במי מלח,[47] הפותחים קלות את בלוטות הטעם ומשמשים כמוליך לירק תוך כדי מרוצתו בגוף האדם. השילוב שבין נוזל ומוצק מאפשר לכרפס להיספג בכל רמ"ח איברינו ושס"ה גידינו, ממש כשם שאנו נספגים לחלוטין בחומריות.

את המילה כרפ"ס דרשו רבותינו[48] בהיפוך אותיות – **ס'** ריבוא (שש מאות אלף) עבדו **בפרך**. המספר שישים ריבוא, מניין כלל הגברים הישראלים בצאתם ממצרים, מציין מדרגת חיים מלאה.[49] ה'פרך' שבו עבדו אבותינו במצרים אינו רק עבודה פיזית, אלא השקיעה בצדדי החומרנות והפרך של החיים. ממד זה הולך ונספג באישיותנו באכילת הכרפס, כדי שנכשיר אותו לקבלת שפע ערכי ורוחני במהלך הלילה. באכילת הכרפס אנו מצהירים על אהבת החיים שקיימת בנפשנו ועל הרצון הטבעי, הבריא והצעיר 'לבלוע את החיים' ו'לכבוש את העולם'. אכן, עוד עבודה רבה לפנינו.

בבטן האדמה נמצאים כוחות אדירים שעוד ייתנו את פירותיהם. בברכה על הכרפס אנו מחברים [׳מבריכים׳] את פרי האדמה עם שמו של ה׳, השלמות העליונה שמעל ההווה וההוויה [׳י־ה־ו־ה׳], המופיעה ומעניקה כיוון אֶל המטרה הרצויה [׳אֶ־לוהינו׳] של העולם. גם הכרפס עוד יניב פירות מרובים, אשר יניבו שפע וברכה מתוך האדמה.

לוקחים כמות קטנה מן הכרפס (ביד או במזלג) וטובלים אותו בתוך מי המלח (או החומץ) ומברכים לפני האכילה:

את הכרפס אוכלים בכמות פחותה מכזית, מפני שהעולם החומרי ההולך להיספג בנו חייב לקבל את הפרופורציה הנכונה. המטרה היא להפוך את החומר לקדוש, אולם מכיוון שעדיין איננו במדרגה זו, אנו אוכלים רק מעט – כדי לגרות את התיאבון, לסמן קריאת כיוון, ותו לא. בברכה על הכרפס ("בורא פרי האדמה") אנו מכוונים גם על המרור, מתוך מודעות למרירות ולנזקים של עולם החומר שעימו אנו מתמודדים במהלך חיינו. כמו כן, מכיוון שאיננו מצויים עדיין בשליטה מלאה על חיינו הגופניים, איננו מצווים להסב בו כבני מלכים. ולמרות הכול – אל היעד הזה אנו חותרים, ובסופו של הלילה עוד נגיע אליו. סבלנות!

בָּרוּךְ אַתָּה יהוה אֱלֹהֵינוּ מֶלֶךְ הָעוֹלָם
בּוֹרֵא פְּרִי הָאֲדָמָה.

אוכלים בלי הסבה.

יחץ

לא לטשטש

ליל הסדר מעוצב במבנה מחזורי של הצבת שאיפה וחזרה לקרקע המציאות, הצבת שאיפה נוספת, גבוהה יותר, ושוב חזרה למציאות, אל מקום גבוה יותר מהפעם הקודמת – וחוזר חלילה.

כך נוכל להבין את מקומו של ה'יחץ': הבעיות הקשות בחיינו נובעות מן הטשטוש בין החלומות לבין היכולות הריאליות.[50] ישנה נטייה אנושית לדמיין מקומות שעדיין אינם בהישג ידינו. בתחילת הלילה הכרזנו על שאיפה להתקדש; משם ירדנו לרחוץ את ידינו המעשיות; לאחר מכן הכרזנו על שאיפה גבוהה יותר – לקדש את החומר, להרחיב את כלי האכילה כדי שיוכלו להכיל את השפע המצוי בעולם הזה ועתיד לשמש כמצע וכהכנה לעולם הבא – וכעת מתעורר החשש שהאדם ידמיין שהוא **כבר מצוי בפועל במדרגה זו.**

לכן מצווים חכמים – 'יחץ'! חצה את המצה לשניים (או, ליתר דיוק – לשליש ולשני־שליש), כשהחלק הקטן מיועד לאכילה הקרובה של 'המוציא־מצה', והחלק הגדול לאכילת ה'אפיקומן' שאליה נגיע בסוף הלילה.[51] אנו זקוקים ל'חצייה' זו, לחילוק בין המדרגה שבה אנו מצויים בתחילת הלילה ובה נאכל את המצה לתיאבון, לבין המדרגה שתתנוצץ בסוף הלילה ובה נאכל את המצה 'על השובע', בקדושה ולשם שמיים.

זאת מכיוון שליל הסדר הוא שיקוף תמציתי של מהלך ההתקדמות של כל חיינו. אמנם בתחילת הדרך אנו שואפים גבוה בכל התחומים – האישיים, המקצועיים, המשפחתיים והרוחניים – אך בשביל שנוכל להגיע למימושן של השאיפות הללו, חשוב 'לחצות' ולהפנים שעדיין איננו נמצאים שם. דווקא החציצה היא שתאפשר להתקדם אט אט, באופן מדורג ונכון, לעבר המטרה המלאה.

במשפחה שלנו אוהבים לטייל בטבע, וליתר דיוק - לצאת לניווט עם מפה. אחד הרגעים המתסכלים בטיולים הללו הוא כשאתה נמצא במסלול, משוכנע שאתה הולך בשביל הנכון, ופתאום מגלה שבגלל טעות קטנה בקריאת המפה אתה ממש, אבל ממש, לא בכיוון. אתה יכול להמשיך ללכת עוד ועוד, ומי יודע לאן תגיע...

הדבר הטוב ביותר שיכול לקרות לך באותו רגע הוא לקלוט את הטעות, להבין איפה בדיוק אתה נמצא, ואז הכול נעשה פשוט יותר ואפשר לחזור בזריזות למסלול. אבל כל עוד תמשיך לחיות באשליה שאתה עדיין במסלול הנכון, רק תלך ותתברבר עוד ועוד.

מה שנכון לניווט בדרכי הטבע נכון שבעתיים גם לניווט בדרכי החיים. אני עדיין זוכרת את החלומות שהיו לי על הבחור המושלם. ראיתי זוגות ביישוב שחיו בהרמוניה, במין שלווה מושלמת כזו, ודמיינתי אותנו כאלה בדיוק.

אחרי שהתחתנו התאכזבתי כל כך שאצלנו זה לא כך, שיש חיכוכים, שלא הכול מושלם כמו בחלום. רק אז הבנתי: הזוגות האלה לא נולדו ככה; הם נהיו ככה.

אפשר ללמוד הרבה דברים מופלאים מהספרים, ולחלום חלומות פנטזיונריים. לא רק שאפשר - חייבים. אבל במקביל, כדאי שתדעי איפה בדיוק את נמצאת עכשיו. לא כדי להתכחש לחלום, אלא כדי למתוח קו מדויק שיחבר אותך, את מי שאת היום, עם כל החולשות והחסרונות שלך, אל המקום שבו את רוצה להיות. אם הקו לא יהיה מדויק, תחיי באשליה שתגרום לך לתסכול ולמפח־נפש. אבל אם הוא כן יהיה כזה, ורק אם כן, תוכלי באמת להתקדם לשם.

חוצה את המצה השנייה, את חלקה הקטן מניח במקומו ואת חלקה הגדול שומר לאפיקומן.

לפנינו שלוש מצות, כנגד שלושת חלקיו של עם ישראל: כוהנים, לוויים וישראלים.[ג]

חוצים את המצה השנייה, שכנגד הלוויים דווקא – אותן דמויות שמלוות אותנו ומתווכות בין השאיפות העליונות ('כהן') לבין המציאות הנוכחית ('ישראל').

כאמור, החצייה אינה לשני חלקים שווים, אלא לחלק קטן הנשמר לאכילה הקרובה, וחלק גדול יותר הנשמר ל'אפיקומן'. המדרגה הנוכחית שלנו, שבה אוכלים לתיאבון, ובמובן מסוים גם לתאווה, היא המקום שבו אנו נמצאים. אבל אין לנו עניין לנפח אותה מעבר לנצרך, אלא להשתמש בה רק כפי הצורך. השאיפה הגדולה שלנו היא להגיע למדרגת הקדושה של ה'אפיקומן', ולכן החלק הגדול יותר נשמר אליו.

את האפיקומן אנו מחביאים,[ד] וכפי המנהג נותנים לצעירים שבחבורה לחפשו. מדרגת ה'צפון' עודנה צפונה ונסתרת, ולעיתים דווקא הילדים, שעל פי רוב קרובים מאיתנו אל התמימות, הם שיכולים למוצאה.

מגיד

להגיד בפה־סח

כעת, אחרי שבירךנו לעצמנו מצד אחד מהי השאיפה שלנו, ומצד שני היכן אנו מצויים כעת – הגיעה העת 'להגיד': לברר באופן הכרתי את עולם הרוח שעומד בבסיס ליל הסדר.

ההגדה של פסח, שנוסחה גובש בידי עם ישראל לדורותיו – משה רבינו, נביאים, עזרא הסופר ואנשי כנסת הגדולה, תנאים, אמוראים וגאונים[52] – מבטאת את חיי האומה הישראלית בכל דור ודור, החל ב"מתחילה עובדי עובדה זרה היו אבותינו" וכלה ב"ובנה לנו את בית הבחירה". זהו סיפור המתאר כיצד עם ישראל, ואיתו העולם כולו, יוצאים במהלך ההיסטוריה מן המְצָרים ונגאלים אט אט.

מטרת ההגדה היא להגיד בפה-סח[53] את התוכן הרוחני שהאומה הישראלית מנחילה לעולם, ולפיכך היא מותאמת לגוונים השונים של הנפש האנושית – חכמים, רשעים, תמימים ושאינם יודעים לשאול.

מה קורה ברגע שאחרי? מה מתרחש בשנייה של נפילת החומות, כאשר ההמון נוהר החוצה, אף אחד לא משועבד עוד באופן רשמי וכולם מקבלים אזרחות חופשית?

אז, רק אז, מתחילים לטפל בבור שבנפש, בשעבוד העמוק שחלחל אליה שנים כה ארוכות. רק אז מתחילים לגלות כמה פירמידות בנינו בתוך נפשנו: כמה צללי ענק של פחד ואימה השתכנו בנו, כמה דפוסים נוקשים של עצב וייאוש התקבעו במעמקים, כמה כופפנו את קומתנו והנמכנו את ציפיותינו, כמה כל מה שאנחנו חולמים וחושבים עליו צבוע בצבעים עזים של 'עבודה זרה'.

אחרי השחרור מהעול הפיזי מתחילה המלאכה הקשה יותר: להשתחרר באמת. להשתחרר מהתפיסות שהם החדירו בנו כל כך הרבה שנים, ושהפכו כבר, נרצה או לא נרצה, לחלק מאיתנו. להתחיל בגאולה אישית ומייסרת, שתוציא את מצרים מתוכנו.

מורידים את הכיסוי מעל המצות, מגביהים את הקערה, ומתחילים לומר את ההגדה.

הנני מוכן ומזומן לקיים המצווה לספר ביציאת מצרים. לשם ייחוד קודשא בריך הוא ושכינתיה על ידי ההוא טמיר ונעלם בשם כל ישראל.

הָא לַחְמָא עַנְיָא

דִּי אֲכָלוּ אֲבָהָתַנָא בְּאַרְעָא דְמִצְרָיִם
כָּל דִּכְפִין יֵיתֵי וְיֵיכֻל,
כָּל דִּצְרִיךְ יֵיתֵי וְיִפְסַח
הָשַׁתָּא הָכָא
לַשָּׁנָה הַבָּאָה בְּאַרְעָא דְיִשְׂרָאֵל
הָשַׁתָּא עַבְדֵי
לַשָּׁנָה הַבָּאָה בְּנֵי חוֹרִין.

מוזגים לכל אחד מן המסובים כוס יין (שנייה).

זמן שתייתה של הכוס השנייה הוא בתום אמירת חלק ה'מגיד', אולם זמן מזיגתה הוא בתחילתה. "וְהִצַּלְתִּי אֶתְכֶם מֵעֲבֹדָתָם": היציאה מתחת סבלות מצרים, כפי שעשינו בכוס הראשונה, אינה מספיקה עוד, וצריך אף **להינצל** מעבודתם. דבר זה נעשה על ידי בירור תודעתי, הנאמר ב'פה־סח'.

בכוס הראשונה התוודענו לכך שאיננו כפופים לסבל החיים הטבעי של העולם הזה, וכאן אנו ממשיכים בתהליך בירור

כעת ניתן לחשוף את מדרגת החירות שמתבטאת במצה, ולהתחיל לבטא באופן הכרתי את מדרגתנו בלילה הזה:

הָא לַחְמָא עַנְיָא דִּי אֲכָלוּ אֲבָהָתַנָא בְּאַרְעָא דְמִצְרָיִם (זהו לחם העוני שאכלו אבותינו במצרים) – לחם הוא המזון הבסיסי, המאכל המלחִים בינינו לבין החיים ומאפשר את הקיום האנושי. יחד עם זאת, לצורך הקיום הפונקציונלי אפשר להסתפק ב'לחם עוני', מצה העשויה מקמח ומים בלבד, המספקים לגוף את הרכיבים הנדרשים לו. מצה כזו היא ביטוי לנקודת החיים הבסיסית, הנקייה מכל תוספת מיותרת.[54] לעומת זאת, החמץ הוא בצק שתפח יתר על המידה – כלומר כוחות חיים שהם טובים ביסודם, אלא שהחמיצו את מטרתם.[55] כאשר אדם מצוי בארץ המְּצָרים, בכישלונות ובאכזבות – עליו לחזור אל נשמתו, אל נקודת החיים הבסיסית, המצה הממצה, ושם מסתבר שלמעשה לא חסר לו דבר, והוא מסוגל להכריז:

כָּל דִּכְפִין יֵיתֵי וְיֵיכֻל. כָּל דִּצְרִיךְ יֵיתֵי וְיִפְסַח (כל הרעב יבוא ויאכל; כל מי שצריך יבוא ויפסח אתנו את הפסח) – בעת אכילת מצת החופש ניתן להרחיב את מעגלי החיים ולהתחבר עם כוחות נוספים, שעתה מתברר כי אינם מתחרים או מְצֵרים לנו. כל מי שרעב ['דכפין'] ממש, או אפילו רק מרגיש צורך מסוים ['צריך'] – יכול לבוא ולהצטרף. הדברים הללו נכונים לא רק במעגל האישי אלא גם במעגל הציבורי, ולכן

מכריזים: **הָשַׁתָּא הָכָא, לַשָּׁנָה הַבָּאָה בְּאַרְעָא דְיִשְׂרָאֵל** (בשנה הזו אנו פה, בשנה הבאה בארץ ישראל) – בגלות אנו מצויים במלחמת הישרדות קיומית שגורמת לבזבוז והחמצה של כוחות ההולכים לריק. אולם השאיפה היא להגיע לארץ ישראל, למציאות חיים שמאפשרת התרחבות חיים מדויקת במסגרת לאומית, שבה מוצא כל כוח באופן מדויק את מקומו. **הָשַׁתָּא עַבְדֵי, לַשָּׁנָה הַבָּאָה בְּנֵי חוֹרִין** (השנה אנו עבדים, בשנה הבאה חופשיים) – העבד משועבד לצדדי חייו הנמוכים, מחמיץ את כוחות חייו ונמשך כל העת למותרות ולבזבזנות.[56] מתוך אכילת המצה אנו יוצאים לחופשי, מכירים מהו העיקר ומהו הטפל בחיים, משתחררים מכל תוספת חיצונית שמעיקה עלינו – והופכים לבני חורין באמת.

זהותנו הלאומית, הכולל את ההכרה כי גם איננו עבדים לאף גורם חיצוני: לא "לפרעה במצרים" ולא ל"עבודה זרה" שעבדו בתחילה אבותינו. בני חורין אנחנו!

אדם המשועבד לעבודת אחרים איננו שואל ומתעניין בסיבת העבודה, אלא פועל מתוך אינסטינקט הישרדותי גרידא. לכן, בתחילה בני ישראל צועקים ללא מילים – "וַיֵּאָנְחוּ בְנֵי יִשְׂרָאֵל מִן הָעֲבֹדָה, וַיִּזְעָקוּ, וַתַּעַל שַׁוְעָתָם אֶל הָאֱלֹהִים מִן הָעֲבֹדָה". רק כאשר יוצא האדם לעצמאות, הכוללת את הגדרת זהותו האישית, מופיעים אצלו כלי ההכרה והביטוי המילולי, ולראשונה הוא יכול לברר "מָה הָעֲבֹדָה הַזֹּאת?".

זוהי הסיבה לכך שאנו אומרים את ההגדה דווקא על הכוס השנייה, בחלק ה'מגיד' המביא לידי ביטוי את קומת החירות האנושית.

הלילה הזה הוא ליל תמורות בכל ארבע כנפות תבל, ובהתאם לכך עוברות על הנפש האנושית היוצאת מן המְצָרים ארבע רוחות של שינוי. את השינוי חשים באופן טבעי הצעירים שבחבורה, הרגישים יותר להפרת השגרה, ולכן דווקא הבן הצעיר שואל:

מַה נִּשְׁתַּנָּה
הַלַּיְלָה הַזֶּה מִכָּל הַלֵּילוֹת

שֶׁבְּכָל הַלֵּילוֹת אָנוּ אוֹכְלִין חָמֵץ וּמַצָּה
הַלַּיְלָה הַזֶּה כֻּלּוֹ מַצָּה

שֶׁבְּכָל הַלֵּילוֹת אָנוּ אוֹכְלִין שְׁאָר יְרָקוֹת
הַלַּיְלָה הַזֶּה מָרוֹר

שֶׁבְּכָל הַלֵּילוֹת אֵין אָנוּ מַטְבִּילִין
אֲפִלּוּ פַּעַם אֶחָת
הַלַּיְלָה הַזֶּה שְׁתֵּי פְעָמִים

שֶׁבְּכָל הַלֵּילוֹת אָנוּ אוֹכְלִין
בֵּין יוֹשְׁבִין וּבֵין מְסֻבִּין
הַלַּיְלָה הַזֶּה כֻּלָּנוּ מְסֻבִּין

מַה נִּשְׁתַּנָּה הַלַּיְלָה הַזֶּה מִכָּל הַלֵּילוֹת, שֶׁבְּכָל הַלֵּילוֹת אָנוּ אוֹכְלִין חָמֵץ וּמַצָּה, הַלַּיְלָה הַזֶּה כֻּלּוֹ מַצָּה? – במהלך חיינו מתרוצצות בנו מגמות סותרות: מחד גיסא משיכה לצדדים חומרניים מלאי החמצה ותאווה [׳חמץ׳], ומאידך גיסא רצון לדיוק ולעשיית מה שנכון, אמיתי וממוצה [׳מצה׳]. וכאן הבן שואל; כיצד זה שדווקא בלילה הנוכחי מתמלאים כולנו בשאיפה מוחלטת למצות את המרב מחיינו, ואנו אוכלים רק מצה?

ועוד, מה נשתנה **שֶׁבְּכָל הַלֵּילוֹת אָנוּ אוֹכְלִין שְׁאָר יְרָקוֹת, הַלַּיְלָה הַזֶּה** (כֻּלּוֹ) **מָרוֹר?** -על מנת להתמודד עם תחושות ההחמצה והתסכול בחיים, אנו זקוקים להסחות דעת שונות ומשונות, ל׳מיני ירקות׳ שיגוונו את סעודתנו וחיינו. מה נשתנה הלילה הזה שאנו מוצאים בנפשנו יכולת ׳לאכול מרור׳ ולהתייצב פנים אל פנים מול כל צדדי המרירות והכישלונות ללא חשש?

מה נשתנה **שֶׁבְּכָל הַלֵּילוֹת אֵין אָנוּ מַטְבִּילִין אֲפִלּוּ פַּעַם אֶחָת, הַלַּיְלָה הַזֶּה שְׁתֵּי פְעָמִים?** – ישנו גם צד הפוך לימי התסכול וההחמצה – במצבים שכאלה אדם עלול לפתח סוג של קהות חושים מול מְצָרי חייו, לשקוע במוצקות כבדה ובאדישות ישנונית, ולא לרענן [׳להטביל׳] את חייו בשום לחלוחית של תקווה. מה נשתנה הלילה הזה, שאיננו משלימים בו עם המשקולות המושכות אותנו כלפי מטה, אלא מטבילים את הירק התפל (כרפס) בנוזל (מי מלח) על מנת שיעניק לו טעם, ואת המרור המר בנוזל (חרוסת)

שיעניק לו מתיקות? הנוזלים הללו משמשים כמוליכים וזרזים למזון המוצק, כדי שינוע בקלילות ובזרימה אל גופנו, ונמרצות פתאומית זו – מה עניינה?

ומה נשתנה **שֶׁבְּכָל הַלֵּילוֹת אָנוּ אוֹכְלִין בֵּין יוֹשְׁבִין וּבֵין מְסֻבִּין, הַלַּיְלָה הַזֶּה כֻּלָּנוּ מְסֻבִּין?** – חיי היומיום מלאים בסתירות פנימיות: אדם מסוגל לשבת סביב השולחן בשפת גוף המשדרת דריכות ומתח, או להתרווח ולהסב בנחת. בלילה הזה מזהים הצעירים שאצל המבוגרים שבחבורה, יחד עם הנמרצות ותחושות העשייה, ישנה גם שפת גוף שמשדרת הרפיה, תחושת רווחה ונחת רוח שמקיפה את כולם. מדוע?

כעת מגיעה התשובה לכל התמיהות הללו:

עֲבָדִים הָיִינוּ לְפַרְעֹה בְּמִצְרָיִם – במשך דורות רבים הייתה הנפש האנושית משועבדת בעבדות ובמְצָרים תחת רגלי תפיסה אלילית, שהתגלמה בתרבות המצרית ובמלכה המושחת והפרוע, מלך ההפרעה העולמית ['פרעה'], **וַיּוֹצִיאֵנוּ ה' אֱלֹהֵינוּ מִשָּׁם בְּיָד חֲזָקָה וּבִזְרוֹעַ נְטוּיָה** – אולם ה', הכוח העליון שמעל ההווה וההוויה ['י־ה־ו־ה'] משך אותנו משם בעוצמה אדירה – מצד אחד מדויקת ועוצמתית ['יד חזקה'], ומצד שני בעלת ראייה רחבה הנוטה זרועה אל העתיד ['זרֹע נטויה'] – **וְאִלּוּ לֹא הוֹצִיא הַקָּדוֹשׁ בָּרוּךְ הוּא אֶת אֲבוֹתֵינוּ מִמִּצְרַיִם הֲרֵי אָנוּ וּבָנֵינוּ וּבְנֵי בָנֵינוּ מְשֻׁעְבָּדִים הָיִינוּ לְפַרְעֹה בְּמִצְרָיִם** – היציאה ממצרים אינה רק נחלת העבר וספרי ההיסטוריה. לולא

מחזירים את הקערה למקומה, מגלים את המצות ואומרים:

עֲבָדִים הָיִינוּ

לְפַרְעֹה בְּמִצְרָיִם
וַיּוֹצִיאֵנוּ יהוה אֱלֹהֵינוּ מִשָּׁם
בְּיָד חֲזָקָה וּבִזְרוֹעַ נְטוּיָה.
וְאִלּוּ לֹא הוֹצִיא הַקָּדוֹשׁ בָּרוּךְ הוּא
אֶת אֲבוֹתֵינוּ מִמִּצְרַיִם
הֲרֵי אָנוּ וּבָנֵינוּ וּבְנֵי בָנֵינוּ מְשֻׁעְבָּדִים
הָיִינוּ לְפַרְעֹה בְּמִצְרָיִם.

וַאֲפִלּוּ כֻּלָּנוּ חֲכָמִים
כֻּלָּנוּ נְבוֹנִים
כֻּלָּנוּ זְקֵנִים
כֻּלָּנוּ יוֹדְעִים אֶת הַתּוֹרָה
מִצְוָה עָלֵינוּ לְסַפֵּר בִּיצִיאַת מִצְרָיִם
וְכָל הַמַּרְבֶּה לְסַפֵּר בִּיצִיאַת מִצְרַיִם
הֲרֵי זֶה מְשֻׁבָּח.

יצאנו ממצרים הייתה המצריות ממשיכה לשלוט בנפש האנושית לדורי דורות.[57] ולכן, **וַאֲפִלּוּ כֻּלָּנוּ חֲכָמִים כֻּלָּנוּ נְבוֹנִים כֻּלָּנוּ זְקֵנִים כֻּלָּנוּ יוֹדְעִים אֶת הַתּוֹרָה** – **מִצְוָה עָלֵינוּ לְסַפֵּר בִּיצִיאַת מִצְרָיִם** – המלחמה במצריות המצויה בליבנו היא נחלת כולם – אנשי החכמה האנושית, בעלי ניסיון החיים ואפילו לומדי התורה; ולפיכך **וְכָל הַמַּרְבֶּה לְסַפֵּר בִּיצִיאַת מִצְרַיִם הֲרֵי זֶה מְשֻׁבָּח** – כל רגע ורגע בו אנו מספרים על יציאת מצרים אנו מוציאים עצמנו מהמְצָרים ומוסיפים טוב בעולם המשתנה והמשתבח מול עינינו. סיפור זה הוא הגורם לכל השינויים שאובחנו בארבע הקושיות.

מַעֲשֶׂה

בְּרַבִּי אֱלִיעֶזֶר וְרַבִּי יְהוֹשֻׁעַ
וְרַבִּי אֶלְעָזָר בֶּן עֲזַרְיָה
וְרַבִּי עֲקִיבָא וְרַבִּי טַרְפוֹן
שֶׁהָיוּ מְסֻבִּין בִּבְנֵי בְרַק
וְהָיוּ מְסַפְּרִים בִּיצִיאַת מִצְרַיִם
כָּל אוֹתוֹ הַלַּיְלָה
עַד שֶׁבָּאוּ תַלְמִידֵיהֶם וְאָמְרוּ לָהֶם
רַבּוֹתֵינוּ
הִגִּיעַ זְמַן קְרִיאַת שְׁמַע שֶׁל שַׁחֲרִית.

היציאה מהמְצָרים חורזת את דורות חכמי התורה שבעל פה, שחמשת מייצגיה המובהקים הם **רַבִּי אֱלִיעֶזֶר** – רבי אליעזר בן הורקנוס, שקנה את תורתו מתוך דוחק ומאבק בסביבת הולדתו הטבעית,[58] ושניסה להוכיח את תורתו בניסים שמעל הטבע;[59] ולעומתו **רַבִּי יְהוֹשֻׁעַ** – רבי יהושע בן חנניה, שהתורה הייתה טבעית לו כבר מעת שהיה תינוק המוטל בעריסה,[60] ושהכריע ש'לא בשמיים' ולא ברוח הקודש נפסקת התורה, אלא בידי תלמידי החכמים ובדרך השכל;[61] **וְרַבִּי אֶלְעָזָר בֶּן עֲזַרְיָה** – שמגשר בין דורות החכמים, כפי המופיע שהתמנה בצעירותו כנשיא ו'הזדקן' בתוך מספר שעות;[62] **וְרַבִּי עֲקִיבָא** – צאצא גרים,[63] והסובר שהתלמוד הוא העיקר ולא המעשה;[64] **וְרַבִּי טַרְפוֹן** – שהיה כהן מיוחס לעזרא הסופר,[65] והסובר שהמעשה הוא העיקר ולא התלמוד.[66]

חמישה אלה **שֶׁהָיוּ מְסֻבִּין בִּבְנֵי בְרַק** – שהיו מצויים בעמדה נפשית של הסבה מרווחת למרות ששהו ב׳בני ברק׳, עיר בנחלת שבט דן, בגבול פלשתים, מקום של דין וקושי (על דרך ׳ברקים ורעמים׳) – **וְהָיוּ מְסַפְּרִים בִּיצִיאַת מִצְרַיִם כָּל אוֹתוֹ הַלַּיְלָה** – ובתוך הלילה הארוך של ההיסטוריה הישראלית, למרות הסערות והברקים, מצאו חכמי התורה שבעל פה, כל אחד בדרכו, את הדרך לצאת מהמְצָרים החונקים אותנו. **עַד שֶׁבָּאוּ תַלְמִידֵיהֶם וְאָמְרוּ לָהֶם רַבּוֹתֵינוּ הִגִּיעַ זְמַן קְרִיאַת שְׁמַע שֶׁל שַׁחֲרִית** – אט אט הצטברו התלמידים שחונכו בדרך החירות, וזיהו כי הגיע עמוד השחר של הגאולה;[67] העולם הולך ומתקדם, הולך ומאיר, עד שניתן לקרוא את קריאת שמע – עם ישראל שומע את הרעיון שניתן לאחד ולצרף את הכוחות כולם למטרה אחת: עַם ׳ישראל׳, ׳י־ה־ו־ה׳ – מקור הכוחות שמעל ההווה[68] המופיע ומתגלה בחיים הנוכחיים כ׳אלוהינו׳ – כוחות מרובים. כל הכוחות הללו הם ׳אחד׳ – מובילים למטרה אחת שחושלה מתוך היציאה הארוכה ממְצָרי ההיסטוריה.

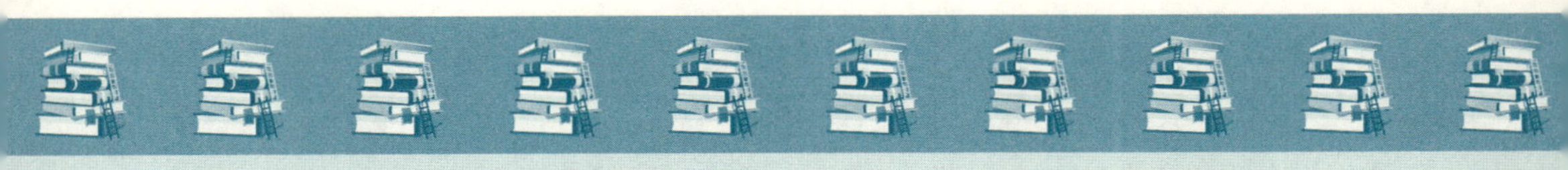

הודיעו לנו שרואים משהו בצילומים. יכול להיות שהכול בסדר, אבל רק ליתר בטחון כדאי שניגש לעוד סריקה, ועדיף שזה יהיה בהקדם. לא נרדמתי כל הלילה, חושב עליך בלי סוף, תינוק קטן שלנו - מה יהיה איתך?

כשאתה בתוך הקושי, קשה לראות משהו אחר. הצרות והייסורים הנפשיים מקיפים אותך ולא מאפשרים לשום חוויה אחרת להיכנס. המבט מצומצם, ולכן גם לא יעיל. התרחישים הגרועים ביותר משתקפים על חלונות התודעה שוב ושוב, הפחד הולך ומצטייר בצורות מבהילות ומזעזעות.

אחרי שינה חטופה קמתי בבוקר והלכתי להתפלל. התקשיתי להתרכז במילות התפילה, אבל אז, בשלב מסוים, החזן הסתכל עליי, והמילים שאמר חדרו לי ישר לתוך הלב - "שמע ישראל!"...

נזכרתי. ה' הוא אחד, גם מעבר לפרט המסוים שבו אני כרגע לכוד. אני יכול לשמוע את הקריאה במעמקי הנפש ולהאמין שהפרט הזה הוא רק חלק, ולא השלם. כאשר התודעה נפתחת, ולו במעט, לאמונה בכך שזה בסך הכול מקום צר באמצע הדרך - השינוי מתחיל להתרחש.

לא רק שהצרה חוזרת לפרופורציה, אלא היא מתחילה להיות חלק מהדרך. במציאות הנוקשה נפערים סדקים שמאפשרים תנועה ועשייה. אתה מגלה שאפשר להגיב אחרת, והתגובה הזו פועלת ומשנה.

זו הייתה אחת התפילות החזקות בחיי. משהו שם השתנה בי לנצח. איכשהו ידעתי שלא משנה מה יהיה, אנחנו בידיים טובות - בידיים של בורא עולם. וכשנכנסנו לרופא, הוא הסתכל בשנינו במבט רציני - ואז חייך.

היום, כשאני מסתכל לאחור, אני יכול לראות ממש מה הצרה הזו עוררה ופיתחה בי, ואיזו נקודה פנימית היא גידלה והרחיבה בתוכי: "מן המצר קראתי יה - ענני במרחב יה".

אָמַר רַבִּי אֶלְעָזָר בֶּן עֲזַרְיָה ברכות יב:
הֲרֵי אֲנִי כְּבֶן שִׁבְעִים שָׁנָה
וְלֹא זָכִיתִי שֶׁתֵּאָמֵר יְצִיאַת מִצְרַיִם
בַּלֵּילוֹת

עַד שֶׁדְּרָשָׁהּ בֶּן זוֹמָא
שֶׁנֶּאֱמַר
לְמַעַן תִּזְכֹּר אֶת־יוֹם צֵאתְךָ דברים טז
מֵאֶרֶץ מִצְרַיִם
כֹּל יְמֵי חַיֶּיךָ:

יְמֵי חַיֶּיךָ הַיָּמִים
כֹּל יְמֵי חַיֶּיךָ הַלֵּילוֹת.
וַחֲכָמִים אוֹמְרִים
יְמֵי חַיֶּיךָ הָעוֹלָם הַזֶּה
כֹּל יְמֵי חַיֶּיךָ לְהָבִיא לִימוֹת
הַמָּשִׁיחַ.

היכולת לזהות את עלות השחר ולדבר על גאולה בתוך לילות האפלה איננה דבר של מה בכך. עד כדי כך, שאָמַר **רַבִּי אֶלְעָזָר בֶּן עֲזַרְיָה הֲרֵי אֲנִי כְּבֶן שִׁבְעִים שָׁנָה וְלֹא זָכִיתִי שֶׁתֵּאָמֵר יְצִיאַת מִצְרַיִם בַּלֵּילוֹת** – כאמור, רבי אלעזר הוא תלמיד חכם בעל פרספקטיבה על־דורית. בהיותו בן שמונה עשרה נתמנה לנשיא ושערותיו הלבינו ושיוו לו הדרת פנים של בן שבעים שנה, ואף על פי כן הוא התקשה להבחין במבט אנושי, רחב ככל שיהיה, כיצד יוצאים מהמְּצָרים מתוך לילות הגלות הארוכה. **עַד שֶׁדְּרָשָׁהּ בֶּן זוֹמָא** – רבי שמעון בן זומא, תלמיד חכם בעל מבט פנימי חודר (עד כדי כך ש'הרואה את דמותו בחלום יצפה לחכמה'[69]), הוא שהצליח להבין זאת ממה שֶׁנֶּאֱמַר בפסוקי התורה: **"לְמַעַן תִּזְכֹּר אֶת־יוֹם צֵאתְךָ מֵאֶרֶץ מִצְרַיִם כֹּל יְמֵי חַיֶּיךָ". יְמֵי חַיֶּיךָ – הַיָּמִים. כֹּל יְמֵי חַיֶּיךָ – הַלֵּילוֹת** – במבט נקודתי על חיי האדם, לפיו כל יום עומד בפני עצמו, קשה להבחין כיצד אף הלילות הם חלק מתהליך ההתקדמות. אולם במבט נבואי רחב, הרואה את 'כל' ימי חיי האדם כקו אחד ארוך, ניתן לזהות שגם רגעי השפל והאפלה תרמו את שלהם להתקדמות.[70]

וַחֲכָמִים אוֹמְרִים: יְמֵי חַיֶּיךָ – הָעוֹלָם הַזֶּה. כֹּל יְמֵי חַיֶּיךָ – לְהָבִיא לִימוֹת הַמָּשִׁיחַ – חכמים מוסיפים זווית אחרת: לעיתים גם המבט הנבואי הרחב אינו מסייע לנו לראות כיצד לילות האפלה של העולם הזה קידמו את הגאולה. אנו יכולים לכל היותר לראות את גאולת העולם הזה ב'ימי חיינו', ברגעי האור. אולם רק אם נישא מבטנו לימות המשיח – שם, מתוך פרספקטיבת הנצח, נוכל לראות כיצד בסופו של דבר כל ימי חיינו מביאים לגאולה.[71]

בָּרוּךְ הַמָּקוֹם
בָּרוּךְ הוּא
בָּרוּךְ שֶׁנָּתַן תּוֹרָה
לְעַמּוֹ יִשְׂרָאֵל
בָּרוּךְ הוּא

מי הוא שמאפשר לנו להבחין ביציאת מצרים גם בלילותינו האפלים?

בָּרוּךְ הַמָּקוֹם – ה׳, שהוא ׳מקומו של עולם׳,[72] היינו הבסיס לקיומנו בעולם, **בָּרוּךְ הוּא** – הוא מקור הברכה;

בָּרוּךְ שֶׁנָּתַן תּוֹרָה לְעַמּוֹ יִשְׂרָאֵל, בָּרוּךְ הוּא – הברכה באה לידי ביטוי בתורה שניתנה לנו ומורה לנו כיצד להתנהל במצבי חיינו השונים, כדלקמן:

כְּנֶגֶד אַרְבָּעָה בָנִים דִּבְּרָה תוֹרָה

אֶחָד
חָכָם וְאֶחָד
רָשָׁע וְאֶחָד
תָּם
וְאֶחָד
שֶׁאֵינוֹ יוֹדֵעַ לִשְׁאֹל

כְּנֶגֶד אַרְבָּעָה בָנִים דִּבְּרָה תוֹרָה – ישנם פנים מגוונות לנפש האנושית, וכולן נגאלות ממצרים, באופן זה או אחר, בזכות הדרכת התורה: **אֶחָד חָכָם, וְאֶחָד רָשָׁע, וְאֶחָד תָּם, וְאֶחָד שֶׁאֵינוֹ יוֹדֵעַ לִשְׁאֹל.**

חָכָם

מַה הוּא אוֹמֵר

מָה הָעֵדֹת וְהַחֻקִּים וְהַמִּשְׁפָּטִים דברים ו
אֲשֶׁר צִוָּה יהוה אֱלֹהֵינוּ אֶתְכֶם:
וְאַף אַתָּה אֱמָר לוֹ כְּהִלְכוֹת הַפֶּסַח
אֵין מַפְטִירִין אַחַר הַפֶּסַח אֲפִיקוֹמָן.

חָכָם מָה הוּא אוֹמֵר? – הכישרון האינטלקטואלי לברר ולשאול 'מה' ['כח־מה'], המנתח והמבקר את המציאות, הוא בעל תפקיד חשוב בתהליך הבירור. **"מָה הָעֵדוֹת וְהַחֻקִּים וְהַמִּשְׁפָּטִים אֲשֶׁר צִוָּה ה' אֱלֹהֵינוּ אֶתְכֶם?"** – כדי להבין את התוכן התורני של דבר אלוהים, אין מנוס מניתוח שכלי קר העומד כביכול מבחוץ ומברר מה ציווה ה'. לכן, הוא מכנה אותו מרחוק, 'אתכם'. ואכן, **אַף אַתָּה אֱמָר לוֹ כְּהִלְכוֹת הַפֶּסַח** – אמנם צריך לענות תשובה ולספק את הצורך האנושי בידע ובהבנה, אך עם זאת אין לשכוח את ההלכה החשובה ביותר, המלמדת למפרע על מקומה של החכמה האנושית: **אֵין מַפְטִירִין אַחַר הַפֶּסַח אֲפִיקוֹמָן** – אין לסיים ['להפטיר'] ולאכול דבר מה נוסף ['אפיקומן'] לאחר אכילת הפסח בתום הסדר.[73] האכילה החותמת את ליל הסדר, הנעשית בסוף הלילה 'על השובע', היא ביטוי לאהבת החיים מצד עצמם, ולא מצד הרעבון והסקרנות האנושיים לידע או לחוויות. תפקידה של החכמה האנושית לסייע לנו להבין את מציאות החיים שיצר הקדוש ברוך הוא בעולם, ולא לנסות 'לאכול' מעבר לכך, כלומר לא לחקור במופלא מאיתנו.[74]

רָשָׁע

מַה הוּא אוֹמֵר

מָה הָעֲבֹדָה הַזֹּאת לָכֶם: שמות יב
לָכֶם וְלֹא לוֹ
וּלְפִי שֶׁהוֹצִיא אֶת עַצְמוֹ מִן הַכְּלָל
כָּפַר בָּעִקָּר
וְאַף אַתָּה הַקְהֵה אֶת שִׁנָּיו, וֶאֱמָר לוֹ
בַּעֲבוּר זֶה עָשָׂה יהוה שמות יג
לִי בְּצֵאתִי מִמִּצְרָיִם:
לִי וְלֹא לוֹ
אִלּוּ הָיָה שָׁם, לֹא הָיָה נִגְאָל.

רָשָׁע מַה הוּא אוֹמֵר? – בנפש האנושית של כל אחד ואחת מאיתנו, בין אם נכחיש זאת ובין אם לאו, קיימים גם צדדי רשע. הצדדים הללו חשים רתיעה כלפי היציאה מהמְצָרים, וזועקים – **"מָה הָעֲבֹדָה הַזֹּאת לָכֶם?", לָכֶם – וְלֹא לוֹ. וּלְפִי שֶׁהוֹצִיא אֶת עַצְמוֹ מִן הַכְּלָל כָּפַר בָּעִקָּר** – חוסר הרצון להתחבר למסורת של עם ישראל לדורותיו מכונה 'כפירה בעיקר', כלומר התכחשות למוקד החיים. זהו הרצון להישאר במְצָרים, בתאוות ובחולשות, ולא להתחבר לשרשרת הנצח. **וְאַף אַתָּה הַקְהֵה אֶת שִׁנָּיו, וֶאֱמָר לוֹ: "בַּעֲבוּר זֶה עָשָׂה ה' לִי בְּצֵאתִי מִמִּצְרָיִם". לִי – וְלֹא לוֹ. אִלּוּ הָיָה שָׁם, לֹא הָיָה נִגְאָל** – כל אדם מבין, כאשר הוא עורך בירור בנפשו פנימה, שההתכחשות למסורת מותירה אותו 'ללא שיניים', היינו ללא כלי פעולה לקיום חייו לאורך זמן. בלי שורשים האדם אינו מסוגל לבנות בניינים עמידים שימשיכו גם לדורות הבאים. ואף אתה ואת אִמרו לעצמכם – נכון, לחלק הזה באישיות, שמתעקש לא לצאת ממְצָרי התאוות – לא בשבילו נועדה יציאת מצרים, ולא בשבילו נועד הכוח האלוהי שדוחף את האדם להתגבר ולנצח! אם החלק הנמוך הזה יהיה מרכז חייכם, הרי לא הייתם 'נגאלים' ומתקדמים לשום מקום.[75]

תָּם

מַה הוּא אוֹמֵר

מַה־זֹּאת — שמות יג

וְאָמַרְתָּ אֵלָיו
בְּחֹזֶק יָד הוֹצִיאָנוּ יהוה
מִמִּצְרַיִם מִבֵּית עֲבָדִים:

תָּם מַה הוּא אוֹמֵר? – גם התמימות, הרצון להישאר באזור הנוחות ולתת למציאות לסחוף אותנו באשליה ש'הדברים כבר יסתדרו מאליהם', היא מרכיב חזק בנפש האנושית. כל אחד מוצא עצמו מידי פעם משתאה מול עולמו של הקדוש ברוך הוא ותוהה: "**מַה־זֹּאת?**" – המרוץ היומיומי בעולמנו נראה לכאורה מנוגד לגאולת מצרים, ולעיתים נראה כאילו עדיף לשקוע בישנוניות ובדמיונות. וְלכן **וְאָמַרְתָּ אֵלָיו** – לחלק המיתמם באישיותך – "**בְּחֹזֶק יָד הוֹצִיאָנוּ יהוה מִמִּצְרַיִם מִבֵּית עֲבָדִים**" – הדרך לפעול בעולמו של אלוהים ולצאת מעבדות אישיותית היא באמצעות 'יד חזקה' – אקטיביות נמרצת שמזהה את המטרה המוסרית וחותרת אליה בנחישות.

וְשֶׁאֵינוֹ יוֹדֵעַ לִשְׁאֹל

אַתְּ פְּתַח לוֹ

שֶׁנֶּאֱמַר

וְהִגַּדְתָּ לְבִנְךָ — שמות יג
בַּיּוֹם הַהוּא לֵאמֹר
בַּעֲבוּר זֶה עָשָׂה יהוה לִי
בְּצֵאתִי מִמִּצְרָיִם:

וְשֶׁאֵינוֹ יוֹדֵעַ לִשְׁאֹל – הצד הרביעי שמצוי בנו הוא כה גולמי, עד שאינו מודע כלל ליופי, לגודל ולאתגרים שניצבים מולנו בעולמנו המופלא. ולכן **אַתְּ פְּתַח לוֹ** – תפקידך לחשוף אותו ללא מורא מול המצפה לו מאל"ף עד תי"ו ['את'], שֶׁנֶּאֱמַר: "**וְהִגַּדְתָּ לְבִנְךָ בַּיּוֹם הַהוּא לֵאמֹר, בַּעֲבוּר זֶה עָשָׂה יהוה לִי בְּצֵאתִי מִמִּצְרָיִם**" – הסיבה שבעבורה גאל אותנו ה' ממצרים ונטע בנו את היכולת להתגבר על כל קושי, היא כדי שננצל זאת. לא כדי שנטמון ראשנו בחול ובצרות אופקים, אלא כדי שניפתח לכל המרחב האינסופי של החיים ונגאל את עצמנו – ואת העולם כולו – מן המְּצָרִים.

חכם: לפי איך שאני קורא כאן את הנתונים, אנחנו חייבים שינוי. אחרת התפוקה בשנה הבאה תהיה הרבה יותר נמוכה לעומת שנה שעברה, ולפי התוכנית התלת־שנתית לצמיחה מוגברת, יש פה יעד גבוה שחייבים להשיג. זו נורת אזהרה, מוכרחים להשתפר ולהתאמץ הרבה יותר!

אינו יודע לשאול: מישהו יכול להסביר על מה הדיון?

תם: נראה לי שאתה קצת מגזים. בסך הכול, הכול די בסדר, לא צריך להלחיץ סתם. אף אחד לא הולך לישון רעב.

רשע: הרגת אותנו עם הדרישות האלה שלך! כל הזמן אתה דוחף את כולם לשנות, להשתפר, לגדול, לצמוח, להתרחב, להתייעל. די, למי יש כוח לכל הדיבורים האלה? וגם אם ננסה, אתה יודע בדיוק כמוני, שכמה זה כבר ישנה? וזה בלי לדבר בכלל על כך שזה לא יחזיק מעמד... עזוב אותך מהמספרים, בוא נהנה לפחות ממה שיש.

אינו יודע לשאול: מישהו יכול להסביר על מה הדיון?

חכם: חברים, הסתכלו על הגרפים שאני מראה עכשיו. כפי שתראו, יש פה איכויות נדירות שלא ממומשות. חייבים למקסם את היכולות, מוכרחים להוציא מהחיים האלה הרבה יותר. ראו את הגרף הזה למשל - כמה חוכמה יש לך, כמה רגישות ומוסריות יש בך! ראה אילו כישרונות, איזו תשומת לב מיוחדת. אבל נתוני הביצוע, לעומת זאת... אנחנו במשבר קיומי. לא חבל שכל זה לא יהיה בשימוש?

רשע: מה שאני רואה מכל מה שהצגת זה בעיקר אפשרויות להנאה מהירה ומיידית, כמו שצריך. ביס פה וביס שם, וכמו שאתם אומרים שם בישיבה "אכול ושתו כי מחר נמות". עם זה אי אפשר להתווכח! כל השאר המצאות וספקולציות.

תם: עכשיו **אתה** קצת מגזים...

אינו יודע לשאול: מישהו יכול להסביר על מה הדיון?

אני: שקט רגע כולכם. תנו לעשות סדר! אני אשתנה באופן שמתאים **לי**.

ממתי אפשר לצאת מהמְצָרים? ממתי מסוגל האדם להתגבר על חולשותיו?

יָכוֹל מֵרֹאשׁ חֹדֶשׁ? – אולי תהליך היציאה לחירות יכול לבוא מתוך התחדשות אנושית פשוטה? בתחילת כל מעגל זמן [׳ראש חודש׳], ישנה התעוררות טבעית ׳להתחיל מהתחלה׳. אולי אפשר להסתפק בכך?

תַּלְמוּד לוֹמַר: ״בַּיּוֹם הַהוּא״ – לא! התורה מלמדת שתהליך היציאה יהיה דווקא ׳ביום ההוא׳ שבו יצא עם ישראל ממצרים. כלומר, הרצון להתחדש ולהיגמל מהרגלים והתמכרויות שנחקקו בנו במשך שנים אינו מספיק, ויש צורך להתחבר דווקא ליום שבו יצא עם ישראל ממצרים, למטרה הכוללת של גאולת העולם.

אִי בַּיּוֹם הַהוּא, יָכוֹל מִבְּעוֹד יוֹם? – גם את החיבור הנכון ליציאת מצרים יש לחדד: אדם יכול להשלות עצמו שיוכל להתחבר לתהליך התחדשות העולם וגאולתו ביום יציאת מצרים, אך מתוך תחושה שהוא אינו צריך להתקשר אל התוכן האלוהי, אלא יכול לשחרר עצמו מבית האסורים של הרגליו וחולשותיו בכוחו האנושי –

תַּלְמוּד לוֹמַר ״בַּעֲבוּר זֶה״ – בַּעֲבוּר זֶה לֹא אָמַרְתִּי אֶלָּא בְּשָׁעָה שֶׁיֵּשׁ מַצָּה וּמָרוֹר מֻנָּחִים לְפָנֶיךָ – חכמי ישראל מלמדים אותנו שהיציאה ממצרים היא דווקא בעבור ׳זֶה׳, המצה והמרור,[76] אובייקטים מסוימים שהם ׳כלי סיוע׳ אלוהיים (כפי שיוסבר בהמשך), והם התנאי ליציאה מן המְצָרים אל החופש.

וְהִגַּדְתָּ לְבִנְךָ

יָכוֹל מֵרֹאשׁ חֹדֶשׁ\
תַּלְמוּד לוֹמַר:\
בַּיּוֹם הַהוּא.\
אִי בַּיּוֹם הַהוּא יָכוֹל מִבְּעוֹד יוֹם\
תַּלְמוּד לוֹמַר:\
בַּעֲבוּר זֶה.\
בַּעֲבוּר זֶה לֹא אָמַרְתִּי\
אֶלָּא\
בְּשָׁעָה שֶׁיֵּשׁ מַצָּה וּמָרוֹר\
מֻנָּחִים לְפָנֶיךָ.

מִתְּחִלָּה

עוֹבְדֵי עֲבוֹדָה זָרָה
הָיוּ אֲבוֹתֵינוּ

וְעַכְשָׁו

קֵרְבָנוּ הַמָּקוֹם לַעֲבוֹדָתוֹ

שֶׁנֶּאֱמַר

וַיֹּאמֶר יְהוֹשֻׁעַ אֶל־כָּל־הָעָם יהושע כד
כֹּה־אָמַר יהוה אֱלֹהֵי יִשְׂרָאֵל
בְּעֵבֶר הַנָּהָר יָשְׁבוּ אֲבוֹתֵיכֶם מֵעוֹלָם
תֶּרַח אֲבִי אַבְרָהָם וַאֲבִי נָחוֹר
וַיַּעַבְדוּ אֱלֹהִים אֲחֵרִים:

תהליך היציאה מהמְּצָרים הוא נצחי, ואינו מתחיל עכשיו אלא חורז את ההיסטוריה האנושית: **מִתְּחִלָּה עוֹבְדֵי עֲבוֹדָה זָרָה הָיוּ אֲבוֹתֵינוּ,**

וְעַכְשָׁו קֵרְבָנוּ הַמָּקוֹם לַעֲבוֹדָתוֹ – בשחר ההיסטוריה היו אבותינו "עובדי עבודה זרה", כלומר מכורים לכוחות טבע חלקיים וזרים שבהם ראו את חזות הכול. אולם הקדוש ברוך הוא, בסיס ומקור ['מקום'] כל הכוחות, קידם את האנושות דרך התפתחות האומה הישראלית, המעניקה לעולם את השכלול והעיבוד ['עבודתו'] של הכוחות כולם.

שֶׁנֶּאֱמַר: "וַיֹּאמֶר יְהוֹשֻׁעַ אֶל־כָּל־הָעָם, כֹּה־אָמַר יהוה אֱלֹהֵי יִשְׂרָאֵל – כפי שמלמד יהושע בן נון בסוף ימיו את עם ישראל, ישנו כוח מעל ההווה[77] ['י־ה־ו־ה'], המופיע בהיסטוריה האנושית דרך חיי ישראל. **בְּעֵבֶר הַנָּהָר יָשְׁבוּ אֲבוֹתֵיכֶם מֵעוֹלָם, תֶּרַח אֲבִי אַבְרָהָם וַאֲבִי נָחוֹר, וַיַּעַבְדוּ אֱלֹהִים אֲחֵרִים** – האנושות הייתה מצויה מאז ראשיתה מעבר לנהר החיים, במקום המוות והקיבעון. שם תרו באופן נואש אחר הרוח ['תר־ח'], והולידו כוחות שחלקם היו מסוכנים והרגו ['נחרו'[78]] יצורי חיים, וחלקם כוחות מרוממים שישמשו בעתיד כאבותיהם הנישאים של האנושות ['אב־רם']. אולם כך או כך, בתחילה התמכרו אבותינו הקדומים לכוחות חלקיים, מעכבים ומאחרים

['אלוהים אחרים']:[79] **וָאֶקַּח אֶת־אֲבִיכֶם אֶת־אַבְרָהָם מֵעֵבֶר הַנָּהָר, וָאוֹלֵךְ אֹתוֹ בְּכָל־אֶרֶץ כְּנָעַן** – מתוך ביצה טובענית זו מתרומם אברהם אבינו, כוח שהופך להיות אביה המרומם של האנושות, חוצה את גבול ['נהר'] העולם הזה,[80] והולך לבשר את דבר אלוהים בתוך ארץ שפלה ונכנעת ['כנען'].[81] **וָאַרְבֶּ אֶת־זַרְעוֹ, וָאֶתֶּן־לוֹ אֶת־יִצְחָק, וָאֶתֵּן לְיִצְחָק אֶת־יַעֲקֹב וְאֶת־עֵשָׂו** – וממנו מתחילה להשתלשל שושלת שיש בה אנשים וכוחות שיוצאים מחוק הטבע ['יצ[א]־חק'], ומהם מתפצלים שני סוגי דמויות: אחת הרואה עצמה כבסיס ותחילה לאנושות ['י־עקב'], ואחרת המרגישה שהיא הגיעה לסיומו של תהליך ההשתלמות ['עשו'],[82] כאילו כבר הגיעו למטרתם ולמיצויים בעולם הזה. וָאכן – **וָאֶתֵּן לְעֵשָׂו אֶת־הַר שֵׂעִיר לָרֶשֶׁת אוֹתוֹ** – אותן דמויות שחשות שייעודן ועשייתן הוא רק בעולם ההווה, יורשות את ההר שמכוסה שערות־צמחיה ['שעיר'], ונדמה שבו ניתן לבוא אל המנוחה ואל הנחלה; וְאולם **וְיַעֲקֹב וּבָנָיו יָרְדוּ מִצְרָיִם**" – הכוח הממשיך באמת את אברהם ויצחק, ומודע לכך שאנו נמצאים רק בתחילת ההיסטוריה, יורד מצרימה – מוכן להתמודד עם המְצָרים והאתגרים האדירים שעומדים מול האנושות, על מנת להוציא מן הכוח אל הפועל את הפוטנציאל האלוהי המצוי בעולמות כולם.

וָאֶקַּח אֶת־אֲבִיכֶם
אֶת־אַבְרָהָם מֵעֵבֶר הַנָּהָר
וָאוֹלֵךְ אֹתוֹ בְּכָל־אֶרֶץ כְּנָעַן
וָאַרְבֶּ אֶת־זַרְעוֹ, וָאֶתֶּן־לוֹ אֶת־יִצְחָק:
וָאֶתֵּן לְיִצְחָק אֶת־יַעֲקֹב וְאֶת־עֵשָׂו
וָאֶתֵּן לְעֵשָׂו
אֶת־הַר שֵׂעִיר לָרֶשֶׁת אוֹתוֹ

וְיַעֲקֹב וּבָנָיו יָרְדוּ מִצְרָיִם:

בוא נעשה רגע ניסוי מחשבתי. נניח שבאה דמות כול יכולה ומציגה בפניך את העסקה הבאה: אתה תגדיר מה הם 'החיים הטובים' מבחינתך, ותקבל אותם! אתה יכול לבחור לעצמך את כל תנאי החיים שאתה רוצה: איפה תגור, עם מי תתחתן, במה תעבוד, אילו תחביבים יהיו לך, אילו תחומי עניין ולימוד (במגבלות סבירות...) - והיא תיתן לך הכול, ומיד!

התנאי היחיד לכך הוא, שמהרגע שבו קיבלת את מבוקשך - אסור לך לשנות את חייך. מה שבחרת הוא מה שיש ומה שיהיה. לוקח?

אולי. אבל אם תקשיב טוב לקולות הפנימיים בליבך, תשמע שיש נקודה עמוקה בנפש שמתקוממת נגד ההצעה הזו. "ככה יהיה לעולם ועד?". זוהי הנקודה ה"אברהמית" שלך, שחשה את קולה האינסופי של הנשמה, הקורא "לך לך, לך לך" - להתפשט ולהתקדם הלאה עוד ועוד.

זוהי גם הנקודה ה"יעקובית" שבך, המזהה שמה שאתה היום הוא רק 'חלק מ־', קצה הקרחון של חיים גדולים ושלמים הרבה יותר שנסתרים ממך כעת, ומבחינתה הצעה כזו היא עלבון. לא, יותר מזה: היא מוות. מנסים לקנות אותך ב'נזיד עדשים' כדי שתוותר לחלוטין על הבכורה.

לוקח?

בתוך כל אותם מְצָרים היסטוריים, צאצאיו של יעקב מחזיקים מעמד ומשגשגים. מדוע? מפני ש**בָּרוּךְ שׁוֹמֵר הַבְטָחָתוֹ לְיִשְׂרָאֵל, בָּרוּךְ הוּא** – ישנה הבטחה אלוהית משחר ימי ההיסטוריה, **שֶׁהַקָּדוֹשׁ בָּרוּךְ הוּא חִשַּׁב אֶת הַקֵּץ** – שהמטרה המוסרית של העולם ['קץ'] תתממש מתוך חישוב ותכנון. ואכן, ה' חישב **לַעֲשׂוֹת כְּמָה שֶׁאָמַר לְאַבְרָהָם אָבִינוּ בִּבְרִית בֵּין הַבְּתָרִים** – הדמות שתשמש כאביה המרומם ['אב־רם'] של האנושות, היוצרת קשר ייחודי ובלעדי ['ברית'] עם ה' דווקא במקום בו נחתכים ['נבתרים'] יצורי החיים.[83] זוהי הבנה שהגאולה תבוא דווקא מתוך כאב ועינוי, **שֶׁנֶּאֱמַר: "וַיֹּאמֶר לְאַבְרָם, יָדֹעַ תֵּדַע כִּי־גֵר יִהְיֶה זַרְעֲךָ בְּאֶרֶץ לֹא לָהֶם, וַעֲבָדוּם וְעִנּוּ אֹתָם אַרְבַּע מֵאוֹת שָׁנָה** – במבט ראשוני נדמה כי תחושת הגרות, הניכור, העבדות והעינוי יקיפו את חיי האומה הישראלית באופן מוחלט ['ארבע מאות שנה'[84]]; ואולם אל חשש, כי **וְגַם אֶת־הַגּוֹי אֲשֶׁר יַעֲבֹדוּ דָּן אָנֹכִי** – יש צדק בהנהגה האלוהית: המשעבדים יבואו על עונשם, **וְאַחֲרֵי־כֵן יֵצְאוּ בִּרְכֻשׁ גָּדוֹל"** – התהליך הארוך של הקושי והשעבוד יביא בסופו של דבר ליציאה לחירות, שבה ניקח עימנו את נקודות החיוב הקיימות גם במחוזות הרוע ['רכוש גדול'].[85]

בָּרוּךְ שׁוֹמֵר הַבְטָחָתוֹ לְיִשְׂרָאֵל

בָּרוּךְ הוּא

שֶׁהַקָּדוֹשׁ בָּרוּךְ הוּא

חִשַּׁב אֶת הַקֵּץ

לַעֲשׂוֹת כְּמָה שֶׁאָמַר

לְאַבְרָהָם אָבִינוּ

בִּבְרִית בֵּין הַבְּתָרִים

שֶׁנֶּאֱמַר

וַיֹּאמֶר לְאַבְרָם בראשית טו

יָדֹעַ תֵּדַע כִּי־גֵר יִהְיֶה זַרְעֲךָ בְּאֶרֶץ

לֹא לָהֶם

וַעֲבָדוּם וְעִנּוּ אֹתָם

אַרְבַּע מֵאוֹת שָׁנָה:

וְגַם אֶת־הַגּוֹי אֲשֶׁר יַעֲבֹדוּ דָּן אָנֹכִי

וְאַחֲרֵי־כֵן יֵצְאוּ בִּרְכֻשׁ גָּדוֹל:

מכסה את המצה, מגביה את הכוס בידו, ואומר 'וְהִיא שֶׁעָמְדָה'.

כאשר אנו נזכרים בהבטחה האלוהית שעמדה לנו בעתות האפילה והסתר הפנים, אנו מכסים את המצה – מדרגת החירות הגלויה שבאותם זמנים הייתה נסתרת מעינינו, ולעומת זאת מגביהים ומקרבים אלינו את כוס היין – הנוזל הפנימי של הענב,[ה] המזכיר לנו את השמירה האלוהית שהנהיגה באופן פנימי ונסתר את העולם בימי הגלות הארוכה.

וְהִיא

שֶׁעָמְדָה לַאֲבוֹתֵינוּ וְלָנוּ
שֶׁלֹּא אֶחָד בִּלְבָד עָמַד עָלֵינוּ לְכַלּוֹתֵנוּ
אֶלָּא שֶׁבְּכָל דּוֹר וָדוֹר
עוֹמְדִים עָלֵינוּ לְכַלּוֹתֵנוּ
וְהַקָּדוֹשׁ בָּרוּךְ הוּא מַצִּילֵנוּ מִיָּדָם

מניח את הכוס ומגלה את המצות.

לאחר שהפנמנו את ההבטחה האלוהית שתשמש כמנגינת הרקע של ההיסטוריה הלאומית והאישית שלנו, אפשר להניח מעט למבט הפנימי המגולם בכוס היין, ולחשוף שוב את החירות הגלויה, המגולמת במצות. כעת ניתן להבחין כיצד גם במבט גלוי הקדוש ברוך הוא אוחז בידינו ומוביל אותנו אט־אט בדרך החירות. כבר בראשית תולדות האומה ההשגחה האלוהית נוכחת בחיינו:

צֵא וּלְמַד

מַה בִּקֵּשׁ לָבָן הָאֲרַמִּי
לַעֲשׂוֹת לְיַעֲקֹב אָבִינוּ
שֶׁפַּרְעֹה לֹא גָזַר אֶלָּא עַל הַזְּכָרִים
וְלָבָן בִּקֵּשׁ לַעֲקֹר אֶת הַכֹּל

וְהִיא – ההבטחה האלוהית שעם ישראל יגיע לגאולתו, **שֶׁעָמְדָה לַאֲבוֹתֵינוּ וְלָנוּ** – אִפשרה את העמידה מול הקשיים בכל הדורות כולם. **שֶׁלֹּא אֶחָד בִּלְבָד עָמַד עָלֵינוּ לְכַלּוֹתֵנוּ** – שהרי איננו עומדים רק מול אתגר נקודתי כזה או אחר במהלך חיינו האישיים והציבוריים, **אֶלָּא שֶׁבְּכָל דּוֹר וָדוֹר עוֹמְדִים עָלֵינוּ לְכַלּוֹתֵנוּ** – בכל רגע ורגע ישנם קשיים חדשים המתיימרים לכלות את חיינו, **וְהַקָּדוֹשׁ בָּרוּךְ הוּא מַצִּילֵנוּ מִיָּדָם.**

צֵא וּלְמַד מַה בִּקֵּשׁ לָבָן הָאֲרַמִּי לַעֲשׂוֹת לְיַעֲקֹב אָבִינוּ – יעקב אבינו, בסיס ['עקב'] האומה, נאלץ להתמודד עם כוח שהיה אחוז ו'מלובן' ברשע ['לבן'], ובא ממקום רמיה ['ארמי'];[86] **שֶׁפַּרְעֹה לֹא גָזַר אֶלָּא עַל הַזְּכָרִים, וְלָבָן בִּקֵּשׁ לַעֲקֹר אֶת הַכֹּל** – לעומת מלך ההפרעה ['פרעה'] העולמית, שהתיימר לעצור את ההווה של האומה בכך שביקש להרוג את הזכרים בעלי הכוח המעשי, ביקש לבן בשנאתו ליעקב לעקר מלכתחילה את האפשרות לעתיד ישראלי,[87]

שֶׁנֶּאֱמַר

אֲרַמִּי אֹבֵד אָבִי דברים כו

וַיֵּרֶד מִצְרַיְמָה

וַיָּגָר שָׁם בִּמְתֵי מְעָט

וַיְהִי־שָׁם לְגוֹי גָּדוֹל

עָצוּם וָרָב

שֶׁנֶּאֱמַר: אֲרַמִּי אֹבֵד אָבִי – כוח השקר והרמאות [׳ארמי׳] מעוניין לכלות את כל משפחת יעקב אבי האומה, ולא עלה בידו. וכן בהמשך, **וַיֵּרֶד** יעקב **מִצְרַיְמָה וַיָּגָר שָׁם בִּמְתֵי מְעָט, וַיְהִי־שָׁם לְגוֹי גָּדוֹל, עָצוּם וָרָב** – יעקב אבינו ממשיך בהתמודדותו ויורד לארץ המְצָרים והצמצום, לחיים של גרות, זרות ומיעוט. אולם דווקא משם הוא צומח לאומה עצומה, כמותית ואיכותית. ומתחילים חכמים לדרוש את פסוקי ההגדה:

וַיֵּרֶד מִצְרַיְמָה

אָנוּס עַל פִּי הַדִּבּוּר

״וַיֵּרֶד מִצְרַיְמָה״ – אָנוּס עַל פִּי הַדִּבּוּר – יעקב מזהה את הסכנה המגולמת במצרים ויורד לשם בעל כורחו, בציווי אלוהי.

וַיָּגָר שָׁם

מְלַמֵּד שֶׁלֹּא יָרַד יַעֲקֹב אָבִינוּ

לְהִשְׁתַּקֵּעַ בְּמִצְרַיִם

אֶלָּא לָגוּר שָׁם

שֶׁנֶּאֱמַר

וַיֹּאמְרוּ אֶל־פַּרְעֹה בראשית מז

לָגוּר בָּאָרֶץ בָּאנוּ

כִּי־אֵין מִרְעֶה לַצֹּאן

אֲשֶׁר לַעֲבָדֶיךָ

כִּי־כָבֵד הָרָעָב בְּאֶרֶץ כְּנָעַן

וְעַתָּה יֵשְׁבוּ־נָא עֲבָדֶיךָ

בְּאֶרֶץ גֹּשֶׁן:

״וַיָּגָר שָׁם״ – מְלַמֵּד שֶׁלֹּא יָרַד יַעֲקֹב אָבִינוּ לְהִשְׁתַּקֵּעַ בְּמִצְרַיִם אֶלָּא לָגוּר שָׁם – הוא מודע לכך שמקומה הטבעי של המשפחה הישראלית הוא בארץ ישראל ולא במצרים, שֶׁנֶּאֱמַר: **״וַיֹּאמְרוּ אֶל־פַּרְעֹה, לָגוּר בָּאָרֶץ בָּאנוּ, כִּי־אֵין מִרְעֶה לַצֹּאן אֲשֶׁר לַעֲבָדֶיךָ, כִּי־כָבֵד הָרָעָב בְּאֶרֶץ כְּנָעַן. וְעַתָּה יֵשְׁבוּ־נָא עֲבָדֶיךָ בְּאֶרֶץ גֹּשֶׁן״** – בני יעקב מתוודים בפני הכוחות הפרועים [׳פרעה׳] כי שהותם במצרים היא זמנית, בעת שבה אין יכולת לכוחות הישראליים התמימים והטבעיים [׳צאן׳] למצוא את צורכיהם בארץ הכנועה [׳כנען׳]. מפני עדינותם[88] הם נאלצים לבוא למקום המְצָר ולינוק מן הכוחות המצריים הגסים, שדווקא בגלל גסותם יש בהם צד מזין, דשן ונגיש [׳גושן׳] יותר, שישמש לבניית החוסן הלאומי והאישי בהמשך.

כשבאים לבנות גורד שחקים, כזה שיהיו בו מאות דירות ויחיו בו אלפי אנשים, שישתכנו בין קירותיו אינספור סיפורי חיים ושתהיה לו צורה מיוחדת ומראה מרהיב וגובה מסחרר שיטפס כמעט עד לשמיים - לפני הכול, לפני החזון והמעוף, חייבים לוודא דבר אחד קריטי: שהבניין יהיה מחובר הכי עמוק, והכי חזק שאפשר, אל האדמה.

בשביל זה צריך יציקה אפורה, גסה וסתמית, שתחבר את כל הפאר לאדמה ותקנה לו יציבות וביטחון. בלי יסודות חזקים - גם הבניין היפה והמפואר בעולם לא שווה שום דבר.

כך הדבר גם בחיים האישיים ובחיים הלאומיים: צורכי הקיום, היכולות הבסיסיות המעניקות את הביטחון ואת היציבות הפשוטה - הם אלו שמחזיקים את כל החלומות הגדולים שלנו, והם המאפשרים לנו לבנות את חיינו ולהגיע למקומות הגבוהים ביותר, בלי לחשוש בכל רגע שעוד מעט יתפרק ויקרוס הכול ברעידת אדמה קטנה.

בִּמְתֵי מְעָט

כְּמָה שֶׁנֶּאֱמַר

דברים י
בְּשִׁבְעִים נֶפֶשׁ

יָרְדוּ אֲבֹתֶיךָ מִצְרָיְמָה

וְעַתָּה שָׂמְךָ יהוה אֱלֹהֶיךָ

כְּכוֹכְבֵי הַשָּׁמַיִם לָרֹב:

"בִּמְתֵי מְעָט" – כְּמָה שֶׁנֶּאֱמַר: "בְּשִׁבְעִים נֶפֶשׁ יָרְדוּ אֲבֹתֶיךָ מִצְרָיְמָה, וְעַתָּה שָׂמְךָ ה' אֱלֹהֶיךָ כְּכוֹכְבֵי הַשָּׁמַיִם לָרֹב" – המשפחה הישראלית יורדת בכוח תמציתי ומרוכז ['שבעים נפש'[89]] למקום הצמצום ['מצרים'], כשהיא מלווה בהבטחה אלוהית להצמיח את הפוטנציאל הגולמי הזה לכמות אינסופית, ככוכבי השמיים.

וַיְהִי־שָׁם לְגוֹי

מְלַמֵּד שֶׁהָיוּ יִשְׂרָאֵל מְצֻיָּנִים שָׁם

״וַיְהִי שָׁם לְגוֹי״ – מְלַמֵּד שֶׁהָיוּ יִשְׂרָאֵל מְצֻיָּנִים שָׁם – המשפחה הישראלית שומרת גם במצרים על ייחודה [׳ציונה׳];

גָּדוֹל עָצוּם

כְּמָה שֶׁנֶּאֱמַר
וּבְנֵי יִשְׂרָאֵל פָּרוּ וַיִּשְׁרְצוּ שמות א
וַיִּרְבּוּ וַיַּעַצְמוּ בִּמְאֹד מְאֹד
וַתִּמָּלֵא הָאָרֶץ אֹתָם:

״גָּדוֹל עָצוּם״ – כְּמוֹ שֶׁנֶּאֱמַר: ״וּבְנֵי יִשְׂרָאֵל פָּרוּ וַיִּשְׁרְצוּ וַיִּרְבּוּ וַיַּעַצְמוּ בִּמְאֹד מְאֹד, וַתִּמָּלֵא הָאָרֶץ אֹתָם״ – המשפחה גדלה שם כמותית ואיכותית, מעבר לממד הטבעי.[90]

וָרָב

כְּמָה שֶׁנֶּאֱמַר
רְבָבָה כְּצֶמַח הַשָּׂדֶה נְתַתִּיךְ יחזקאל טז
וַתִּרְבִּי וַתִּגְדְּלִי
וַתָּבֹאִי בַּעֲדִי עֲדָיִים
שָׁדַיִם נָכֹנוּ וּשְׂעָרֵךְ צִמֵּחַ
וְאַתְּ עֵרֹם וְעֶרְיָה:

ויש מוסיפים:

וָאֶעֱבֹר עָלַיִךְ
וָאֶרְאֵךְ מִתְבּוֹסֶסֶת בְּדָמָיִךְ
וָאֹמַר לָךְ בְּדָמַיִךְ חֲיִי
וָאֹמַר לָךְ בְּדָמַיִךְ חֲיִי:

״וָרָב״ – התרבות זו, אף שנראית לא טבעית, הינה ביטוי לטבע הישראלי הפשוט, כְּמָה שֶׁנֶּאֱמַר: ״רְבָבָה כְּצֶמַח הַשָּׂדֶה נְתַתִּיךְ״ – זהו ריבוי [׳רבבה׳[91]] כצמח בר הצומח מעצמו בטבעיות, וַתִּרְבִּי וַתִּגְדְּלִי וַתָּבֹאִי בַּעֲדִי עֲדָיִים – ולמרות שעם הזמן, במהלך ההיסטוריה, האומה תתקשט בתוספות חיצוניות של ׳תכשיטי־תכשיטים׳ [׳עדי עדיים׳], היינו דעות ותרבויות שונות מבחוץ שייפו את הלאומיות הטבעית, שָׁדַיִם נָכֹנוּ וּשְׂעָרֵךְ צִמֵּחַ, וְאַתְּ עֵרֹם וְעֶרְיָה – בסיס החיים של האומה ייותר הגוף הנשמתי, הטבעי והחשוף, העומד להתבגר ולהבשיל. והקדוש ברוך הוא מבטיח לנו שוָאֶעֱבֹר עָלַיִךְ וָאֶרְאֵךְ מִתְבּוֹסֶסֶת בְּדָמָיִךְ, וָאֹמַר לָךְ בְּדָמַיִךְ חֲיִי, וָאֹמַר לָךְ בְּדָמַיִךְ חֲיִי״ – בכל מצב יצמחו באומה חיים חדשים, וגם בעת הנפילה וההתבוססות במוות ובדם – ישמשו אלה לצמיחה.

וַיָּרֵעוּ אֹתָנוּ הַמִּצְרִים
וַיְעַנּוּנוּ וַיִּתְּנוּ עָלֵינוּ
עֲבֹדָה קָשָׁה: דברים כו

בתוך הַמְּצָרִים נאלצים האדם והאומה לעבור בכור היתוך אפל, כדי להוציא את כוחותיהם מן הכוח אל הפועל: **וַיָּרֵעוּ אֹתָנוּ הַמִּצְרִים וַיְעַנּוּנוּ, וַיִּתְּנוּ עָלֵינוּ עֲבֹדָה קָשָׁה**. היינו:

וַיָּרֵעוּ אֹתָנוּ הַמִּצְרִים
כְּמָה שֶׁנֶּאֱמַר
הָבָה נִתְחַכְּמָה לוֹ פֶּן־יִרְבֶּה שמות א
וְהָיָה כִּי־תִקְרֶאנָה מִלְחָמָה
וְנוֹסַף גַּם־הוּא עַל־שֹׂנְאֵינוּ
וְנִלְחַם־בָּנוּ, וְעָלָה מִן־הָאָרֶץ:

"וַיָּרֵעוּ אֹתָנוּ הַמִּצְרִים" – **כְּמָה שֶׁנֶּאֱמַר: "הָבָה נִתְחַכְּמָה לוֹ פֶּן־יִרְבֶּה, וְהָיָה כִּי־תִקְרֶאנָה מִלְחָמָה וְנוֹסַף גַּם־הוּא עַל־שֹׂנְאֵינוּ וְנִלְחַם־בָּנוּ, וְעָלָה מִן־הָאָרֶץ"** – כוחות הרוע והצמצום חוששים מהטוב המתרבה באדם, שמא יתעשת ויעלה מתוך שטף החיים הָרָץ ['אָרֶץ'], יעורר את הנשמה ויצטרף לשונאי היצר הרע. לכן היצרים הרעים מתחכמים להרע לנשמה. כיצד?

וַיְעַנּוּנוּ
כְּמָה שֶׁנֶּאֱמַר
וַיָּשִׂימוּ עָלָיו שָׂרֵי מִסִּים שמות א
לְמַעַן עַנֹּתוֹ בְּסִבְלֹתָם
וַיִּבֶן עָרֵי מִסְכְּנוֹת לְפַרְעֹה
אֶת־פִּתֹם וְאֶת־רַעַמְסֵס:

"וַיְעַנּוּנוּ" – **כְּמָה שֶׁנֶּאֱמַר: "וַיָּשִׂימוּ עָלָיו שָׂרֵי מִסִּים לְמַעַן עַנֹּתוֹ בְּסִבְלֹתָם"** – תחילה מנסה היצר הרע לשקע את האדם תחת משא החיים,[92] הממוסס ['מס'[93]] את כוחותיו ומענה אותו כסַבָּל תחת משא כבד. **"וַיִּבֶן עָרֵי מִסְכְּנוֹת לְפַרְעֹה אֶת־פִּתֹם וְאֶת־רַעַמְסֵס"** – האדם והאומה מוצאים עצמם משקיעים את מיטב שנותיהם בבניין מפעלים חומריים שממסכנים את חייהם ['ערי מסכנות'];[94] מסיטים ומפריעים ['פרעה'] אותם ממטרת החיים האמתית ומביאים אותם לפי־תהום ['פ־תם'][95] ולרוע שממוסס ['רע־מסס'] ומדלדל את כוחותיהם.

וַיִּתְּנוּ עָלֵינוּ עֲבֹדָה קָשָׁה
כְּמָה שֶׁנֶּאֱמַר
וַיַּעֲבִדוּ מִצְרַיִם שמות א
אֶת־בְּנֵי יִשְׂרָאֵל בְּפָרֶךְ:

"**וַיִּתְּנוּ עָלֵינוּ עֲבֹדָה קָשָׁה**" – **כְּמָה שֶׁנֶּאֱמַר:** "**וַיַּעֲבִדוּ מִצְרַיִם אֶת־בְּנֵי יִשְׂרָאֵל בְּפָרֶךְ**" – דרך נוספת להילחם בנשמת האדם המעוניינת למרוד ולפרוץ היא להטיל עליה עבודה קשה בפה־רך ['פ־רך'].[96] היצר הרע מפתה את האדם בלשון רכה, ומשכנע אותו ששטף החומרנות והיצרים הוא לטובתו, וכדאי לו להישאר במְצָרֵי החומר.

ביום תפקדתי כרגיל, עושה את עבודתי נאמנה, זוכה למחמאות, חברותי ונעים כתמיד. אף אחד במשרד לא ידע איך נראים הלילות שלי. מי יאמין שאדם מקצועי ואיש משפחה למופת כמוני משחק כל הלילה במשחקי מלחמה ותר אחרי זימה? כל ערב אמרתי לעצמי שהפעם זו הפעם האחרונה, שהפעם אני עוצר. שלא יכול להיות שאני - אני! - מתעסק בכל הרפש הזה. אבל לילה אחר לילה, אחרי שכולם נרדמו, נגררתי שוב אל המסך כמעט באופן בלתי נשלט.

המראות היכו בי ושחקו אותי. התמונות לכלכו וזיהמו כל חלקה טובה בתוכי. ידעתי שזה רע. הנשמה שלי צעקה, ולא פעם התפרקתי בבכי אחרי עוד שלוש שעות של גלות מטמאה. אבל לא הצלחתי להפסיק. קול ארסי לחש לי ופעפע כמו רעל: "זה טעם החיים!". הראש ידע שזה שקר, הלב התריע שזו מלכודת - אבל הייתה זו לחישה מענגת כל כך, ממש פה־רך...

אילולא נכנסה אשתי לילה אחד אל החדר, ומצאה אותי שטוף ומרוקן, הייתי נשאר במצרים לעולמי עולמים. ברוכה היא שפדתה אותי מהגלות הנוראה הזאת.

דברים כו

וַנִּצְעַק אֶל־יהוה
אֱלֹהֵי אֲבֹתֵינוּ
וַיִּשְׁמַע יהוה אֶת־קֹלֵנוּ
וַיַּרְא אֶת־עָנְיֵנוּ וְאֶת־עֲמָלֵנוּ
וְאֶת־לַחֲצֵנוּ:

אולם לא ניתן לכלוא את רוח האדם: **וַנִּצְעַק אֶל ה׳ אֱלֹהֵי אֲבֹתֵינוּ, וַיִּשְׁמַע ה׳ אֶת־קֹלֵנוּ, וַיַּרְא אֶת־עָנְיֵנוּ וְאֶת־עֲמָלֵנוּ וְאֶת־לַחֲצֵנוּ;**

וַנִּצְעַק אֶל־יהוה
אֱלֹהֵי אֲבֹתֵינוּ
כְּמָה שֶׁנֶּאֱמַר

שמות ב

וַיְהִי בַיָּמִים הָרַבִּים הָהֵם
וַיָּמָת מֶלֶךְ מִצְרַיִם
וַיֵּאָנְחוּ בְנֵי־יִשְׂרָאֵל מִן־הָעֲבֹדָה
וַיִּזְעָקוּ
וַתַּעַל שַׁוְעָתָם אֶל־הָאֱלֹהִים
מִן־הָעֲבֹדָה:

מפרטים חז״ל:
״וַנִּצְעַק אֶל ה׳ אֱלֹהֵי אֲבֹתֵינוּ״ – **כְּמָה שֶׁנֶּאֱמַר: ״וַיְהִי בַיָּמִים הָרַבִּים הָהֵם וַיָּמָת מֶלֶךְ מִצְרַיִם** – ככל שעוברים הימים בחיי האדם, פרעה ׳מלך המְצָר׳ מת. שלטון היצר מתברר כחסר יכולת להעניק משמעות לחיים, והצעקה של האדם לאלוהים הולכת וגוברת. אולם דווקא אז, כאשר מת אדונם היצר הרע ומתברר להם שהתאוות אינן מביאות סיפוק ומשמעות לחייהם, **וַיֵּאָנְחוּ בְנֵי־יִשְׂרָאֵל מִן־הָעֲבֹדָה וַיִּזְעָקוּ** – דווקא אז הם מתמלאים באי־מנוחה [׳אנחה׳]. נדמה להם, כדרכם של מכורים, שכעת איבדו גם את מעט השמחה שהתאוות העניקו לחייהם. מועקה־זו [נוטריקון ׳זעקה׳] גוברת והולכת, **וַתַּעַל שַׁוְעָתָם אֶל־הָאֱלֹהִים מִן־הָעֲבֹדָה״** – והרצון להיוושע באופן מוחלט מההתמכרות לעבודת־היצר עולה השמימה.

וַיִּשְׁמַע יהוה אֶת־קֹלֵנוּ

כְּמָה שֶׁנֶּאֱמַר

וַיִּשְׁמַע אֱלֹהִים אֶת־נַאֲקָתָם שמות ב

וַיִּזְכֹּר אֱלֹהִים אֶת־בְּרִיתוֹ

אֶת־אַבְרָהָם אֶת־יִצְחָק

וְאֶת־יַעֲקֹב:

"וַיִּשְׁמַע ה' אֶת־קֹלֵנוּ" – כְּמָה שֶׁנֶּאֱמַר: "וַיִּשְׁמַע אֱלֹהִים אֶת־נַאֲקָתָם – ברגעים אלה עולה בלב תפילה עמוקה יותר מאשר השפה האנושית יכולה לבטא, תפילה נאלמת־קול ['נא־קה'], ללא מילים, המגיעה ממקום פנימי ועמוק יותר. **וַיִּזְכֹּר אֱלֹהִים אֶת־בְּרִיתוֹ אֶת־אַבְרָהָם אֶת־יִצְחָק וְאֶת־יַעֲקֹב"** – אז מתברר כי הישועה באה לא רק מצד מעשינו ופעולותינו, אלא מן השורש הישראלי שנטעו בנו אבותינו.

וַיַּרְא אֶת־עָנְיֵנוּ

זוֹ פְּרִישׁוּת דֶּרֶךְ אֶרֶץ
כְּמָה שֶׁנֶּאֱמַר
וַיַּרְא אֱלֹהִים   שמות ב
אֶת־בְּנֵי יִשְׂרָאֵל
וַיֵּדַע אֱלֹהִים:

"וַיַּרְא אֶת־עָנְיֵנוּ" – זוֹ פְּרִישׁוּת דֶּרֶךְ אֶרֶץ, כְּמָה שֶׁנֶּאֱמַר: "וַיַּרְא אֱלֹהִים אֶת־בְּנֵי יִשְׂרָאֵל, וַיֵּדַע אֱלֹהִים" – אלוהים הביט וידע על עינוי המצרים כלפי עם ישראל, בכך שהפרישו אותם מאורח החיים הטבעי ['דרך ארץ'] של חיי המשפחה. בעבודת הנפש, בעת התפילה האילמת, נוכח האדם שהיה שבוי בתאוותיו ובמְצָריו לראות כיצד לאורך כל זמן שעבודו ליצר הרע היה הוא מופרש מפרייה ורבייה של יצירה אמיתית בחייו.

וְאֶת־עֲמָלֵנוּ

אֵלּוּ הַבָּנִים
כְּמָה שֶׁנֶּאֱמַר
כָּל־הַבֵּן הַיִּלּוֹד   שמות א
הַיְאֹרָה תַּשְׁלִיכֻהוּ
וְכָל־הַבַּת תְּחַיּוּן:

"וְאֶת־עֲמָלֵנוּ" – אֵלּוּ הַבָּנִים – שכל העמל שטרח ובנה האדם בעולם הזה ירד לטמיון, **כְּמָה שֶׁנֶּאֱמַר: "כָּל־הַבֵּן הַיִּלּוֹד הַיְאֹרָה תַּשְׁלִיכֻהוּ וְכָל־הַבַּת תְּחַיּוּן"** – בזמן שבו אדם משועבד לצדדי החומרנות של חייו, פעולותיו האקטיביות ['בנים'] נשטפות ביאור האבדון,[97] ופעולותיו הפסיביות ['בנות'] נותרות בחיים ללא תועלת, שהרי אינן יכולות לפרות ולרבות.

וְאֶת־לַחֲצֵנוּ

זֶה הַדְּחַק
כְּמָה שֶׁנֶּאֱמַר
וְגַם־רָאִיתִי אֶת־הַלַּחַץ   שמות ג
אֲשֶׁר מִצְרַיִם לֹחֲצִים אֹתָם:

"וְאֶת לַחֲצֵנוּ" – זֶה הַדְּחַק, כְּמָה שֶׁנֶּאֱמַר: "וְגַם רָאִיתִי אֶת הַלַּחַץ אֲשֶׁר מִצְרַיִם לֹחֲצִים אֹתָם" – התאוות הלא־נחוצות ['ל־(נ)חץ'] הללו, והשעבוד למְצָרי הלב, גורמים לאדם להידחף אל חוקי ['ד־חק'] חיים מדכאים ומשעבדים.

דברים כו **וַיּוֹצִאֵנוּ יהוה מִמִּצְרַיִם**
בְּיָד חֲזָקָה וּבִזְרֹעַ נְטוּיָה,
וּבְמֹרָא גָּדֹל
וּבְאֹתוֹת וּבְמֹפְתִים:

וַיּוֹצִאֵנוּ יהוה מִמִּצְרַיִם
לֹא עַל יְדֵי מַלְאָךְ
וְלֹא עַל יְדֵי שָׂרָף
וְלֹא עַל יְדֵי שָׁלִיחַ
אֶלָּא הַקָּדוֹשׁ בָּרוּךְ הוּא
בִּכְבוֹדוֹ וּבְעַצְמוֹ
שֶׁנֶּאֱמַר

שמות יב **וְעָבַרְתִּי בְאֶרֶץ־מִצְרַיִם**
בַּלַּיְלָה הַזֶּה
וְהִכֵּיתִי כָל־בְּכוֹר בְּאֶרֶץ מִצְרַיִם
מֵאָדָם וְעַד־בְּהֵמָה
וּבְכָל־אֱלֹהֵי מִצְרַיִם
אֶעֱשֶׂה שְׁפָטִים
אֲנִי יהוה:

ואולם, מתוך כל השעבודים הללו, החיצוניים והפנימיים, אנו יוצאים בסופו של דבר:

וַיּוֹצִאֵנוּ ה' מִמִּצְרַיִם בְּיָד חֲזָקָה – הקדוש ברוך הוא מוציאנו ממְּצָרֵי חיינו בכוח חזק, ישיר וממוקד, **וּבִזְרֹעַ נְטוּיָה** – בכוח בעל פרספקטיבה רחבה שנוטה זרועו על העתיד וההיסטוריה, **וּבְמֹרָא גָּדֹל** – בכוח בעל עוצמה נוראה ואדירה, **וּבְאֹתוֹת** – בתהפוכות שרותמות את מסגרת הטבע מאל"ף עד תי"ו ['א־ת']; **וּבְמֹפְתִים** – בשינויים מפתיעים[98] ['מפתי(ע)־ם'] שמעל מסגרת הטבע.

"**וַיּוֹצִאֵנוּ ה' מִמִּצְרַיִם" – לֹא עַל יְדֵי מַלְאָךְ וְלֹא עַל יְדֵי שָׂרָף וְלֹא עַל יְדֵי שָׁלִיחַ אֶלָּא הַקָּדוֹשׁ בָּרוּךְ הוּא בִּכְבוֹדוֹ וּבְעַצְמוֹ** – גאולת מצרים, המקור לגאולות כולן,[99] לא התרחשה באמצעות כוחות חלקיים (כמפורט להלן) אלא על ידי הקדוש ברוך הוא – מקור הכוחות, שכובד־משקלו ['כבודו'] ועצמיותו ['בעצמו'] הם המניעים את יכולת יציאתנו מכל מֵצַר לדורי דורות, שֶׁנֶּאֱמַר: "**וְעָבַרְתִּי בְאֶרֶץ־מִצְרַיִם בַּלַּיְלָה הַזֶּה וְהִכֵּיתִי כָל־בְּכוֹר בְּאֶרֶץ מִצְרַיִם מֵאָדָם וְעַד־בְּהֵמָה וּבְכָל־אֱלֹהֵי מִצְרַיִם אֶעֱשֶׂה שְׁפָטִים** – באותו לילה של יציאת מצרים נשפטה והושמדה התפיסה הנותנת העדפה וראשוניות ['בכור'] לחומרנות של העולם הזה, הן בממד האנושי והן בממד הבהמי, **אֲנִי ה'**" – מפני שישנו כוח שהוא מעל לחומריות העכשווית של עולם ההוויה הנוכחי, כוח כללי ורחב, המבצע דין ['משפט'] באלוהות המצרית

וְעָבַרְתִּי בְאֶרֶץ־מִצְרַיִם
אֲנִי וְלֹא מַלְאָךְ
וְהִכֵּיתִי כָל־בְּכוֹר
אֲנִי וְלֹא שָׂרָף
וּבְכָל־אֱלֹהֵי מִצְרַיִם
אֶעֱשֶׂה שְׁפָטִים
אֲנִי וְלֹא הַשָּׁלִיחַ
אֲנִי יהוה
אֲנִי הוּא וְלֹא אַחֵר

באופן מוחלט, ומוציא כל איש ואישה משעבודם הפרטי בכל רגע ורגע.

"וְעָבַרְתִּי בְאֶרֶץ־מִצְרַיִם בַּלַּיְלָה הַזֶּה" – **אֲנִי וְלֹא מַלְאָךְ** – המעבר מהמְּצָרים בחיינו לא ייעשה בעזרת כוח חלקי ופרטי, שתפקידו לבצע מלאכה מסוימת ['מלאך'] ותו לא;[100]

"וְהִכֵּיתִי כָל־בְּכוֹר בְּאֶרֶץ מִצְרַיִם" – **אֲנִי וְלֹא שָׂרָף** – הכאת העדיפות החומרית ['בכוריות'] אינה יכולה להתבצע על ידי כוח חלקי ופרטי ששורף ['שרף'] כוחות אחרים הסובבים אותו;

"וּבְכָל־אֱלֹהֵי מִצְרַיִם אֶעֱשֶׂה שְׁפָטִים" – **אֲנִי וְלֹא הַשָּׁלִיחַ** – עשיית הדין ['משפט'] במצריות גם לא תצא אל הפועל בידי כוח שמשתלח ['שליח'] באופן לא מדויק.

אלא **"אֲנִי ה'"** – **אֲנִי הוּא וְלֹא אַחֵר** – היכולת להעמיד את ההוויה על מקומה הנכון תושג רק באמצעות המדרגה העליונה, של ההיפתחות לקדוש ברוך הוא לבדו, המקור הכללי והמדויק של הכוחות כולם.

בְּיָד חֲזָקָה

זוֹ הַדֶּבֶר
כְּמָה שֶׁנֶּאֱמַר
הִנֵּה יַד־יהוה הוֹיָה בְּמִקְנְךָ שמות ט
אֲשֶׁר בַּשָּׂדֶה
בַּסּוּסִים בַּחֲמֹרִים בַּגְּמַלִּים
בַּבָּקָר וּבַצֹּאן, דֶּבֶר כָּבֵד מְאֹד:

כיצד תופיע הנהגת הקדוש ברוך הוא במצרים? כיצד יצא האדם ממְצָרָיו? חז"ל מתארים חמש מדרגות לדבר:

"בְּיָד חֲזָקָה" – זוֹ הַדֶּבֶר, כְּמָה שֶׁנֶּאֱמַר: "הִנֵּה יַד ה' הוֹיָה בְּמִקְנְךָ אֲשֶׁר בַּשָּׂדֶה, בַּסּוּסִים, בַּחֲמֹרִים, בַּגְּמַלִּים, בַּבָּקָר וּבַצֹּאן, דֶּבֶר כָּבֵד מְאֹד" – על מנת לצאת ממצרים, אדם זקוק תחילה להתנתקות בחוזקה מהדָּבָר, בה"א הידיעה ['הַ־דֶּבֶר'], שמושך אותו לעולם הזה ומשעבד אותו אל הקניין החומרי על סוגיו השונים – סוסים, חמורים, גמלים, בקר וצאן – ובכך מכביד מאוד על חייו.

וּבִזְרֹעַ נְטוּיָה

זוֹ הַחֶרֶב
כְּמָה שֶׁנֶּאֱמַר
וְחַרְבּוֹ שְׁלוּפָה בְּיָדוֹ (דברי הימים א׳ כא)
נְטוּיָה עַל־יְרוּשָׁלָֽיִם:

וּבְמוֹרָא גָּדֹל

זֶה גִּלּוּי שְׁכִינָה
כְּמָה שֶׁנֶּאֱמַר
אוֹ הֲנִסָּה אֱלֹהִים (דברים ד)
לָבוֹא לָקַחַת לוֹ גוֹי מִקֶּרֶב גּוֹי
בְּמַסֹּת
בְּאֹתֹת וּבְמוֹפְתִים וּבְמִלְחָמָה
וּבְיָד חֲזָקָה, וּבִזְרוֹעַ נְטוּיָה
וּבְמוֹרָאִים גְּדֹלִים
כְּכֹל אֲשֶׁר־עָשָׂה לָכֶם
יהוה אֱלֹהֵיכֶם בְּמִצְרַיִם לְעֵינֶֽיךָ:

"וּבִזְרֹעַ נְטוּיָה" – זוֹ הַחֶרֶב, כְּמָה שֶׁנֶּאֱמַר: "וְחַרְבּוֹ שְׁלוּפָה בְּיָדוֹ, נְטוּיָה עַל יְרוּשָׁלָיִם" – במבט נטוי וכללי יותר האדם מבין שאפשרות של חורבן ['חרב'] מאיימת מלמעלה ['שלוף'] על ראיית־השלמות ['ירו־שלם'][101] של חייו, אם לא ייגאל ממצרים. זוהי מודעות לכך שהיציאה לחירות אינה תוספת שולית לחייו, אלא תנאי קיומי.

"וּבְמוֹרָא גָּדֹל" – זֶה גִּלּוּי שְׁכִינָה – כדי שהקדושה תתחיל להתגלות ולשכון בחייו, האדם חייב לפתח בעצמו תחושות יראה ותודעת פער מול הגודל האלוהי, **כְּמָה שֶׁנֶּאֱמַר: "אוֹ הֲנִסָּה אֱלֹהִים לָבוֹא לָקַחַת לוֹ גוֹי מִקֶּרֶב גּוֹי** – בתולדות ההיסטוריה האנושית לא היה ניסיון להוליד אומה חדשה מתוך מסגרת לאומית קודמת, כלומר ליצור חיים חדשים המנותקים מהקיבעון של מסגרת החיים הראשונית שממנה נולדה.

על מנת ליצור חיים חדשים כאלה בעולם, יש צורך **בְּמַסֹּת** – ניסים מתנוססים, הבאים לידי ביטוי **בְּאֹתֹת וּבְמוֹפְתִים וּבְמִלְחָמָה וּבְיָד חֲזָקָה, וּבִזְרוֹעַ נְטוּיָה וּבְמוֹרָאִים גְּדֹלִיםכְּכֹל אֲשֶׁר־עָשָׂה לָכֶם יהוה אֱלֹהֵיכֶם בְּמִצְרַיִם לְעֵינֶיךָ"** – בהתגלויות אדירות ובלתי נתפסות של מלחמות ושינויים עולמיים.

וּבְאֹתוֹת

זֶה הַמַּטֶּה
כְּמָה שֶּׁנֶּאֱמַר
וְאֶת־הַמַּטֶּה הַזֶּה תִּקַּח בְּיָדֶךָ שמות ד
אֲשֶׁר תַּעֲשֶׂה־בּוֹ אֶת־הָאֹתֹת:

וביתר פירוט:
"וּבְאֹתוֹת" – זֶה הַמַּטֶּה, כְּמָה שֶּׁנֶּאֱמַר: "וְאֶת הַמַּטֶּה הַזֶּה תִּקַּח בְּיָדְךָ, אֲשֶׁר תַּעֲשֶׂה בּוֹ אֶת הָאֹתֹת" – 'אות' הוא שינוי בתוך המסגרת של חוקי הטבע, המשנה את העולם הזה מאל"ף ועד תי"ו. הוא נעשה על ידי ה'מַטֶּה' – מקל משענת הצומח באופן טבעי, שניתן לנטותו מַטָּה, כלפי המדרגות התחתונות של עולמנו הארצי, ולשנות אותן כדי שנוכל לצאת ממְּצָרֵי החומר.[102]

וּבְמֹפְתִים

זֶה הַדָּם
כְּמָה שֶּׁנֶּאֱמַר
וְנָתַתִּי מוֹפְתִים בַּשָּׁמַיִם וּבָאָרֶץ יואל ג

"וּבְמֹפְתִים" – זֶה הַדָּם, כְּמָה שֶּׁנֶּאֱמַר: "וְנָתַתִּי מוֹפְתִים בַּשָּׁמַיִם וּבָאָרֶץ – 'מופתים' אלה השינויים שמעל מסגרת הטבע, שמפתי(עי)ם את המבט האנושי, הן בממד השמיימי והן בממד הארצי. מכת דם היא הראשונה שבהם:

נוהגים להטיף טיפה מן הכוס באמירת 'דָם', 'וָאֵשׁ', 'וְתִימְרוֹת עָשָׁן', עשר המכות, 'דְצַ"ךְ', 'עַדַ"שׁ', 'בְּאַחַ"ב'.

מכיוון שכעת אנו עומדים לתאר את השינויים והניסים שמעבר לעולם הטבע, נהגו להטיף טיפת יין מהכוס שלפנינו. שפיכת מעט יין, הנוזל המבטא את פנימיות החיים,[1] הינה ביטוי לעומקים האלוהיים האינסופיים המצויים בעולמנו, שניסי יציאת מצרים חושפים רק את קצה הקרחון שלהם.[2]

דָּם וָאֵשׁ וְתִימְרוֹת עָשָׁן:

דָּבָר אַחֵר

בְּיָד חֲזָקָה	שְׁתַּיִם
וּבִזְרֹעַ נְטוּיָה	שְׁתַּיִם
וּבְמֹרָא גָּדֹל	שְׁתַּיִם
וּבְאֹתוֹת	שְׁתַּיִם
וּבְמֹפְתִים	שְׁתַּיִם

"דָּם וָאֵשׁ וְתִימְרוֹת עָשָׁן" – המופתים באים לידי גילוי הן בממד החומרי (מים ההופכים לדם); הן בממד ההופך את החומר לאנרגיה (אש); והן בממד ששייך ליסוד המופשט (עשן) המיתמר כלפי מעלה.

דָּבָר אַחֵר – קומה נוספת שמלמדים אותנו חכמי ההגדה בהבנת מילות הנבואה הללו: **"בְּיָד חֲזָקָה"** – **שְׁתַּיִם**, **"וּבִזְרֹעַ נְטוּיָה"** – **שְׁתַּיִם**, **"וּבְמֹרָא גָּדֹל"** – **שְׁתַּיִם**, **"וּבְאֹתוֹת"** – **שְׁתַּיִם**, **"וּבְמֹפְתִים"** – **שְׁתַּיִם**.

אֵלּוּ עֶשֶׂר מַכּוֹת

שֶׁהֵבִיא הַקָּדוֹשׁ בָּרוּךְ הוּא עַל הַמִּצְרִים בְּמִצְרַיִם וְאֵלּוּ הֵן

דָּם צְפַרְדֵּעַ כִּנִּים
עָרוֹב דֶּבֶר שְׁחִין
בָּרָד אַרְבֶּה חֹשֶׁךְ
מַכַּת בְּכוֹרוֹת.

אֵלּוּ עֶשֶׂר מַכּוֹת שֶׁהֵבִיא הַקָּדוֹשׁ בָּרוּךְ הוּא עַל הַמִּצְרִים בְּמִצְרַיִם – כל אחת מחמש המדרגות הניסיות הללו נכפלת,[103] כדי לבטא שהשינוי שנעשה כאן איננו רק בממד הכמותי של העולם, אלא גם בממד האיכותי. חמש המדרגות הללו מתנקזות לעשר[104] המכות שבאו על המצרים, **וְאֵלּוּ הֵן:**

דָּם – המים הופכים לדם כאשר המצרים אינם מוכנים לשחרר את עם ישראל. נוזל החיים ויסודם[105] הופך למוות כאשר עם ישראל לא יוצא לחירות, כלומר – כאשר המטרה המוסרית של העולם אינה מתממשת.

צְפַרְדֵּעַ – הצפרדעים, החיים במרחב שבין עולם הים לעולם היבשה, מתרבים ומקרקרים באופן לא טבעי כאשר האביב הישראלי מתמהמה.

כִּנִּים – עפר הארץ הופך לכינים. יצורי החיים השוכנים בתחתית היבשה רוחשים, והקרקע נשמטת מתחת לרגלי המצרים, המדמים למצוא שלווה בעולם הרשע שלהם.

עָרוֹב – בעלי החיים הטורפים, הנמצאים ברמת קיום גבוהה יותר מן הכינים, מתערבים בבתי המצרים. הגבול בין הציוויליזציה האנושית לבין פראות הג'ונגל הולך ומיטשטש בעת שהמדרגה הישראלית איננה מופיעה בעולם.

דֶּבֶר – המעגל מתרחב: אף בעלי החיים שבשדה מתים. האשליה המצרית שניתן יהיה למצוא נחמה ברכוש ובקניין החומרי – מתנפצת. אם האדם לא ישחרר עצמו מהמצריות השולטת בחייו, לא ימצא מנוח בשום בעלות חומרית.

שְׁחִין – פיח כבשן ממלא את האוויר וגורם לפצעים. בעולם שבו ישראל משועבדים לא ניתן לנשום, הן פיזית והן נפשית. האדם השבוי בִּמְצָרֵי תאוותיו לא ימצא

מפלט ו'אוויר לנשימה' בכל תרבות אנושית כלשהי, מתוחכמת וקוסמת ככל שתהיה, מפני שהנשמה דורשת תוכן עמוק יותר, שאותו יכולה רק התרבות הישראלית להביא לעולם.

בָּרָד – גם הכוחות השמימיים נעים וזזים. התורה מתארת שהאש התלקחה בתוך הברד[106] – האש והמים יורדים יחדיו מן השמיים כדי לזעזע את הטבע המצרי.

אַרְבֶּה – בעלי חיים קטנים, שלכל אחד מהם חיים עצמאיים, מגיעים בהמוניהם מן השמיים, מכסים את עין הארץ ומכלים את התבואה. בעת שבה בני האדם אינם חופשיים בנפשם – הם הולכים בתלם של הרוע אחרי העדר, בצייתנות עיוורת ומחיקת האישיות הפרטית בנחיל קולקטיבי עצום, והתוצאה הבלתי נמנעת היא חורבן וכיליון.

חֹשֶׁךְ – שינוי קוסמולוגי. השמש אינה זורחת והאפלה כה מוחשית, עד שהתורה מתארת שהמצרים אינם יכולים לזוז לאורך שלושה ימים.[107] האדם המצרי, המשועבד ליצריו, מוצא עצמו לבדו בחושך.

מַכַּת בְּכוֹרוֹת – המכה הסופית במדרגת המין האנושי. מות הבכורים, ששימשו כאלים במצרים,[108] מלמד את האדם האלילי שהעידן בו סגדה האנושות לחומר ולטבעיות חייב לעבור מן העולם. יסודות אלה מופיעים בשיאם בהולדה הראשונית של הבן הבכור, שמוציא את ההורות של הזוג מן הכוח אל הפועל. גם החוויה הסוערת והראשונית של החיים הטבעיים לא תספק יותר את המין האנושי. עידן חדש הולך להופיע – העידן הישראלי!

זה התחיל בגוף. אותו אי אפשר לרמות אף פעם. מילים ומחשבות לא מעניינות אותו. הרגשתי כאבי ראש וסחרחורות לא ברורות. בהתחלה ניסיתי להתעלם, אבל כשזה נעשה בלתי אפשרי התחלתי להתרוצץ בין הרופאים, שהסבירו לי שזה בעיקר בראש שלי. 'שדים ורוחות שמתרוצצים שם', הם קראו לזה. אחר כך הגיעה גם המועקה הנפשית. הרגשתי כאילו אני שוקעת לתוך עצמי. איבדתי את הכוח לשחק במשחק הקשוח הזה.

וכל הזמן הזה עדיין טיפלתי רק בסימפטומים. המשכתי לכבות שריפות, עוברת ממכה למכה, ממשיכה כרגיל. כל מיני דלקות הופיעו בגוף, חולשה לא מוסברת, כאבים לא ברורים וקוצר נשימה. ואני עדיין לא קלטתי שמשהו ממש לא טוב מתרחש.

עד שיום אחד לא הצלחתי לקום מהמיטה. היום אני יודעת שזו הייתה התחלה של גאולה, אבל אז זה היה מפחיד מאד. ממש לא הצלחתי לזוז. הייתי באפיסת כוחות, מותשת מהחיים. הרגשתי מרוקנת ומיותרת. שכבתי כמה ימים במיטה, סיפרתי לעולם שאני חולה, אבל ידעתי שמשהו דרמטי חייב להתרחש בעולמי הפנימי. שאני חייבת לנפץ את האלילים שאני עובדת להם, שלא יכול להיות שאני שונאת להתחיל את היום, שחייבת להיות דרך אחרת.

עצרתי את כל מה שעשיתי באותה תקופה והתיישבתי לבנות את חיי מחדש. גופנית ונפשית. שיניתי הרגלים, ניסיתי לחשוב מה יסייע לי להוסיף טוב מסביבי. אבל הפעם זה היה מבפנים החוצה - מהנשמה עצמה, שצעקה חזק כל כך כשאני סירבתי לשמוע.

רַבִּי יְהוּדָה הָיָה נוֹתֵן בָּהֶם סִימָנִים

דְּצַ"ךְ עֲדַ"שׁ בְּאַחַ"ב

רַבִּי יְהוּדָה הָיָה נוֹתֵן בָּהֶם סִמָּנִים – רבי יהודה היה מסמן את הנקודה המרכזית במכות הללו:

דְּצַ"ךְ – דם, צפרדע וכינים, המכות שמרכז הכובד שלהן הוא בממד התחתון של המציאות (ים, בין הים ליבשה, ויבשה תחתונה);

עֲדַ"שׁ – ערוב, דבר ושחין, המכות שמרכז הכובד שלהן הוא בחלל הביניים שבין היבשה התחתונה לאוויר;

בְּאַחַ"ב – ברד, ארבה, חושך ובכורות, מכות שמרכז הכובד שלהן נוגע בממדים העליונים והמופשטים.[109]

ביום השביעי ליציאת מצרים מגיע עם ישראל אל ים סוף, ושם מתרחש מעמד קריעת הים. קריעת ים סוף היא קומה נוספת בזעזוע ובשינוי שהתרחש בעולם בזמן יציאת המין האנושי ממְּצָריו האליליים. עשר המכות, על כל נפלאותיהן, אמנם שינו באופן יסודי את ממדי הטבע מלמטה ועד למעלה, אולם היו 'כמותיות' במהותן, בעוד כלל עולם הטבע נותר בעינו: המים השתנו לדם אך נותרו בחוקי הנוזליות, בעלי החיים הטורפים נידו את מקומם אולם לא את טבעם, במכת ברד פעלו יחדיו האש והמים באופן ניסי[110] אך שימרו כל אחד את טבעו הבסיסי, במכת חושך התארך הלילה מעבר למידתו, וכן הלאה. מסגרת הטבע השתנתה בעשר המכות, אך לא נפרצה ונשברה.

לעומת זאת, קריעת ים סוף היא שינוי איכותי ומהותי של עולם הטבע. מי הים מבטאים את החומריות המוחלטת וחסרת הגבולות, שהרי אין להם צורה מוגדרת והם מתפשטים ללא מעצור.[111]

בקריעת ים סוף מתברר כי הנוזל יכול להפוך למוצק, הים יכול להיות ליבשה. זהו שינוי מהותי בתפיסת מקומה של החומריות בעולם: האנושות לומדת להכיר כי גם ים החיים הטבעי, על כל זרימתו, עוצמתו ואינסופיותו – ניתן לכיבוש, לעיצוב ולהגעה ל'סוף' ['ים־סוף']. ישנה מטרה אלוהית המאפשרת לשנות כל יסוד טבעי במהותו ולהפוך את הים לקרקע מוצקה שעליה ניתן לבנות בניינים נישאים.

בעניין היחס שבין השינוי שחוללו עשר המכות בעולם לבין השינוי שחוללה קריעת ים סוף ישנן שלוש אבחנות של חכמי ישראל:

רַבִּי יוֹסֵי הַגְּלִילִי אוֹמֵר: מִנַּיִן אַתָּה אוֹמֵר שֶׁלָּקוּ הַמִּצְרִים בְּמִצְרַיִם עֶשֶׂר מַכּוֹת וְעַל הַיָּם לָקוּ חֲמִשִּׁים מַכּוֹת? – בקריעת ים סוף מתגלה עוצמה המכה את המצריות פי חמש מאשר בעשר המכות. אם בעשר המכות הטבע המצרי בוטל באופן נקודתי, הרי שבקריעת ים סוף הושמדה לחלוטין תפיסת הטבע האלילית־מצרית ששלטה באנושות;[112]

בְּמִצְרַיִם מַה הוּא אוֹמֵר? "וַיֹּאמְרוּ הַחַרְטֻמִּם אֶל־פַּרְעֹה אֶצְבַּע אֱלֹהִים הוּא" – בשלב הראשון של היציאה מהמִצְרים מבחינים עבדי פרעה הקוראים לכוחות הטבע והמאגיה ['חרטומים'[113]], כי ישנו שינוי נקודתי ['אצבע'] של הטבע. הטבע והבריאה אינם עיוורים וסתמיים, אלא קיים כוח המוביל אותם אֶל מה שהוא 'מעבר'; אל ה'אֶל־אֶל־אֶל' שלא נגמר לעולם ['אֶל־הִים'];

רַבִּי יוֹסֵי הַגְּלִילִי אוֹמֵר

מִנַּיִן אַתָּה אוֹמֵר
שֶׁלָּקוּ הַמִּצְרִים בְּמִצְרַיִם
עֶשֶׂר מַכּוֹת
וְעַל הַיָּם לָקוּ חֲמִשִּׁים מַכּוֹת

בְּמִצְרַיִם
מַה הוּא אוֹמֵר
וַיֹּאמְרוּ הַחַרְטֻמִּם אֶל־פַּרְעֹה שמות ח
אֶצְבַּע אֱלֹהִים הִוא:

וְעַל הַיָּם
מַה הוּא אוֹמֵר
וַיַּרְא יִשְׂרָאֵל אֶת־הַיָּד הַגְּדֹלָה שמות יד
אֲשֶׁר עָשָׂה יהוה בְּמִצְרַיִם
וַיִּירְאוּ הָעָם אֶת־יהוה
וַיַּאֲמִינוּ בַּיהוה וּבְמֹשֶׁה עַבְדּוֹ:

וְעַל הַיָּם מַה הוּא אוֹמֵר "וַיַּרְא יִשְׂרָאֵל אֶת־הַיָּד הַגְּדֹלָה אֲשֶׁר עָשָׂה ה' בְּמִצְרַיִם, וַיִּירְאוּ הָעָם אֶת ה'" – בקריעת ים סוף ראה עם ישראל הנהגה רחבה וכללית יותר ['יד גדולה']: הטבע אינו משתנה רק באופן נקודתי בידי אֱלֹהִים, אלא בבסיסו מצוי גילוי שם 'י־ה־ו־ה' – שלמות עליונה ועתידית שהיא מעל ומעבר לגבולות ההווה וההוויה הטבעיים, והמשנה באופן כללי ומוחלט את עולמנו. ובעקבות כך **"וַיַּאֲמִינוּ בַּה' וּבְמֹשֶׁה עַבְדּוֹ"** – בני ישראל מפתחים אמונה בה' ובשליחו משה (ה'משוי' ומרוחק מן הטבעיות הזורמת).

כַּמָּה לָקוּ בְּאֶצְבַּע
עֶשֶׂר מַכּוֹת.
אֱמֹר מֵעַתָּה

כַּמָּה לָקוּ המצרים **בְּאֶצְבַּע? עֶשֶׂר מַכּוֹת** – כל עשר המכות הן בחזקת 'אצבע אחת', הרס נקודתי ופרטי של עולם הטבע; ולפיכך **אֱמֹר מֵעַתָּה:**

בְּמִצְרַיִם לָקוּ עֶשֶׂר מַכּוֹת
וְעַל הַיָּם לָקוּ
חֲמִשִּׁים מַכּוֹת.

בְּמִצְרַיִם לָקוּ עֶשֶׂר מַכּוֹת, וְעַל הַיָּם לָקוּ חֲמִשִּׁים מַכּוֹת – בקריעת ים סוף הופיע הרס כללי יותר, 'יד' (המונה חמש אצבעות) – היינו עשר כפול חמש, המביאים למספר חמישים, המבטא שידוד של אשליית שלטון הטבע בעולם הזה.[114]

רַבִּי אֱלִיעֶזֶר אוֹמֵר
מִנַּיִן שֶׁכָּל מַכָּה וּמַכָּה
שֶׁהֵבִיא הַקָּדוֹשׁ בָּרוּךְ הוּא
עַל הַמִּצְרִים בְּמִצְרַיִם
הָיְתָה שֶׁל אַרְבַּע מַכּוֹת
שֶׁנֶּאֱמַר: יְשַׁלַּח־בָּם חֲרוֹן אַפּוֹ תהלים עח
עֶבְרָה וָזַעַם וְצָרָה
מִשְׁלַחַת מַלְאֲכֵי רָעִים:

עֶבְרָה	אַחַת
וָזַעַם	שְׁתַּיִם
וְצָרָה	שָׁלוֹשׁ
מִשְׁלַחַת מַלְאֲכֵי רָעִים	אַרְבַּע

אֱמֹר מֵעַתָּה

בְּמִצְרַיִם לָקוּ
אַרְבָּעִים מַכּוֹת
וְעַל הַיָּם לָקוּ
מָאתַיִם מַכּוֹת.

על גבי דברים אלה רבי אליעזר מחדש שעשר המכות ערערו אמנם את ביטחון המצרים בשליטת הטבע הפיזי, אולם לא ביטלו את אמונתם בכוחות המיסטיקה. קריעת ים סוף, לעומת זאת, עיקרה גם את המחשבה שיש כוחות על־טבעיים השולטים בעולם: **רַבִּי אֱלִיעֶזֶר אוֹמֵר: מִנַּיִן שֶׁכָּל מַכָּה וּמַכָּה שֶׁהֵבִיא הַקָּדוֹשׁ בָּרוּךְ הוּא עַל הַמִּצְרִים בְּמִצְרַיִם הָיְתָה שֶׁל אַרְבַּע מַכּוֹת?** – עשר המכות היו אמנם שינוי כמותי של עולם הטבע, אולם כל מכה ומכה שינתה את הטבע באופן רחב,[115] **שֶׁנֶּאֱמַר: "יְשַׁלַּח בָּם חֲרוֹן אַפּוֹ**, המתבטא בארבעה צדדים: **עֶבְרָה וָזַעַם וְצָרָה, מִשְׁלַחַת מַלְאֲכֵי רָעִים"**. **"עֶבְרָה" – אַחַת** – כל מכה ממכות מצרים התפשטה ועָברה [׳עֶברה׳] בכל המרחב; **"וָזַעַם" – שְׁתַּיִם** – בעוצמה ובזעם גדול; **"וְצָרָה" – שָׁלֹשׁ** – יצרה תחושות צרות ופחד בעולם המצרי; **"מִשְׁלַחַת מַלְאֲכֵי רָעִים" – אַרְבַּע** – השתלחה בעולמם באמצעות כוחות שמלאכתם היא להרע, כלומר ההרס נעשה באופן יסודי ומדוקדק. **אֱמֹר מֵעַתָּה** – לפי העיקרון שעשר המכות הן בבחינת ׳אצבע׳ וקריעת ים סוף היא ׳יד׳ – **שבְּמִצְרַיִם לָקוּ אַרְבָּעִים מַכּוֹת, וְעַל הַיָּם לָקוּ מָאתַיִם מַכּוֹת** – עשר המכות היו למעשה ׳ארבעים׳, והבהירו שעולם הטבע המוכר אינו סוף פסוק,[116] עם זאת, המכות הטעו לחשוב שיש עולמות על־טבעיים נוספים בעלי אחיזה במציאות, ואילו קריעת ים סוף פעלה בקומה נוספת, קומת ׳המאתיים׳ – שגילתה כי גם הכוחות המיסטיים, העל־טבעיים, אינם שולטים בעולם, אלא הקדוש ברוך הוא לבדו.[117]

רַבִּי עֲקִיבָא אוֹמֵר
מִנַּיִן שֶׁכָּל מַכָּה וּמַכָּה
שֶׁהֵבִיא הַקָּדוֹשׁ בָּרוּךְ הוּא עַל
הַמִּצְרִים בְּמִצְרַיִם
הָיְתָה שֶׁל חָמֵשׁ מַכּוֹת
שֶׁנֶּאֱמַר: יְשַׁלַּח־בָּם תהלים עח
חֲרוֹן אַפּוֹ, עֶבְרָה וָזַעַם וְצָרָה
מִשְׁלַחַת מַלְאֲכֵי רָעִים:

חֲרוֹן אַפּוֹ	**אַחַת**
עֶבְרָה	**שְׁתַּיִם**
וָזַעַם	**שָׁלוֹשׁ**
וְצָרָה	**אַרְבַּע**
מִשְׁלַחַת מַלְאֲכֵי רָעִים	**חָמֵשׁ**

בא רבי עקיבא ומוסיף שעשר המכות נלחמו אמנם בתפיסת הטבע המצרית, אולם לא שללו את כוחות המוסר האנושי. ואילו קריעת ים סוף לימדה את העולם שגם הערכים האנושיים, נעלים ככל שיהיו – אף הם אינם תכלית המציאות. עם ישראל מבשר לעולם פתיחות למדרגה אלוהית אינסופית שהיא על־טבעית ועל־אנושית: **רַבִּי עֲקִיבָא אוֹמֵר: מִנַּיִן שֶׁכָּל מַכָּה וּמַכָּה שֶׁהֵבִיא הַקָּדוֹשׁ בָּרוּךְ הוּא עַל הַמִּצְרִים בְּמִצְרַיִם הָיְתָה שֶׁל חָמֵשׁ מַכּוֹת?** – רבי עקיבא סובר שכל מכה מעשר המכות הייתה רחבה כל כך עד שזעזעה את התרבות המצרית לעומקה,[118] **שֶׁנֶּאֱמַר: "יְשַׁלַּח בָּם חֲרוֹן אַפּוֹ, עֶבְרָה וָזַעַם וְצָרָה, מִשְׁלַחַת מַלְאֲכֵי רָעִים"** – רבי עקיבא מכיל גם את 'חרון האף' כחלק מעשר המכות:[119] **"חֲרוֹן אַפּוֹ" – אַחַת** – כל אחת ממכות מצרים באה מתוך 'כעס' אלוהי, כלומר יצרה זעזוע עמוק וערעור היציבות הנפשית־מצריית; **"עֶבְרָה" – שְׁתַּיִם** – שעל כך התווסף המעבר החותך בבשר החי בכל מרחב העולם המצרי; **"וָזַעַם" – שָׁלֹשׁ** – בעוצמה שאין כמוה; **"וְצָרָה" – אַרְבַּע** – שהביאה אותם לצרות גדולה; **"מִשְׁלַחַת מַלְאֲכֵי רָעִים" – חָמֵשׁ** – שהשתלחה בהם על ידי בעלי־מלאכה רעים פעם אחר פעם.

אֱמֹר מֵעַתָּה – על פי העיקרון שעשר המכות הן בבחינת 'אצבע', וקריעת ים סוף היא 'יד' – **בְּמִצְרַיִם לָקוּ חֲמִשִּׁים מַכּוֹת, וְעַל הַיָּם לָקוּ חֲמִשִּׁים וּמָאתַיִם מַכּוֹת** – מכות מצרים היו חמישים, כלומר טלטלו את העולם המצרי והצעידו את האנושות עד לפתחו של עולם עליון,[120] ואילו קריעת ים סוף המיטה על ראש המצריות מאתיים וחמישים מכות, ולימדה את העולם כי אף הצדדים המוסריים והערכיים אינם תכלית הבריאה.[121] בקריעת ים סוף למדנו ולימדנו את התבל כולה כי אנו משועבדים רק לאחד – לאבינו שבשמיים.

אֱמֹר מֵעַתָּה

בְּמִצְרַיִם לָקוּ
חֲמִשִּׁים מַכּוֹת
וְעַל הַיָּם לָקוּ
חֲמִשִּׁים וּמָאתַיִם מַכּוֹת.

"תהיה טבעי", זועקות הכותרות בשלטים.

"לך עם מה שרוצה הלב שלך", אומרים המומחים.

"אל תילחם בעצמך", מנחים הפסיכולוגים.

"אי אפשר ללכת נגד הטבע", טוענים המדענים.

ואף על פי כן, האיש הישראלי לעולם אינו מוכן להסתפק בטבע. הטבע מוגבל, בוסרי וסגור בתוך טבעת חנק. הטבע הוא רק נקודת ההתחלה של המסע האנושי.

מעבר לטבע יש בחירה. מעבר לטבע יש אפשרות של התפתחות וחריגה. רק מעבר לטבע אפשר "להעלות" את היצרים הפראיים לכדי יצירה אנושית מופלאה, לצאת מהדפוסים הפסיכולוגיים ה'הכרחיים' של כעס, קנאה, תאוות אכילה ומין, ובמקומם לבנות תודעה שיש בה סבלנות ואמונה. אפשר להתגבר על הטבע, אפשר לשנות את הטבע, אפשר לקרוע את הים, אפשר לנצח הכול.

יציאת מצרים, שהרסה לחלוטין את התפיסה האלילית, נועדה בעיקר לרומם את התפיסה הישראלית, וזאת באמצעות חמש עשרה מדרגות שכל אחת מהן עומדת בפני עצמה וראויה שייאמר עליה 'די בכך' ['דיינו']. בלילה זה, בו אנו עסוקים בהתעלות אינטנסיבית, חשוב לזכור את השמחה בעצם תהליך ההתקדמות, ואת הסיפוק והראייה של כל הישג בחיינו כ'דַי והותר' בפני עצמו; זוהי המסוגלות לזהות את טביעות האצבע האלוהיות בכל שלב בהיסטוריה האישית והכללית, ולשמוח בכל אחת ואחת מהן.

כַּמָּה מַעֲלוֹת טוֹבוֹת לַמָּקוֹם עָלֵינוּ

אִלּוּ הוֹצִיאָנוּ מִמִּצְרַיִם
וְלֹא עָשָׂה בָהֶם שְׁפָטִים — דַּיֵּנוּ

אִלּוּ עָשָׂה בָהֶם שְׁפָטִים
וְלֹא עָשָׂה בֵאלֹהֵיהֶם — דַּיֵּנוּ

אִלּוּ עָשָׂה בֵאלֹהֵיהֶם
וְלֹא הָרַג אֶת בְּכוֹרֵיהֶם — דַּיֵּנוּ

אִלּוּ הָרַג אֶת בְּכוֹרֵיהֶם
וְלֹא נָתַן לָנוּ אֶת מָמוֹנָם — דַּיֵּנוּ

כַּמָּה מַעֲלוֹת טוֹבוֹת לַמָּקוֹם עָלֵינוּ! – כמה מדרגות של התעלות העניק לנו הקדוש ברוך הוא, בסיס קיומו [׳מקום׳] של העולם, שכל אחת מהן היא עולם שלם בפני עצמו:

אִלּוּ הוֹצִיאָנוּ מִמִּצְרַיִם וְלֹא עָשָׂה בָהֶם שְׁפָטִים, דַּיֵּנוּ – עצמאותו של ישראל משעבוד המצרים – יש בה בשורה גדולה ודַי לנו בה: פעם ראשונה בהיסטוריה שאומת עבדים יוצאת לחירות, במאורע שייחרת לנצח בכל המין האנושי.

אִלּוּ עָשָׂה בָהֶם שְׁפָטִים, וְלֹא עָשָׂה בֵאלֹהֵיהֶם, דַּיֵּנוּ – הקומה של עשיית השפטים במצרים, כלומר ההפנמה כי יש דין ויש דיין, וקיימת מציאות של שכר ועונש בעולם,[122] הייתה שלב חשוב בהתבגרותה המוסרית של האנושות.

אִלּוּ עָשָׂה בֵאלֹהֵיהֶם, וְלֹא הָרַג אֶת בְּכוֹרֵיהֶם, דַּיֵּנוּ – אלוהי המצרים, השה, בעל החיים התמים – נזבח ונשחט. כלומר לא רק גופם של המצרים לקה, אלא גם תפיסת עולמם. התברר כי העולם אינו מתנהל באמצעות חוקי טבע תמימים ועיוורים, אלא על ידי אלוהות המנהיגה את ההיסטוריה.

אִלּוּ הָרַג אֶת בְּכוֹרֵיהֶם וְלֹא נָתַן לָנוּ אֶת מָמוֹנָם, דַּיֵּנוּ – הבכור הוא ראשיתה של המשפחה, חוויית החיים הראשונית והעוצמתית ביותר.[123] במותם של הבכורות התברר כי חיי העולם הזה, גם כשהם עומדים בשיא־קסמם הראשוני, אינם חזות הכול, ויש להשתחרר מהתלותיות בהם – ושחרור זה הוא די והותר כדי להודות עליו.

אִלּוּ נָתַן לָנוּ אֶת מָמוֹנָם
וְלֹא קָרַע לָנוּ אֶת הַיָּם דַּיֵּנוּ

אִלּוּ קָרַע לָנוּ אֶת הַיָּם
וְלֹא הֶעֱבִירָנוּ בְתוֹכוֹ בֶּחָרָבָה דַּיֵּנוּ

אִלּוּ הֶעֱבִירָנוּ בְתוֹכוֹ בֶּחָרָבָה
וְלֹא שִׁקַּע צָרֵינוּ בְּתוֹכוֹ דַּיֵּנוּ

אִלּוּ שִׁקַּע צָרֵינוּ בְּתוֹכוֹ
וְלֹא סִפֵּק צָרְכֵּנוּ בַּמִּדְבָּר
אַרְבָּעִים שָׁנָה דַּיֵּנוּ

אִלּוּ נָתַן לָנוּ אֶת מָמוֹנָם וְלֹא קָרַע לָנוּ אֶת הַיָּם, דַּיֵּנוּ – מלבד כל המעלות הקודמות, עם ישראל יוצא כשהוא עמוס בממונם וברכושם של המצרים. זוהי המסוגלות לנצל את צדדיה החיוביים של החומריות והרֶשע ולהשתמש בהם לטובה,[124] למיין ולמנות [׳ממון׳] את נקודות הטוב הקיימות במֵצרי החיים ולצאת עימן לחירות.

אִלּוּ קָרַע לָנוּ אֶת הַיָּם וְלֹא הֶעֱבִירָנוּ בְתוֹכוֹ בֶּחָרָבָה, דַּיֵּנוּ – בקריעת ים סוף התברר כי לכל דבר בעולמנו יש סוף – גם לחוקיות המובנית של המים וגם לדפוסי החשיבה וההרגלים שנדמה שהם בלתי ניתנים לניצוח. אדם שהשתחרר מהתלותיות בחומר לאחר שחזה בהרג הבכורים, וידע למיין ולהפיק מן החומר את החיובי – יהיה מסוגל גם לקרוע את הים ולשלוט לחלוטין על העולם הזה.

אִלּוּ הֶעֱבִירָנוּ בְתוֹכוֹ בֶּחָרָבָה וְלֹא שִׁקַּע צָרֵינוּ בְּתוֹכוֹ, דַּיֵּנוּ – קריעת ים החומר והשליטה בו היא מדרגה שיש בה די בכדי למלא את חיי האדם בהווה, אולם ביציאת מצרים הקדוש ברוך הוא מוביל אותנו גם לעבור בתוך הים בחרבה – לצעוד על קרקע יבשה מכל מימיות חומרית ולבנות בנפשנו פתיחות לעולם רוחני עתידי שכביכול ׳מחריב׳ את העולם הקודם. בכך צפוי לנו עתיד מזהיר מעל ומעבר לעולם הנוכחי.

אִלּוּ שִׁקַּע צָרֵינוּ בְּתוֹכוֹ וְלֹא סִפֵּק צָרְכֵּנוּ בַּמִּדְבָּר אַרְבָּעִים שָׁנָה, דַּיֵּנוּ – קול אלוהים שבלבבנו דוחק להמשיך הלאה, וכחלק מהתרוממות לעולם העתידי אנו צריכים שה׳ ישקע בים את המצרים שהצרו לנו, כלומר שימחק לנו את חטאי העבר שרודפים אותנו.[125]

אִלּוּ סִפֵּק צָרְכֵּנוּ בַּמִּדְבָּר
אַרְבָּעִים שָׁנָה
וְלֹא הֶאֱכִילָנוּ אֶת הַמָּן דַּיֵּנוּ

אִלּוּ הֶאֱכִילָנוּ אֶת הַמָּן
וְלֹא נָתַן לָנוּ אֶת הַשַּׁבָּת דַּיֵּנוּ

אִלּוּ נָתַן לָנוּ אֶת הַשַּׁבָּת
וְלֹא קֵרְבָנוּ לִפְנֵי הַר סִינַי דַּיֵּנוּ

אִלּוּ קֵרְבָנוּ לִפְנֵי הַר סִינַי
וְלֹא נָתַן לָנוּ אֶת הַתּוֹרָה דַּיֵּנוּ

אִלּוּ נָתַן לָנוּ אֶת הַתּוֹרָה
וְלֹא הִכְנִיסָנוּ לְאֶרֶץ יִשְׂרָאֵל דַּיֵּנוּ

אִלּוּ הִכְנִיסָנוּ לְאֶרֶץ יִשְׂרָאֵל
וְלֹא בָנָה לָנוּ אֶת בֵּית הַבְּחִירָה דַּיֵּנוּ

אִלּוּ סִפֵּק צָרְכֵּנוּ בַּמִּדְבָּר אַרְבָּעִים שָׁנָה ולֹא הֶאֱכִילָנוּ אֶת הַמָּן, דַּיֵּנוּ – לאחר הטבעת כישלונות האתמול במימי הים, ניצב האדם מול עידן חדש בחייו – ארבעים שנות מדבר שממה.[126] זוהי פתיחת דף חדש וחלק בעולם עליון, חף ממשקעי העבר, והקדוש ברוך הוא מגדיל לעשות ומספק צורכנו במדבר – ממלא את חיינו החדשים בחוויות מנחמות.

אִלּוּ הֶאֱכִילָנוּ אֶת הַמָּן וְלֹא נָתַן לָנוּ אֶת הַשַּׁבָּת, דַּיֵּנוּ – בעולמו החדש, יכול אדם לבוא לידי סיפוקו בחוויות ובתכנים אנושיים. אולם אלוהים מצידו דואג להאכילנו גם בלחם היורד מן השמיים – משמעות ותוכן שמימי על־אנושי, שבמבט ראשון אנו שואלים על אודותיו בתימהון ['מן' – 'מן־הוא?'].

אִלּוּ נָתַן לָנוּ אֶת הַשַּׁבָּת, וְלֹא קֵרְבָנוּ לִפְנֵי הַר סִינַי, דַּיֵּנוּ – התוכן השמימי הפלאי מזין אותנו בחיינו החדשים, ואנו שמחים בכך עד בלי די, אך הקדוש ברוך הוא מעניק לנו מעבר לכך גם נקודת מנוחה בממד הזמן, שבה שָׁב ['שָׁב־ת'] ומתברר ייעודו המקורי של עולמנו, ומתנוצצת השלמות של מעשה הבריאה.[127]

אִלּוּ קֵרְבָנוּ לִפְנֵי הַר סִינַי, וְלֹא נָתַן לָנוּ אֶת הַתּוֹרָה, דַּיֵּנוּ – השבת מעניקה לנו את נקודת המנוחה בכל שלב בחיינו בעולם הזה, אולם בהתקרבות לפני הר סיני אנו עומדים מול הר גבוה ונישא מעל חיינו הנוכחיים, שכרוך בו גם צד של ניכור ושנאה ['סיני'] כלפי עולמנו.[128] בהתקרבות לפני הר סיני אדם נדרש להתנכר למצבי המנוחה והשלמות שהשיג עד כה, כדי שיוכל לטפס לעולמות עליונים יותר.

אִלּוּ נָתַן לָנוּ אֶת הַתּוֹרָה וְלֹא הִכְנִיסָנוּ לְאֶרֶץ יִשְׂרָאֵל, דַּיֵּנוּ – החיים תחת צילו של הר האלוהים, כאשר אנו שרויים במתח תמידי של שאיפה לטפס הלאה – אלה הן מדרגות חיים מרוממות בפני עצמן. אך יציאת מצרים ממשיכה גם לנתינת התורה על הר סיני: איננו נותרים בתחתית ההר, אלא מטפסים מעלה ומקבלים תורה המלמדת אותנו באופן עיוני כיצד לממש את השאיפה המתמדת להתקדמות.

אִלּוּ הִכְנִיסָנוּ לְאֶרֶץ יִשְׂרָאֵל וְלֹא בָנָה לָנוּ אֶת בֵּית הַבְּחִירָה, דַּיֵּנוּ – לימוד התורה בונה בנפש את היכולת המופשטת לחבר בין העולמות, אולם בכניסה לארץ ישראל אנו מיישמים בפועל ובאופן ממשי את החלום של חיבור העולמות העליונים עם חיים ארציים בריאים ונורמליים, שבהם באים לביטויים כל המעלות האמורות עד כה.

ואולם, בסופו של תהליך ולאחר מימושן של כל המדרגות הקודמות ב'ארץ ישראל' – אנו מתעלים למקום שבו נעשות כל המעלות הללו למצע שעליו נבנה המקדש, שהוא מרחב המבטא עמדה נפשית של פתיחות לאינסוף האמיתי. בכל עולם חדש שנגיע אליו מצוי 'בית בחירה', מקום שבו בחר ה',[129] המאפשר לנו את הבחירה החופשית להמשיך ולהתקדם עוד ועוד, לעבר האופק שאין לו סוף.

תגיד תודה שפקחת עיניים.

תגיד תודה על התזוזה של הגוף, על הנשימה הקבועה, על הרגש החי. על המחשבות שרצות. על אוזניים ששומעות שיר ועל לב שמתרגש ממנו. תגיד תודה על זה שאתה יודע לקרוא. על אימא ואבא, על אשתך, על הילדים, על האחים והאחיות, על כל המשפחה המורחבת. על החבר הטוב שאיתך כבר כל כך הרבה שנים, על החבר'ה מהכדורסל, על השכן שרק לפני כמה ימים עזר לך למצוא רכב חדש.

תגיד תודה על זה שאתה חלק מעם גדול. תגיד תודה על הקשר לאהבה הגדולה של אברהם ולנבואה האינסופית של משה. על היכולת להיכנס לבית המדרש ולהיות חברותא של רבי עקיבא ושל רבי שמעון בר יוחאי.

על האפשרות לעצום עיניים ולהתפלל, לערוך קידוש ולהיכנס לעולם שכולו שבת. על ביישנות, רחמנות וגמילות חסדים שעוברת אצלך בדי־אן־איי.

תגיד תודה על העולם שסביבך, על אנשים טובים באמצע הדרך, על פריחה של פרחים צבעוניים ולבלוב של עצי פרי, על מים בברז ושמש זורחת, ירח שיורד בלילה, ים שלא נגמר ואוויר נעים שזורם בחינם.

תגיד תודה לאלוהים שמאיר בתוך כל הדברים האלה, שפותח את ידו ואת ברכתו לקראת האופק העתידי. תגיד.

עַל אַחַת
כַּמָּה וְכַמָּה
טוֹבָה כְּפוּלָה וּמְכֻפֶּלֶת
לַמָּקוֹם עָלֵינוּ

שֶׁהוֹצִיאָנוּ מִמִּצְרַיִם
וְעָשָׂה בָהֶם שְׁפָטִים
וְעָשָׂה בֵאלֹהֵיהֶם
וְהָרַג בְּכוֹרֵיהֶם
וְנָתַן לָנוּ אֶת מָמוֹנָם
וְקָרַע לָנוּ אֶת הַיָּם
וְהֶעֱבִירָנוּ בְתוֹכוֹ בֶּחָרָבָה
וְשִׁקַּע צָרֵינוּ בְּתוֹכוֹ
וְסִפֵּק צָרְכֵּנוּ בַּמִּדְבָּר
אַרְבָּעִים שָׁנָה
וְהֶאֱכִילָנוּ אֶת הַמָּן
וְנָתַן לָנוּ אֶת הַשַּׁבָּת
וְקֵרְבָנוּ לִפְנֵי הַר סִינַי
וְנָתַן לָנוּ אֶת הַתּוֹרָה
וְהִכְנִיסָנוּ לְאֶרֶץ יִשְׂרָאֵל
וּבָנָה לָנוּ אֶת בֵּית הַבְּחִירָה

לְכַפֵּר עַל כָּל עֲוֹנוֹתֵינוּ.

כעת, לאחר ההתבוננות כיצד כל אחת מהמדרגות הללו היא עולם ומלואו שראוי להודות עליו בפני עצמו, הרי **עַל אַחַת, כַּמָּה וְכַמָּה, טוֹבָה כְּפוּלָה וּמְכֻפֶּלֶת לַמָּקוֹם עָלֵינוּ: שֶׁהוֹצִיאָנוּ מִמִּצְרַיִם, וְעָשָׂה בָהֶם שְׁפָטִים, וְעָשָׂה בֵאלֹהֵיהֶם, וְהָרַג בְּכוֹרֵיהֶם, וְנָתַן לָנוּ אֶת מָמוֹנָם, וְקָרַע לָנוּ אֶת הַיָּם, וְהֶעֱבִירָנוּ בְתוֹכוֹ בֶּחָרָבָה, וְשִׁקַּע צָרֵינוּ בְּתוֹכוֹ, וְסִפֵּק צָרְכֵּנוּ בַּמִּדְבָּר אַרְבָּעִים שָׁנָה, וְהֶאֱכִילָנוּ אֶת הַמָּן, וְנָתַן לָנוּ אֶת הַשַּׁבָּת, וְקֵרְבָנוּ לִפְנֵי הַר סִינַי, וְנָתַן לָנוּ אֶת הַתּוֹרָה, וְהִכְנִיסָנוּ לְאֶרֶץ יִשְׂרָאֵל, וּבָנָה לָנוּ אֶת בֵּית הַבְּחִירָה** – שצירוף כל המדרגות הללו יחדיו מאפשר **לְכַפֵּר עַל כָּל עֲוֹנוֹתֵינוּ** -לאטום [מלשון ציפוי ב'כופר'[130]] ולהחליף [מלשון 'כופר נפש'] את העיוותים ['עוונות'] של חיינו. כאשר האדם מצוי בתהליך המתואר לעיל – עוונותיו נאטמים ומתחלפים בזכויות;[131] זהו תמצית תהליך התשובה.

רַבָּן גַּמְלִיאֵל הָיָה אוֹמֵר
כָּל שֶׁלֹּא אָמַר
שְׁלוֹשָׁה דְבָרִים אֵלּוּ בַּפֶּסַח
לֹא יָצָא יְדֵי חוֹבָתוֹ, וְאֵלּוּ הֵן

פֶּסַח מַצָּה וּמָרוֹר

ייזהר שלא להגביה את הזרוע.

פֶּסַח

שֶׁהָיוּ אֲבוֹתֵינוּ אוֹכְלִים
בִּזְמַן שֶׁבֵּית הַמִּקְדָּשׁ הָיָה קַיָּם
עַל שׁוּם מָה
עַל שׁוּם שֶׁפָּסַח
הַקָּדוֹשׁ בָּרוּךְ הוּא
עַל בָּתֵּי אֲבוֹתֵינוּ בְּמִצְרַיִם

לקראת סופה של ההגדה מלמד אותנו רבן גמליאל, נשיא ישראל, מהו לב האמירה שבהגדת הפסח. לעיל אמרנו שמטרת ההגדה היא להגיד ב'פה־סח' את התוכן של יציאת מצרים – לבטא באופן מילולי והכרתי את התוכן הנולד בנשמתנו בלילה זה. תוכן זה מתפרט לשלשה מרכיבים מרכזיים:

רַבָּן גַּמְלִיאֵל הָיָה אוֹמֵר: כָּל שֶׁלֹּא אָמַר שְׁלֹשָׁה דְּבָרִים אֵלּוּ בַּפֶּסַח, לֹא יָצָא יְדֵי חוֹבָתוֹ, וְאֵלּוּ הֵן: פֶּסַח – קורבן פסח; **מַצָּה, וּמָרוֹר.**

פֶּסַח שֶׁהָיוּ אֲבוֹתֵינוּ אוֹכְלִים בִּזְמַן שֶׁבֵּית הַמִּקְדָּשׁ הָיָה קַיָּם – קורבן פסח שנאכל בזמן המקדש מבטא את הלידה הלאומית של עם ישראל בלילה הזה – פרטים רבים מתגבשים לאומה אחת[132] – וכפי שעניין זה בא לידי ביטוי בהלכותיו המיוחדות של הקורבן: החל באופן הכנתו "צְלִי אֵשׁ",[133] המצמק ומרכז את הבשר על ידי ייבוש הנוזלים, שלא כבישול המרכך ומפורר; המשך בכך ש"בְּבַיִת אֶחָד יֵאָכֵל";[134] וכלה בציווי לשמור על שלמותו הפיזית הן בהכנתו כשהוא שלם "רֹאשׁוֹ עַל כְּרָעָיו וְעַל קִרְבּוֹ"[135] והן באזהרה "וְעֶצֶם לֹא תִשְׁבְּרוּ בוֹ".[136]

כיום מיוצג קורבן הפסח בשולחן הסדר באמצעות הזרוע הצלויה.

עַל שׁוּם מָה נקרא הקורבן כך? **עַל שׁוּם שֶׁפָּסַח הַקָּדוֹשׁ בָּרוּךְ הוּא עַל בָּתֵּי אֲבוֹתֵינוּ בְּמִצְרַיִם** – הדילוג של הדין האלוהי על בתי ישראל בזמן מכת בכורות, מבטא את המציאות העל־טבעית של האומה הישראלית, שפרטיה לא התגבשו לאומה בתהליך איטי שבו מתגבשות אומות בדרך הטבע, אלא בדילוג ובפסיחה;

שֶׁנֶּאֱמַר

וַאֲמַרְתֶּם זֶבַח־פֶּסַח הוּא לַיהוה שמות יב

אֲשֶׁר פָּסַח עַל־בָּתֵּי בְנֵי־יִשְׂרָאֵל

בְּמִצְרַיִם

בְּנָגְפּוֹ אֶת־מִצְרַיִם

וְאֶת־בָּתֵּינוּ הִצִּיל

וַיִּקֹּד הָעָם וַיִּשְׁתַּחֲווּ:

שֶׁנֶּאֱמַר: "וַאֲמַרְתֶּם זֶבַח פֶּסַח הוּא לַה', אֲשֶׁר פָּסַח עַל בָּתֵּי בְנֵי יִשְׂרָאֵל בְּמִצְרַיִם בְּנָגְפּוֹ אֶת מִצְרַיִם, וְאֶת בָּתֵּינוּ הִצִּיל, וַיִּקֹּד הָעָם וַיִּשְׁתַּחֲווּ" – כפי שכבר פירשנו לעיל, הבכוריות היא ההולדה הראשונית והעוצמתית של התפרצות החיים. הרג הבכורות מבטא את החולשה והשברירירות של עולם החומר האלילי־מצרי, ולמעשה את הקיום הזמני של עמי העולם, שלכל אחד מהם שלב תפוגה מסוים במהלך ההיסטוריה. לעומת זאת, האומה הישראלית נולדה כשהיא מדלגת על חוקי החומר הרגילים, ולפיכך אינה כפופה להם – הן במהירות שבה גובשה, והן בעמידותה הנצחית לאורך הדורות. בנפשנו טמונה יכולת הפסיחה. יחד עם ההתקדמות המדורגת והזהירה, חשוב גם לא לשכוח לקפוץ קדימה, ולהשתחרר ולפסוח על ההרגלים, היצרים והחולשות.

הציעו לי בעבודה תפקיד חדש עם אחריות. "חלון הזדמנויות", הם קראו לזה. שנים חלמתי על התפקיד, אבל דווקא עכשיו אני מרגיש פתאום רגליים קרות. כל הגמדים הקטנים לוחשים באוזן: "זה מוקדם מידי"; "גדול עליך"; "מה רע לך במקום שבו אתה נמצא עכשיו?".

תמיד לימדו אותי שעדיף לעלות בסולם לאט ובזהירות, כדי לא ליפול. שצריך ללכת צעד צעד, לא למהר ולא לאבד אף שלב. אבל לכל כלל יש גם יוצא מן הכלל. יש רגעים מיוחדים שבהם ממד אחר נפתח, ואסור לאבד אותם. "קפיצת הדרך", רגע של מטמורפוזה, שלא מותאם לקצב הרגיל של החיים. כמו לידה. שלב שלוקח את כל מה שהיה קודם, ועושה ממנו משהו אחר לגמרי, בבת אחת. רגע שבו מתגלה שהשלם הוא הרבה יותר גדול מסך חלקיו.

אני מנסה לא להיבהל כשזה מתקרב, לא להיאחז במוכר, לא להתבונן בגרף העולה ולנסות להבין את הצעד הקטן הבא. עכשיו זה הזמן לדלג, לחרוג, לשנות הכול ברגע אחד. לפסוח מעל כל תנאי החיים והתחזיות הרגילות ולקפוץ אל העתיד לבוא. אחרת - אתה עלול לפספס את הנס.

מגביה את המצות ואומר:

מַצָּה זוֹ

שֶׁאָנוּ אוֹכְלִים, עַל שׁוּם מָה
עַל שׁוּם שֶׁלֹּא הִסְפִּיק בְּצֵקָם שֶׁל
אֲבוֹתֵינוּ לְהַחֲמִיץ
עַד שֶׁנִּגְלָה עֲלֵיהֶם
מֶלֶךְ מַלְכֵי הַמְּלָכִים
הַקָּדוֹשׁ בָּרוּךְ הוּא, וּגְאָלָם
שֶׁנֶּאֱמַר
וַיֹּאפוּ אֶת־הַבָּצֵק שמות יב
אֲשֶׁר הוֹצִיאוּ מִמִּצְרַיִם
עֻגֹת מַצּוֹת, כִּי לֹא חָמֵץ
כִּי־גֹרְשׁוּ מִמִּצְרַיִם
וְלֹא יָכְלוּ לְהִתְמַהְמֵהַּ
וְגַם־צֵדָה לֹא־עָשׂוּ לָהֶם:

תוכן נוסף שעלינו להפנים בליל הסדר הוא המצה: **מַצָּה זוֹ שֶׁאָנוּ אוֹכְלִים, עַל שׁוּם מָה? עַל שׁוּם שֶׁלֹּא הִסְפִּיק בְּצֵקָם שֶׁל אֲבוֹתֵינוּ לְהַחֲמִיץ עַד שֶׁנִּגְלָה עֲלֵיהֶם מֶלֶךְ מַלְכֵי הַמְּלָכִים, הַקָּדוֹשׁ בָּרוּךְ הוּא, וּגְאָלָם** – המצה היא ביטוי לנקודה הנשמתית שבחיינו, הממוצה והמדויקת: קמח ומים שמנוצלים באופן ממוקד לייעודם (שלא כחמץ, הבצק שתפח יותר מידי והחמיץ את מטרתו המקורית להזין את האדם ללא תוספות מיותרות ומזיקות). בלילה שבו יצאנו מהמְצָרים נגלה אלינו מלך מלכי המלכים, נגענו במדרגת חיים מלכותית של שליטה מוחלטת בכל פרט בחיינו ללא החמצה, ולכן אנו אוכלים מצה, **שֶׁנֶּאֱמַר: "וַיֹּאפוּ אֶת הַבָּצֵק אֲשֶׁר הוֹצִיאוּ מִמִּצְרַיִם עֻגֹת מַצּוֹת, כִּי לֹא חָמֵץ, כִּי גֹרְשׁוּ מִמִּצְרַיִם וְלֹא יָכְלוּ לְהִתְמַהְמֵהַּ, וְגַם צֵדָה לֹא עָשׂוּ לָהֶם"** – המצה היא לחם שנאפה שלא בגדר הטבע, בחיפזון וללא שהייה. בשביל 'להתגרש' מהמְצָרים והצמצומים אסור להתמהמה או לתלות את חיינו בצייד ובאספקה אנושית ['צֵדָה'] – אלא לאפות מצות, לחם פלא שמבטא את החיבור לחיים אלוהיים על־טבעיים.[137]

המרכיב השלישי שחשוב לנו לזכור הוא **מָרוֹר זֶה שֶׁאָנוּ אוֹכְלִים, עַל שׁוּם מָה? עַל שׁוּם שֶׁמֵּרְרוּ הַמִּצְרִים אֶת חַיֵּי אֲבוֹתֵינוּ בְּמִצְרַיִם** – בזמן הארוך שבו האדם היה שבוי במְצָריו ובתאוותיו הוא ניזון ממרורות – התגבשה בנפשו מרירות שגרמה לו לשקוע עוד ועוד בשעבוד ליצריות ולתאוות, **שֶׁנֶּאֱמַר: "וַיְמָרְרוּ אֶת חַיֵּיהֶם בַּעֲבֹדָה קָשָׁה, בְּחֹמֶר וּבִלְבֵנִים וּבְכָל עֲבֹדָה בַּשָּׂדֶה אֶת כָּל עֲבֹדָתָם אֲשֶׁר עָבְדוּ בָהֶם בְּפָרֶךְ"** – השעבוד הקשה לחומריות ['בחמר'], הליבון באש התאווה ['בלבנים'], העמל חסר התוחלת בשדה-החיים ['עבדה בשדה'], והשכנוע העצמי בפה-רך ['פרך'] שזה ייעודנו בעולם – כל אלה מלאו את נפשנו במרירות.

מגביה את המרור ואומר:

מָרוֹר זֶה

שֶׁאָנוּ אוֹכְלִים עַל שׁוּם מָה
עַל שׁוּם שֶׁמֵּרְרוּ הַמִּצְרִים
אֶת חַיֵּי אֲבוֹתֵינוּ בְּמִצְרַיִם
שֶׁנֶּאֱמַר
וַיְמָרְרוּ אֶת־חַיֵּיהֶם בַּעֲבֹדָה קָשָׁה שמות א
בְּחֹמֶר וּבִלְבֵנִים
וּבְכָל־עֲבֹדָה בַּשָּׂדֶה
אֵת כָּל־עֲבֹדָתָם
אֲשֶׁר־עָבְדוּ בָהֶם בְּפָרֶךְ:

בְּכָל דּוֹר וָדוֹר

חַיָּב אָדָם לִרְאוֹת אֶת עַצְמוֹ כְּאִלּוּ הוּא יָצָא מִמִּצְרָיִם פסחים קטז:

שֶׁנֶּאֱמַר

וְהִגַּדְתָּ לְבִנְךָ בַּיּוֹם הַהוּא שמות יג

לֵאמֹר

בַּעֲבוּר זֶה עָשָׂה יהוה לִי
בְּצֵאתִי מִמִּצְרָיִם:
לֹא אֶת אֲבוֹתֵינוּ בִּלְבָד גָּאַל
הַקָּדוֹשׁ בָּרוּךְ הוּא
אֶלָּא אַף אוֹתָנוּ גָּאַל עִמָּהֶם

שֶׁנֶּאֱמַר

וְאוֹתָנוּ הוֹצִיא מִשָּׁם דברים ו
לְמַעַן הָבִיא אֹתָנוּ
לָתֶת לָנוּ אֶת־הָאָרֶץ
אֲשֶׁר נִשְׁבַּע לַאֲבֹתֵינוּ:

בלילה זה אנו משתחררים מכל אלה, ולכן – **בְּכָל דּוֹר וָדוֹר חַיָּב אָדָם לִרְאוֹת אֶת עַצְמוֹ כְּאִלּוּ הוּא יָצָא מִמִּצְרָיִם** – היציאה ממצרים אינה רק מאורע היסטורי, אלא מעמד נפשי שהוטבע בנו לדורי דורות: כל אחד ואחת מאיתנו מחויבים לראות עצמנו כאילו יצאנו ממצרים. כל אחד ואחת מאיתנו חייב לצאת משעבוד לחירות, לפסוח על חולשותיו, למצות את כוחותיו ולהשתחרר מהמרירות המנסה להשיב אותנו חזרה למצרים, שֶׁנֶּאֱמַר: **"וְהִגַּדְתָּ לְבִנְךָ בַּיּוֹם הַהוּא לֵאמֹר, בַּעֲבוּר זֶה עָשָׂה ה' לִי בְּצֵאתִי מִמִּצְרָיִם". לֹא אֶת אֲבוֹתֵינוּ בִּלְבָד גָּאַל הַקָּדוֹשׁ בָּרוּךְ הוּא, אֶלָּא אַף אוֹתָנוּ גָּאַל עִמָּהֶם**, שֶׁנֶּאֱמַר: **"וְאוֹתָנוּ הוֹצִיא מִשָּׁם, לְמַעַן הָבִיא אֹתָנוּ, לָתֶת לָנוּ אֶת הָאָרֶץ אֲשֶׁר נִשְׁבַּע לַאֲבֹתֵינוּ"** – ותהליך זה יובילנו לארץ המובטחת.

לְפִיכָךְ אֲנַחְנוּ חַיָּבִים לְהוֹדוֹת – להכיר טובה כלפי הבורא; **לְהַלֵּל** – להשמיע בקול רם [מלשון 'יללה']; **לְשַׁבֵּחַ** – להכיר במדרגה המשובחת שהתגלתה כאן; **לְפָאֵר** – מלאת הפאר; **לְרוֹמֵם** – והרוממות; **לְהַדֵּר** – מרובת הדר; **לְבָרֵךְ** – בעלת יכולת הברכה וחיבור; **לְעַלֵּה** – המתעלה כלפי מעלה; **וּלְקַלֵּס** – וכלילת יופי;[138] **לְמִי שֶׁעָשָׂה לַאֲבוֹתֵינוּ וְלָנוּ אֶת כָּל הַנִּסִּים הָאֵלּוּ: הוֹצִיאָנוּ מֵעַבְדוּת לְחֵרוּת, מִיָּגוֹן לְשִׂמְחָה, וּמֵאֵבֶל לְיוֹם טוֹב, וּמֵאֲפֵלָה לְאוֹר גָּדוֹל, וּמִשִּׁעְבּוּד לִגְאֻלָּה. וְנֹאמַר לְפָנָיו שִׁירָה חֲדָשָׁה** – כאן מתגלה מדרגה חדשה של שבח והילול – **הַלְלוּיָהּ** – הלל ושמו של אלוהים ['הללו־יה'] מתחברים יחדיו: שבח שהוא על־אנושי ועל־זמני, כדברי דוד המלך משורר תהילים.

מגביהים את הכוס עד 'הַלְלוּיָהּ'
(ויש המגביהים עד 'גָּאַל יִשְׂרָאֵל').

לאחר שסיימנו לקרוא את ההגדה, כלומר לתאר את ההנהגה האלוהית שמובילה באופן גלוי את ההיסטוריה, אנו מגביהים שוב את כוס היין – הנוזל הנסתר בתוך פרי הענב – מדגישים שוב את המבט הפנימי, המבחין בטוב האינסופי הגנוז בעולמו של הקדוש ברוך הוא,[ח] ואומרים:

לְפִיכָךְ אֲנַחְנוּ חַיָּבִים
לְהוֹדוֹת לְהַלֵּל לְשַׁבֵּחַ
לְפָאֵר לְרוֹמֵם לְהַדֵּר
לְבָרֵךְ לְעַלֵּה וּלְקַלֵּס
לְמִי שֶׁעָשָׂה לַאֲבוֹתֵינוּ וְלָנוּ אֶת כָּל
הַנִּסִּים הָאֵלֶּה
הוֹצִיאָנוּ מֵעַבְדוּת לְחֵרוּת
מִיָּגוֹן לְשִׂמְחָה
מֵאֵבֶל לְיוֹם טוֹב
וּמֵאֲפֵלָה לְאוֹר גָּדוֹל
וּמִשִּׁעְבּוּד לִגְאֻלָּה
וְנֹאמַר לְפָנָיו שִׁירָה חֲדָשָׁה

הַלְלוּיָהּ.

מניח את הכוס מידו.

תהלים קיג

הַלְלוּיָהּ

הַלְלוּ עַבְדֵי יהוה
הַלְלוּ אֶת־שֵׁם יהוה:
יְהִי שֵׁם יהוה מְבֹרָךְ
מֵעַתָּה וְעַד־עוֹלָם:
מִמִּזְרַח־שֶׁמֶשׁ עַד־מְבוֹאוֹ
מְהֻלָּל שֵׁם יהוה:
רָם עַל־כָּל־גּוֹיִם יהוה
עַל הַשָּׁמַיִם כְּבוֹדוֹ:
מִי כַּיהוה אֱלֹהֵינוּ
הַמַּגְבִּיהִי לָשָׁבֶת:
הַמַּשְׁפִּילִי לִרְאוֹת
בַּשָּׁמַיִם וּבָאָרֶץ:
מְקִימִי מֵעָפָר דָּל
מֵאַשְׁפֹּת יָרִים אֶבְיוֹן:
לְהוֹשִׁיבִי עִם־נְדִיבִים
עִם נְדִיבֵי עַמּוֹ:
מוֹשִׁיבִי עֲקֶרֶת הַבַּיִת
אֵם־הַבָּנִים שְׂמֵחָה

הַלְלוּיָהּ:

הַלְלוּיָהּ, הַלְלוּ עַבְדֵי ה׳ הַלְלוּ אֶת שֵׁם ה׳ – אנו בעמדה נפשית של פתיחות מוחלטת [׳עבדות׳] מול מדרגה שהיא מעל ההווה ומעל ההוויה [׳י־ה־ו־ה׳]; **יְהִי שֵׁם ה׳ מְבֹרָךְ מֵעַתָּה וְעַד עוֹלָם** – מדרגה זו מתברכת ומחברת [׳מבריכה׳] את כל ההיסטוריה, מעתה ועד הנצח. **מִמִּזְרַח שֶׁמֶשׁ עַד מְבוֹאוֹ מְהֻלָּל שֵׁם ה׳** – ההילול שלנו כלפי שם ה׳ הוא ממקום זריחתה של השמש ועד מקום בו היא באה ושוקעת [׳מבואו׳], הילול החורז את העולם כולו. **רָם עַל כָּל גּוֹיִם ה׳ עַל הַשָּׁמַיִם כְּבוֹדוֹ** – לא רק בלאומים הנוכחיים [׳גוים׳] מופיעה רוממות ה׳, אלא גם בחיי האינסוף [׳שמיים׳ – ׳שם׳ בלשון רבים] מדרגה זו נוכחת וכבדה [׳כבודו׳]. **מִי כַּה׳ אֱלֹהֵינוּ הַמַּגְבִּיהִי לָשָׁבֶת** – הקומה של הפתיחות לשם ה׳ היא מחד גיסא יציבה [׳יושבת׳] במקומה המופשט הגבוה מעל גבוה; **הַמַּשְׁפִּילִי לִרְאוֹת בַּשָּׁמַיִם וּבָאָרֶץ** – ומאידך גיסא מתגלה בשפלות העולם הזה, הן בצידו הרוחני [׳שמיים׳] והן בצידו החומרי [׳ארץ׳]. **מְקִימִי מֵעָפָר דָּל מֵאַשְׁפֹּת יָרִים אֶבְיוֹן** – הפתיחות לשמו של ה׳ מרוממת מהעפר את מי שמצוי במקום נמוך ומדולדל [׳דל׳], ומקימה מאשפה את מי שנפל ממקום גבוה ותאב [׳אביון׳] לשוב למדרגתו, **לְהוֹשִׁיבִי עִם נְדִיבִים עִם נְדִיבֵי עַמּוֹ** – ומושיבה אותם עם אנשי הערכים [׳נדיבים׳] של עם ישראל, עמו של אלוהים; **מוֹשִׁיבִי עֲקֶרֶת הַבַּיִת אֵם הַבָּנִים שְׂמֵחָה** – ומדרגה זו משיבה את כוחות החיים שהיו עקורים מלהביא ילדים לעולם אל השמחה שבהבאת בנים ובני בנים, **הַלְלוּיָהּ**.

תהלים קיד

בְּצֵאת יִשְׂרָאֵל מִמִּצְרָיִם
בֵּית יַעֲקֹב מֵעַם לֹעֵז:

הָיְתָה יְהוּדָה לְקָדְשׁוֹ
יִשְׂרָאֵל מַמְשְׁלוֹתָיו:

הַיָּם רָאָה וַיָּנֹס
הַיַּרְדֵּן יִסֹּב לְאָחוֹר:

הֶהָרִים רָקְדוּ כְאֵילִים
גְּבָעוֹת כִּבְנֵי־צֹאן:

מַה־לְּךָ הַיָּם כִּי תָנוּס
הַיַּרְדֵּן תִּסֹּב לְאָחוֹר:

הֶהָרִים תִּרְקְדוּ כְאֵילִים
גְּבָעוֹת כִּבְנֵי־צֹאן:

מִלִּפְנֵי אָדוֹן חוּלִי אָרֶץ
מִלִּפְנֵי אֱלוֹהַּ יַעֲקֹב:

הַהֹפְכִי הַצּוּר אֲגַם־מָיִם
חַלָּמִישׁ לְמַעְיְנוֹ־מָיִם:

מדרגה זו של הילול־יה מופיעה **בְּצֵאת יִשְׂרָאֵל מִמִּצְרָיִם, בֵּית יַעֲקֹב מֵעַם לֹעֵז** – בזמן צאתה לחופשי של המדרגה הישראלית מהמְצָרים; ומשפחתו [׳ביתו׳] של אבי האומה, יעקב, משׁביו של עם זר ועז [׳ל־עז׳] שהחניק את כוחותיו. במצב הזה **הָיְתָה יְהוּדָה לְקָדְשׁוֹ, יִשְׂרָאֵל מַמְשְׁלוֹתָיו** – התמצית המובחרת של עם ישראל, שכולה הודיה לה׳ [׳יהודה׳], מתייחדת [׳מתקדשת׳] לעבודת אלוהים, ועם ישראל כולו הופך להיות בסיס לממשלתו של ה׳ בעולם. ואז, **הַיָּם רָאָה וַיָּנֹס הַיַּרְדֵּן יִסֹּב לְאָחוֹר** – ים־הטבע הגדול נסוג לאחור, ואף כוחות הטבע הירודים יותר [׳ירדן׳] מהפכים [׳מסובבים׳] את כיוונם ומחשבים מסלולם מחדש. **הֶהָרִים רָקְדוּ כְאֵילִים גְּבָעוֹת כִּבְנֵי צֹאן** – ההרים הגבוהים מזדעזעים כאילים הרצים ממקום למקום, והגבעות הנמוכות מתנהלות כצאן כנוע מול הקומה הישראלית המופיעה בעולם; **מַה לְּךָ הַיָּם כִּי תָנוּס הַיַּרְדֵּן תִּסֹּב לְאָחוֹר** – מה גורם לשינויים העולמיים הללו? מדוע **הֶהָרִים תִּרְקְדוּ כְאֵילִים גְּבָעוֹת כִּבְנֵי צֹאן** – מדוע כוחות המציאות זעים ונדים? **מִלִּפְנֵי אָדוֹן חוּלִי אָרֶץ מִלִּפְנֵי אֱלוֹהַּ יַעֲקֹב** – משום שמופיעה אדנות ואלוהות ישראלית שיוצרת חלחלה [׳חולי׳] בעולם הארצי, **הַהֹפְכִי הַצּוּר אֲגַם מָיִם חַלָּמִישׁ לְמַעְיְנוֹ מָיִם** – הגורמת לסלעי הטבע החזקים [׳צור׳] לשנות את טבעם לנוזליות, ואף האבן הגדולה שאינה מפחדת וזזה [׳חל־מיש׳] ממאומה – נמסה למעיין מים.

אוחז את הכוס ואומר:

בָּרוּךְ אַתָּה יהוה אֱלֹהֵינוּ מֶלֶךְ הָעוֹלָם
אֲשֶׁר גְּאָלָנוּ וְגָאַל אֶת אֲבוֹתֵינוּ מִמִּצְרַיִם
וְהִגִּיעָנוּ הַלַּיְלָה הַזֶּה, לֶאֱכָל בּוֹ מַצָּה וּמָרוֹר.
כֵּן יהוה אֱלֹהֵינוּ וֵאלֹהֵי אֲבוֹתֵינוּ
יַגִּיעֵנוּ לְמוֹעֲדִים וְלִרְגָלִים אֲחֵרִים
הַבָּאִים לִקְרָאתֵנוּ לְשָׁלוֹם
שְׂמֵחִים בְּבִנְיַן עִירֶךָ
וְשָׂשִׂים בַּעֲבוֹדָתֶךָ
וְנֹאכַל שָׁם
מִן הַזְּבָחִים וּמִן הַפְּסָחִים
אֲשֶׁר יַגִּיעַ דָּמָם
עַל קִיר מִזְבַּחֲךָ לְרָצוֹן
וְנוֹדֶה לְךָ, שִׁיר חָדָשׁ
עַל גְּאֻלָּתֵנוּ וְעַל פְּדוּת נַפְשֵׁנוּ
בָּרוּךְ אַתָּה יהוה, גָּאַל יִשְׂרָאֵל.

הנני מוכן ומזומן
לקיים מצוות כוס שנייה של ארבע כוסות.
לשם ייחוד קודשא בריך הוא ושכינתיה
על ידי ההוא טמיר ונעלם בשם כל ישראל.

בָּרוּךְ אַתָּה יהוה, אֱלֹהֵינוּ מֶלֶךְ הָעוֹלָם
בּוֹרֵא פְּרִי הַגָּפֶן.

שותים בהסבת שמאל.

בָּרוּךְ אַתָּה ה' אֱלֹהֵינוּ מֶלֶךְ הָעוֹלָם, אֲשֶׁר גְּאָלָנוּ וְגָאַל אֶת אֲבוֹתֵינוּ מִמִּצְרַיִם, וְהִגִּיעָנוּ הַלַּיְלָה הַזֶּה לֶאֱכָל בּוֹ מַצָּה וּמָרוֹר – ללילה שבו מתגלות ומופיעות כל המדרגות העליונות הללו, המביאות אותנו למדרגת מיצוי ['מצה'] כוחות חיינו, וליכולת להתמודד עם המרירות ['מרור'] שבהם; **כֵּן ה' אֱלֹהֵינוּ וֵאלֹהֵי אֲבוֹתֵינוּ יַגִּיעֵנוּ לְמוֹעֲדִים וְלִרְגָלִים אֲחֵרִים הַבָּאִים לִקְרָאתֵנוּ לְשָׁלוֹם, שְׂמֵחִים בְּבִנְיַן עִירֶךָ וְשָׂשִׂים בַּעֲבוֹדָתֶךָ** – כך נמשיך להיפגש ['להתוועד'] ולהתקדם ברגלינו ['רגלים'] למדרגות נוספות שבהם נשמח ונשיש, **וְנֹאכַל שָׁם מִן הַזְּבָחִים וּמִן הַפְּסָחִים אֲשֶׁר יַגִּיעַ דָּמָם עַל קִיר מִזְבַּחֲךָ לְרָצוֹן** – ונאכל קורבנות שיש בהם התמסרות ['זביחה'] ודילוג מדרגות טבעיות ['פסיחה'] במסענו שאינו נגמר אל ה'. תמצית הכוחות הללו ['דם'] תיגע בנקודת הקודש ['קיר המזבח'] ותהיה לרצון לפני בוראנו, **וְנוֹדֶה לְךָ שִׁיר חָדָשׁ עַל גְּאֻלָּתֵנוּ וְעַל פְּדוּת נַפְשֵׁנוּ. בָּרוּךְ אַתָּה ה' גָּאַל יִשְׂרָאֵל.**

כעת שותים את הכוס השנייה, המבטאת את מדרגת "וְהִצַּלְתִּי אֶתְכֶם מֵעֲבֹדָתָם" – שחרורנו בלילה זה מכל גורם חיצוני – כאשר אנו נשענים על צד שמאל.[ט] זוהי דרך חירות של מלכים, שאינם מותירים אף כוח במלכותם ללא הכוונה, ואף הצדדים החלשים והפחות פעילים [המבוטאים בצד השמאלי] מצויים תחת שליטתם.

רחצה

שוב ירידה

לאחר שהגדנו ב'פה־סח' את התוכן העיוני של יציאת מצרים אנו מגיעים ל'רחצה' – נטילה נוספת של הידיים, הפעם בברכה.

מדוע לפני האכילה המרכזית של הלילה אנו צריכים שוב לטפל בידינו?

כזכור, ליל הסדר מסודר באופן של הצבת שאיפה, ירידה אל קרקע המציאות, הצבת שאיפה גבוהה יותר ושוב ירידה אל מדרגתנו הנוכחית שגבהה מעט, וכן הלאה. התחלנו ב'קדש' – בהכרזה של שאיפה יומרנית לקדש את חיינו ואת חיי העולם כולו; המשכנו ב'רחץ' – הפנמה שעדיין איננו מצויים במדרגה הזו, ולכן צריך לטהר את כלי המעשה שלנו כחלק מתהליך ההתעלות; משם המשכנו באכילת ה'כרפס' – הבהרנו לעצמנו כי מטרת הלילה הזה היא האכילה בקדושה, ושיציאת מצרים לא באה ליצור עולם נזירי, עצוב וסגפני אלא לחבר את האידיאל האלוהי־אינסופי עם עולמנו הארצי, ולצורך כך יש להרחיב את כלי האכילה – ומשם המשכנו לברר באריכות, באופן הכרתי, למה בדיוק אנו שואפים, ומהו התהליך שאותו אנו מעוניינים לעבור באמצעות אמירת ה'מגיד'.

כעת, לאחר כל שרשרת השלבים הזו, אנו ניגשים לאכילה המרכזית של הלילה – אכילת המצה. אלא שלפני המימוש בפועל של שאיפות הקדושה הנישאות בתוך עולמנו, אנו זקוקים לשוב ולטהר את ידינו.

הידיים, כלי העשייה של האדם בעולם הזה, נוטות להיות חסרות־מיקוד ולסטות לכיוונים לא מדויקים. אם לפני האכילה 'הקטנה' של הכרפס נאלצנו להכין אותן, על אחת כמה וכמה שאנו צריכים לכך לפני האכילה 'הגדולה' והחשובה המגיעה כעת. בכך אנו מחברים שוב את פעולותינו אל המקור האלוהי, המתבטא במים בכמות של רביעית – כעין מעיין טבעי־אלוהי העומד בפני עצמו.[139]

בדרך לכל מטרה יש שלב שאפשר לקרוא לו "עיוורון זמני".

וככל שהמטרה גדולה יותר, כך משך העיוורון מתארך - כי כשיש לך אידיאל גדול, יפה ואצילי שמסוגל לתקן את העולם - אתה רוצה להגיע אליו כמה שיותר מהר, ממש בספרינט.

דווקא שם, במקום הזה, כשאתה משקיף על האידיאל הנישא מולך על ראש ההרים ורץ אליו, אתה מאבד קשר עין עם הדרך ומתחיל להתעוור: מרשה לעצמך לפגוע באחרים כדי להתקדם, מוכן 'לעגל פינות' כדי להגיע יותר מהר, מתרגל לדחוף, לצעוק, לאטום אוזניים ולהקשיח את הלב, מטשטש את העובדות כדי שלא יפריעו, מתעלם מאיתותים ומנורות אדומות, דורך על אנשים, מוחץ דעות של אחרים - הכול כדי לא לעצור לרגע, ורק להגיע אל מה שנראה לך כפסגה.

זה יכול להיות פוליטיקאי בדרך לצמרת, הורים שרוצים שהבית יהיה נקי לשבת, מישהו שרוצה לקבל עוד כמה לייקים גם על חשבון החבר שלצידו.

אבל ככה לא תגיע לשום מקום. הרי האידיאל הזה הוא פרי של הבשלה, של תהליך. וכשרמסת כל דבר בדרך, כשרצת בכל המהירות - נתקלת במבוי סתום. עכשיו תצטרך לחזור אחורה דרך כל התחנות כדי לצעוד בהן שוב. הפעם זה יהיה בקצב של החיים, עם עוד אנשים רבים סביבך, עם הקשבה למה שנדרש בכל רגע, למה שאמור להתפתח בכל תחנה.

אז לפני הריצה, יש לי עצה: התכונן. התכונני. עשו חימום וחישבו היטב לפני שאתם מתחילים.

נוטלים את הידיים לסעודה ומברכים:

בָּרוּךְ אַתָּה יהוה
אֱלֹהֵינוּ מֶלֶךְ הָעוֹלָם
אֲשֶׁר קִדְּשָׁנוּ בְּמִצְוֹתָיו
וְצִוָּנוּ עַל נְטִילַת יָדָיִם.

הסיבה ההלכתית שבגללה אנו נוטלים ידיים לפני אכילת מצה קשורה לכוהנים. אף הם היו צריכים ליטול את ידיהם לפני אכילת תרומה, מפני חשש טומאה, וחכמים הרחיבו נטילה זו גם לאכילת לחם על ידי כל אדם.' מכיוון שזוהי תקנת חכמים שאין ספק בתקפותה כיום, הרי יש לברך עליה (בניגוד לנטילה שלפני אכילת ירק שטיבולו במשקה, כדוגמת הכרפס, שאין מברכים עליה). הטעם הרעיוני לכך הוא שבניגוד לאכילת הכרפס, שעשויה רק לגירוי התיאבון, כלומר אמצעי לפעולת האכילה, אכילת המצה היא המטרה עצמה. הברכה מבטאת את חיבור ['הברכת'] פעולותינו אל הקדושה, ובהתאם לכך היא נשמרת דווקא לאכילת המצה, הזמן שבו אנו חווים את חיבורנו לקדושה באופן ישיר.

מוציא

להוציא כוחות
אל הפועל

[מצד הסדר, 'מוציא' ו'מצה' הם שני סימנים נפרדים. אמנם, מכיוון שמבחינה הלכתית אסור שיהיה הפסק בין ברכותיהם,[140] הובא כאן נוסח ברכת 'המוציא' רק בסימן הבא בעמ' 117, עם הברכה על אכילת המצה].

ברכת "המוציא לחם מן הארץ" שתיקנו חכמים לפני כל אכילת לחם,[141] היא ברכה ייחודית. לכאורה היינו אמורים לברך על הלחם, העשוי מהחיטה, "בורא פרי האדמה", או לכל היותר 'בורא פרי החיטה' (על משקל נוסח הברכה "בורא פרי הגפן"). מדוע, אם כן, יש לברכת הלחם נוסח ברכה מיוחד?

הלחם, ובכללו המצה, שונה מהותית מכל מאכל אחר. את המלפפון או העגבנייה, למשל, אנו אוכלים בצורתם כפי שגדלו בטבע, ולכן מברכים עליהם "בורא פרי האדמה". גם את התפוז אנו אוכלים בצורתו כפי שגדל על העץ, ולכן ברכתו "בורא פרי העץ". גם בברכה הכללית יותר, "שהכל נהיה בדברו" – כמו למשל, על המים, נשמר העיקרון שלפיו המאכל והמשקה שאנו מכניסים לפינו מצויים בטבע, לפחות בבסיסם, באותה צורה שבה אנו צורכים אותם. הלחם, לעומת זאת, שונה מכל אלה: הוא עשוי מגרעיני חיטה, את הגרעינים יש לטחון לקמח, לערב את הקמח במים עד להפיכתו לבצק, ולבסוף לאפות בתנור בחום גבוה. כלומר, כדי ליצור לחם אנו מצרפים אל החיטה הטבעית את החכמה ואת העמל האנושיים. הלחם הוא אבטיפוס לעיבוד הטבע הגולמי והוצאתו מן הכוח אל הפועל בידי האדם. לא בכדי הלחם הוא המזון המרכזי של האנושות באלפי השנים האחרונות: הוא ה'מלחִים' בין קומת הגוף הטבעית לבין הקומה השכלית־אנושית. חז"ל אומרים[142] ש"אין התינוק יודע לקרוא אבא ואמא עד שיטעום טעם דגן", ובמילים אחרות – המדרגה האנושית של הדעת וההכרה קשורה לאכילת הלחם, ובו מתבטא עקרון היצירה אנושית.[143]

הדברים הללו נכונים כל השנה – ונכונים כפליים בליל הסדר. בלילה זה יוצאת כל המציאות הטבעית מן הכוח אל הפועל. העולם שלפני יציאת מצרים והעולם שאחריה אינו אותו עולם: עשר המכות וקריעת ים סוף שינו לחלוטין את טבע המציאות. ביציאת מצרים למד העולם כולו שעם ישראל מסוגל להוציא את הטבע הגולמי, השבוי במְצָריו ובמגבלותיו, "מן הארץ" – להוציא את כוחות הטבע מן הכוח אל הפועל ולברוא עולם המנוהל מתוך מוסר וקדושה; ליצור לחם פלא המתגלם במצה, כפי שנראה מיד.

מצה

נוגעים בנשמה

לאחר ברכת "המוציא לחם מן הארץ" אנו ניגשים לברכה הייחודית על סוג הלחם המיוחד שיוצא בלילה הזה מן הכוח אל הפועל – המצה.

כאמור, הלחם הוא המזון המלחִים ומחבר את עולמנו הרוחני עם עולמנו הגופני. הוא מיוצר מקמח ומים שעורבבו ונאפו יחדיו בחום – חיבור של הכוחות הגנוזים בטבע האדמה, במים ובאש, בהכוונתה של היכולת האנושית – עד שנעשו למרכיב המרכזי בקיומם הגופני של רוב בני האדם. אמנם, לצורך הקיום הפונקציונלי אפשר היה להסתפק רק בחומרים המזינים שבבצק, גם ללא שיתפח ו'יתפוס אוויר' מעבר לנצרך – תפיחה המכונה "חמץ", מלשון החמצה.

חכמינו מכנים את היצר הרע בשם "שאור שבעיסה"[144] – הרכיב המתסיס ומחמיץ את הבצק. לכל כוח בעולמו של הקדוש ברוך הוא נועד מקום מדויק, ובו הוא יכול ליטול חלק ביצירת הטוב. אמנם, כאשר אותו כוח אינו יודע את מקומו, אלא מתיימר לתפוס מרחב שבו איננו אמור להיות – הוא הופך ליצירה רעה: "יצר הרע". אלו הן הגאווה, התאווה ושאר המידות הרעות.[145]

במהלך השנה אנו אוכלים לחם חמץ, ולא מצה. פירוש הדבר, שבמהלך שטף החיים אנו נאלצים להכיר בכך שלעיתים אנו 'מחמיצים' את כוחותינו ומשתמשים בהם בזמן ובמקום הלא הנכון (דבר שגם מתבטא בכך שמבחינה פיזיולוגית קיבת האדם מתקשה לעכל מצות לאורך זמן). אולם, למשך שבוע אחד בשנה, בימים שבהם נולדנו ויצאנו מהמְצָרים אל החירות, כאשר נשמתנו מופיעה ללא מעכבים – אנו מבערים את החמץ, ומכריזים מלחמת חורמה על כל פירור של החמצה וחוסר דיוק. בימים הללו איננו רק "מוציאים לחם מן הארץ", אלא מצווים "על אכילת מצה", על מיצוי מוחלט של כוחותינו. המצה היא לחם דק ומדויק, שאינו גס ומנופח כלחם החמץ, אלא מבטא את הנקודה הנשמתית שעומדת ביסוד החיים. היא מכונה "לחם עוני"[146] הן מפני שהיא מאכל 'עניים', ללא מותרות ותוספות, והן מלשון "לחם שעונין עליו דברים הרבה"[147] – לחם רוחני שהממד הרוחני-וורבלי הוא העיקר בו, ולא הממד הגופני-הגס. המצה נאפית 'בחיפזון', מעל גדרי הזמן והטבע הרגילים – והיא הלחם הנשמתי של ליל פלאותינו, המוביל אותנו לחירות מעל כל מעכבי העולם הזה וצמצומיו.

יש ימים רעים כאלה, שבהם את "חייבת" הכול, מרגישה ריקנית ומסתערת על כל דבר שייתן לך מעט טעם. עוברת בקניון מחנות לחנות, מזפזפת בלי לדעת לאן, רעבה למזון ולמבטים, מהלכת באמצע הרחוב כמו קבצנית שתובעת תשומת לב, בעיניים מכווצות ובפנים חתומות. הלב אטום, הראש חסום, אבל גם אם תקבלי אותה מבחוץ - הכול סגור אצלך מבפנים...

ויש ימים טובים כאלה, שבהם את לא צריכה כמעט כלום. את מלאה מבפנים, שמחה וחיונית. לא חסר לך כלום: לא קניות ולא בגד חדש, לא אוכל ולא כבוד חיצוני. מהלכת כמו מלכה באמצע הרחוב, מתרגשת ומתפעמת מכל דבר, בעיניים גדולות ובחיוך של ילדה. הנשמה פעילה ונובעת, הרגש פתוח, המחשבה מתנגנת, הדיבור זורם, ההליכה מרקדת. הכול מדויק, שמח, ממוצה. בדיוק כמו שצריך להיות. בדיוק.

נוטל את שלוש המצות:

הנני מוכן ומזומן לקיים מצוות אכילת מצה.
לשם ייחוד קודשא בריך הוא ושכינתיה על ידי
ההוא טמיר ונעלם בשם כל ישראל.

ומברך בקול רם:

בָּרוּךְ אַתָּה יהוה
אֱלֹהֵינוּ מֶלֶךְ הָעוֹלָם
הַמּוֹצִיא לֶחֶם מִן הָאָרֶץ.

מניח את המצה התחתונה מידו ואוחז את העליונה
ואת האמצעית ומברך:

בָּרוּךְ אַתָּה יהוה
אֱלֹהֵינוּ מֶלֶךְ הָעוֹלָם
אֲשֶׁר קִדְּשָׁנוּ בְּמִצְוֹתָיו, וְצִוָּנוּ
עַל אֲכִילַת מַצָּה.

נוטל לעצמו ונותן לכל אחד מן המסובים כזית מן המצה
העליונה וכזית מן האמצעית, ואוכלים בהסבת שמאל.

מרור

להמתיק את המרירות

נגענו זה עתה בתמצית הנשמה, באכילת המצה – וכעת אנו ניגשים לאכילת המרור. לאחר ההתעלות של ברכות "המוציא לחם מן הארץ" ו"על אכילת מצה", הנחשבות כיחידה אחת של הצבת שאיפה וחזון להתרוממות בלילה הזה – אנו נוחתים שוב למציאותנו הנוכחית, מלאת המורכבות והמרירות.

על פי רובד הפשט, אנו אוכלים את המרור "על שום שמיררו המצרים את חיי אבותינו במצרים". אולם, אם מותירים את הטעם ברובד הזה, נשאלת השאלה – מדוע תיקנו חכמים את אכילת המרור לאחר אכילת המצה ולא לפניה, בעוד שאם המרור בא לבטא את קושי השעבוד והמצה את השחרור והחופש, היה ראוי שנטעם קודם את טעמו המר של השעבוד ורק לאחר מכן את טעם החירות?

התשובה לתמיהה הזו נעוצה בהבנה שחוזרת את הסברנו להגדה כולה. ליל הסדר אינו רק ערב של זיכרון היסטורי, ויציאת מצרים אינה רק תיעוד של מאורע שהתרחש לפני כארבעת אלפים שנה ובו יצאה אומת עבדים לחירות. יציאת מצרים היא מדרגה נפשית, הפועמת בנו בכל דור ודור. בכל רגע ורגע אנו ממשיכים לצאת מהמְּצָרים.

בהתאם לכך, גם המרירות שהייתה מנת חלקם של אבותינו במצרים איננה רק חוויה היסטורית, אלא עניין שמלווה את חיינו כל העת. גם לאחר שיצא אדם בגופו ממצרים קיימים בחייו צדדי מרירות ושעבוד שבהם עליו להילחם. לכן, דווקא לאחר שאכלנו את המצה, לחם החירות, אנו אוכלים את המרור, כדי לומר שהמלאכה לא הסתיימה עדיין: המלאכה לעולם לא מסתיימת, ועלינו להמשיך ולצאת תמיד לחירות.

התורה רומזת זאת בפסוק "וְגַם עֵרֶב רַב עָלָה אִתָּם":[148] מעבר להבנה הפשוטה, שביציאת מצרים התערבו בעם ישראל גם ספיחים זרים שהצטרפו ללא הזמנה, מלמד הרובד העמוק של הפסוק שביציאה ממצרים 'התערבו' בכל אחד ואחת מן היוצאים מידות רעות ותכונות שליליות, צדדי רוע ושעבוד שעדיין לא יצאו לחירות גמורה, ובכל דור ודור אנו מתמודדים עימם.[149] אף על פי שבעת אכילת המצה אנו יוצאים לחירות, הרי שלאחר מכן אנו אוכלים מן המרור, ובכך נזכרים שעדיין לא סיימנו את המלאכה. זו גם הסיבה שבגללה איננו מסיבים כבני מלכים בזמן אכילת המרור: כעת איננו מלכים השולטים על יצרם, אלא להפך, זוכרים שישנם יצרים רעים המתיימרים לשלוט עלינו.

כיצד, אם כן, נילחם בצדדי העבדות והשעבוד שמעורבים בנו? כיצד נמתיק את המרירות שמלווה את חיינו? לשם כך אנו מטבילים את המרור בחרוסת, עיסת פירות מתוקה.[150]

החרוסת היא זכר לטיט[151] שעימו עבדו אבותינו במצרים – נוזל המופק בעבודה קשה ומתגבש ללבנה קשה המשמשת לבנייה. כדי להוציא מעצמנו את המרירות ולהמתיק את יצרנו – יש לעמול ולתקן אט אט את ה'נוזליות' וחוסר היציבות שבנפשנו. את הפסוק "וַיְמָרְרוּ אֶת חַיֵּיהֶם בַּעֲבֹדָה קָשָׁה בְּחֹמֶר וּבִלְבֵנִים"[152] דרשו חכמים כך: "'בעבודה קשה – זו קושיה; 'בחומר' – זה קל וחומר; 'ובלבנים' – בליבון הלכה".[153] קושי מצרים נדרש כביטוי ללמדנות תורנית, והעמל שעמלו אבותינו בטיט ובלבנים מתפרש גם כמאבק עיקש, שכלי ונפשי, בצדדי העבדות היצריים.

כאשר מטבילים את המרור בחרוסת אנו מפנימים שתמיד ניתן לגבש, בעבודה קשה, את הנוזליות השברירית וחסרת היציבות שבנפש – ללבנה מוצקה שעליה ניתן להציב בניינים נישאים.

שוב אני מול הדף, כל כך הרבה אותיות קטנות בכתב רש"י, והראש מתבלבל. מאיפה להתחיל? ואולי אני בכלל לא רוצה את זה?

לפעמים אני מתבלבל בין "נעים לי" ל"טוב לי". לפעמים אין מרחק גדול יותר מהפער שבין שני אלה - ועדיין הם נראים לי כמו צמד תאומים זהים...

איך בכל זאת מזהים ביניהם? בודקים מה קורה בסוף. כשעובדים קשה ומרוויחים כסף, פשוט מאוד לראות שהזיעה השתלמה. קשה ומתיש ומייסר להילחם בהרגל רע, אבל גם אין תחושת התעלות גדולה מזו שזוכים לה לאחר רכישת ההרגל החדש והטוב. השכל מתפתל מכאבים במאבק הלימוד של מקור קשה, שרירי התודעה נמתחים, אבל איזו חוויה יש ברגע של ההברקה וההיפתחות אל הבנה חדשה ועמוקה! לזה אין שום תחליף.

לאט לאט אפשר להרגיש איך הזמן של הקושי הוא הזמן שבו מתרחבים הכלים הפנימיים. כמו רוכב אופניים, שנאנק מכאבים ומרגיש שבעוד שנייה יתעלף, ולא מרגיש שממש ברגע הזה מתפתחת בו היכולת לנסוע מהר יותר ורחוק יותר. הקושי הוא המפגש עם התחושה שהגעת לתקרה, שאי אפשר עוד - אבל ככל שמוכנים להיות שם, למרות הקושי - הקיר זז ממקומו, התקרה מתגבהת, וחדרי הלב מתרחבים.

נוטל כזית מרור לעצמו ולכל המסובים וטובלו בחרוסת:

הנני מוכן ומזומן לקיים מצוות אכילת מרור.
לשם ייחוד קודשא בריך הוא ושכינתיה
על ידי ההוא טמיר ונעלם בשם כל ישראל.

ומברך בקול רם:

בָּרוּךְ אַתָּה יהוה
אֱלֹהֵינוּ מֶלֶךְ הָעוֹלָם
אֲשֶׁר קִדְּשָׁנוּ בְּמִצְוֹתָיו
וְצִוָּנוּ עַל אֲכִילַת מָרוֹר.

ואוכלים את המרור,
אבל אין מסיבים בשעת אכילתו.

כורך

לכרוך בין העולמות

המסע ממשיך: שאפנו לחירות באכילת המצה וירדנו חזרה לטפל ביצר המריה, המתעקש ללוות אותנו גם לאחר היציאה לחירות. כעת אנו בשלים להציב שאיפה גבוהה יותר – כורך!

לוקחים מצה ומרור וכורכים אותם יחדיו, מעין 'סנדוויץ'', זכר למנהגו של התנא הלל, שהיה נוהג לאכול כך את קורבן הפסח בזמן שבית המקדש היה קיים. כזכור, המצה היא ביטוי לצדדי החירות, המתגלים בנקודה הנשמתית המדויקת והממוצה, ואילו המרור הוא ביטוי לצדדי השעבוד והרוע. באכילת הכורך אנו מחברים אותם יחדיו, כאשר אנו מגיעים לשלב שבו מתברר לנו שניתן לכרוך בין העולמות ולצאת לחירות למרות המרור הנמצא כל העת ברקע.

היציאה לחירות איננה רק כאשר אדם מגיע למצב מושלם שבו אין יותר מרור בחייו – מהסיבה הפשוטה שלעולם לא יהיה מצב כזה, ותמיד יהיו צדדי חיסרון בחיים. בעבודת אלוהים אין 'יעד סופי'; אם נדמה לנו כאילו הגענו לאלוהים ולשלמות -אין זה אלא סימן שעלינו לשאוף למדרגה גבוהה יותר. אל אלוהים ואל השלמות אי אפשר להגיע, אלא רק להתקדם תמיד, כאשר עצם התהליך הוא הוא ההשגה.

לעיתים אנו מסמנים נקודות ציון בגרף ההתקדמות האינסופי ומדברים עליהן במושגים מושאלים של הגעה ליעד: "קיבלתי את התפקיד שבו חשקתי", "הצלחתי להתגבר על חוסר השליטה שלי במידת הכעס", "הגעתי לחוויה רוחנית", "הוקמה מדינת ישראל". כל זה טוב ויפה, אך מה הלאה? האם זהו זה, אין יותר לאן לשאוף? האם בתוך ההישג הנוכחי אין מה לשפר? חס וחלילה – בוודאי ובוודאי שיש! ההתמקדות צריכה להיות בתהליך ההתקדמות, ולא בתוצאה.[154] לכן אנו כורכים מצה ומרור יחדיו – כדי לבטא יציאה לחירות שאינה פוסקת לעולם, אלא מתקדמת ללא הפסקה מתוך מודעות מלאה למרירות הקיימת בה תמיד.

מי יכול להורות לנו את הדרך הזו? – התנא האלוהי הלל!

הלל הזקן הוא הדמות שמחברת בין העולמות ומכילה את כולם. הוא שמסוגל להביט פנימה לתוך ליבם של גויים, שבמבט ראשון נדמה שבאו להתגייר מהסיבות הלא נכונות, ולזהות כיצד אף הם שייכים לעם ישראל;[155] הוא שמסוגל לעמוד מול

התגרותו של אדם חצוף, ולא לכעוס.[156] הלל הזקן, הוא שראוי ללמדנו כיצד לכרוך את המציאות כולה, על צדדיה החלקיים והחסרים, באגודה אחת.

היכן באה מידה זו של הלל לידי ביטוי? היכן ניתן לכרוך פסח, מצה ומרור יחדיו? – בבית המקדש! שם מתחברים זה לזה כל ממדי המציאות – קורבנות מהחי ומהצומח, סוגי מתכות שונות, בדים וקרשים, וכן רצונות, מחשבות ותפילות האדם. בית המקדש הוא המקום שבו נכרכים ומתאחדים כל העולמות כולם.

בשלב הזה של ליל הסדר כולנו נוגעים במדרגתו של הלל, מסוגלים לחבר עולמות שונים ומנוגדים ולצאת עימם לחירות העליונה של עבודת האלוהים.

"הלל אומר: הווי מתלמידיו של אהרן". ואהרן מה היה אומר? קרוב לוודאי שהיה אומר: הווי מתלמידיו של הלל...

המכנה המשותף הגדול של שניהם הוא החסד המוחלט. חסד שלא תלוי בשום תנאי, שמתפרץ אל המציאות ולא ממתין לבקשתה. חסד שאינו רק רגש סנטימנטלי, אלא תפיסה עמוקה של החיים כחיים טובים ואהובים, שברכה אלוהית כרוכה ומתגלה בהם.

אין דבר שיוכל לרפא את הכעס, את הקנאה, את השנאה ואת התחרות, בלעדי קמצוץ מתפיסת החסד המוחלט. אם אינך מאמין בטוב - בסופו של דבר משהו יפוצץ אותך, יתנגד אליך ויפרק אותך מבפנים. ולעומת זאת, אם אתה מאמין בטוב - תוכל להלך סחור סחור סביב כל חיסרון שבו תיתקל, עד שתסדוק את הרע שבו. תוכל לזהות בו ניצני טוב, לסבול אותו בסבלנות מתוך אמונה בכך ששורשיו טובים, ושטוב זה עתיד להגיע בהכרח, בסופו של תהליך, אל הענפים והפירות.

כורך

בוצע את המצה התחתונה, נוטל ממנה כזית וכורך עמה כזית מן המרור, מחלק למסובים (או שכל אחד מהם נוטל מן המצה השמורה שלפניו וכורך) ואומר:

זֵֽכֶר לַמִּקְדָּשׁ כְּהִלֵּל.
כֵּן עָשָׂה הִלֵּל בִּזְמַן שֶׁבֵּית
הַמִּקְדָּשׁ הָיָה קַיָּם
הָיָה כּוֹרֵךְ פֶּֽסַח, מַצָּה וּמָרוֹר,
וְאוֹכֵל בְּיַֽחַד
לְקַיֵּם מַה שֶּׁנֶּאֱמַר:
עַל־מַצּוֹת וּמְרֹרִים יֹאכְלֻֽהוּ: במדבר ט

אוכלים בהסבת שמאל.

שולחן עורך

להכניס ערך לשולחן

לאחר אכילת ה'כורך' אנו בשלים לגשת אל האכילה המרכזית של ליל הסדר – 'שולחן עורך'. בשלב ה'כורך' הבענו שאיפה אדירה לחיבור בין עולמות שונים, באמצעות היכולת לאחד את המצה והמרור שבנפשנו. כעת ניתן לגשת לאכילה החומרית הממשית, אולם עתה, לאחר המסלול שעברנו, תהיה אכילה זו שונה -אכילה 'ערוכה', ערכית.[157]

על פי ההלכה יש לערוך בשלב זה את שולחן האוכל לסעודת החג, כלומר לסדר אותו בצורה אסתטית ונאה. רבים נוהגים לשמור לארוחה זו את כלי האוכל היפים ביותר[158] ולהגיש בו מאכלים משובחים וטעימים במיוחד. יופי משמעו הרמוניה; תחושת היופי והאסתטיקה נולדת באדם בעת שהוא חש כי קיימים כוונה וסדר מאחורי הדברים, והפרטים הרבים מצטרפים לתמונה הרמונית אחת. במילים אחרות – כאשר עומד לפנינו אובייקט ערוך ומסודר הדבר מסמן על כך שמאחוריו קיים עולם של מחשבה ושל ערכים.

בעלי החיים אינם מקפידים על אכילה אסתטית, אלא דורסים ובולסים. לעומתם, בשלב זה של ליל הסדר אנו מתרוממים למדרגת אכילה אנושית שיש בה כבר ממד רוחני – אכילה ערוכה ומנומסת. היופי שמשתקף בשולחן החג הוא ביטוי להרמוניה הרוחנית שגיבשנו במהלך הלילה הזה, שבו איננו מתעלים רוחנית תוך השלכת החומר והזנחתו מאחור, אלא הולכים ומתעלים עד לחיבור בין עולמות החומר והרוח, המתבטא באכילה מסודרת, עדינה וערכית.

בהתאם לזאת, גם האווירה סביב ארוחת החג אמורה להיות בהתאם, עד שיש מרבותינו שהמליצו לא לדבר בזמן ה'שולחן עורך' שום דיבור שאינו קשור ליציאת מצרים.[159] אמנם למעשה אין נוהגים כך, מפני שעבור רבים זוהי "גזרה שאין הציבור יכול לעמוד בה", אולם יש בהדרכה זו קריאת כיוון – שלב ה'שולחן עורך' הוא חלק בלתי נפרד מתהליכי הסדר וההתעלות של הלילה הזה, ויש לנהוג בו בהתאם.

ה'שולחן עורך' הוא שלב רגיש בלילה הזה. לעיתים, דווקא כאשר ישנה אתנחתא מקריאת ההגדה, והתפנות אל המפגש החברתי והמשפחתי בין המסובים, מתרחשת הצפה של מתחים שלאורך כל השנה היו רדומים מתחת לפני השטח, כגון תחרות בין אחים או בני דודים, ובפרט בסוגיות עדינות הקשורות בהשוואה של ההספקים האישיים של כל אחד מהם. משפטים כמו "הבן שלי קיבל השנה תפקיד חדש" ו"מתי תתחתני?" אינם מוסיפים בריאות לאף אחד. לכן יש להקדיש מחשבה מרובה גם לחלק הזה של הלילה, ולחשוב מראש על נושאי שיחה שלא יגרמו למתחים משפחתיים – החל מנושאים אידיאליים כמו יציאת מצרים, והמשך בחוויות מחברות ולא מפרידות.

איזה יופי, אתה יודע לדבר ממש יפה. כל הכבוד, הציורים שלךְ ממש מרגשים. אתה מבין במספרים, מנגן חלומי, את קולטת אנשים ממש מהר ומבשלת נפלא. קיבלת מתנה מאלוהים.

אבל דע לך, המתנה שקיבלת לא נועדה רק בשבילך - אתה רק הצינור שדרכו היא עוברת אל כל מי שסביבך. אם תשאירי אותה אצלך, היא לא תגיע ליעדה הסופי. אם תשתמשי בה כדי להתנשא ולפגוע בזולת, זה יהיה הפסד גדול לכולם, ובעיקר לך. לא ייתכן שה"יהלום" שלך - יהלום בכולם. לא יכול להיות שתשתמש בו ככלי נשק ותדקור בו אנשים, שתשתמש בזוהר כדי להבליט רק אותך.

הרצון האלוהי - כולו הטבה. הוא מעניק ברכה וכישרון לכל חי, ומבקש שהאדם ילך בדרכיו וימשיך להיטיב ולתת מכישרונו לאחרים. חשוב על מה שקיבלת, הסתכל בשפע שעובר דרכך, ופתח **צנור** של **רצון** כדי להעביר את השפע הזה הלאה, כדי שלא יתהפך השפע לפשע, ואלוהים יוכל להמשיך ולהתגלות דרכך.

דרך נוספת היא להעצים את הנקודות המשותפות לכל בני הבית, כגון התמקדות בדור המבוגר של המשפחה. הסבא והסבתא הם הציר של המשפחה, וחוויותיהם אינן מאיימות על אף אחד מבני הבית, אלא משמשות כמכנה משותף המחבר את המשפחה למטרה המקורית של ליל הסדר, "והגדת לבנך". העצמת החיובי והמאחד, ופינוי מרכז הבמה לראשי וזקני השבט – אלו שתיים מתוך אפשרויות רבות ליישום בחלק הזה של הלילה, כדי שימלא כראוי את ייעודו: הכנסת ערך ומשמעות לאכילה בפרט, ולחיינו בכלל.

אוכל ושותה כל צורכו לכבוד יום טוב, ונוהגים לאכול ביצה.

למנהג אכילת ביצה מבושלת בארוחה נאמרו שני טעמים, שאף על פי שנראים מנוגדים זה לזה – הרי שבפועל הם משלימים זה את זה. הטעם הראשון הוא זכר לחורבן בית המקדש. דווקא בליל היציאה מהמְצָרים אנו נזכרים שהגאולה עדיין לא שלמה ולכן אוכלים ביצה, מאכל אבלות עגול המבטא ש"גלגל חוזר בעולם" – העולם עדיין אינו יציב ושלם, והחורבן והמוות הולכים ומתגלגלים מפה ולשם.

הטעם השני הוא הפוך: זכר לקורבן שלמי חגיגה, קורבן המבטא שמחה ומצב של שלמות, שהיה נאכל בבית המקדש לפני אכילת הפסח, כדי שהאחרון יאכל 'על השובע' (כיום מקבילתו היא האפיקומן, שלאחר ה'שולחן עורך' יש לאכול אותו כאשר אנו שבעים). כלומר, מחד גיסא יש בביצה העגולה ו'הסגורה' ביטוי של חוסר וכאב, ומאידך גיסא ביטוי למצב של מילוי ושלמות. זהו המצב הנפשי הכפול שמאפיין אותנו ברגעים אלו של ליל הסדר – מדרגה של שובע, נחת רוח ותחושת יציאה לחירות, ויחד איתה מודעות לצדדי חוסר השלמות שמאתגרים אותנו בחיינו.

צפון

הוציאו את הלחם השמיימי

כעת הגענו לשיאו של ליל הסדר – צפון!

זוהי המדרגה הצפונה, הנסתרת מעינינו לאורך השנה כולה, ושכעת מגיע זמנה להתגלות – אכילת האפיקומן.

האפיקומן הוא מצה שאותה אנו אוכלים לאחר הארוחה, "על השובע", לזכר קורבן הפסח שהיה נאכל בזמן בית המקדש כאשר המסובים היו שבעים כבר.[160] יש כאן ביטוי לאכילה שאינה מתוך רעב אלא נעשית 'לשמה' – לשם האכילה. כל חיינו אנו משתמשים בחיי החומר, שהאכילה היא ביטויים המובהק, כאמצעי ולא כמטרה. אוכלים בשביל לחיות, ולא חיים בשביל לאכול. אולם, במהלך ליל הסדר אנו מתקדמים אט אט וחושפים את המטרה השלמה של עבודת ה' – קידוש הממד החומרי, עד היכולת למצוא את נקודת הקודש גם בחיי החול.

נכון נרשמת לחוג גיטרה כי רצית להרשים את החבר'ה? זוכרת שנרשמת למשפטים כי זה נשמע לך יוקרתי? כמה דברים בחיים אנחנו עושים בשביל אחרים, או כדי להגיע לאנשהו.

אבל, לפעמים ישנם רגעים עדינים כאלו, בהם אתה מנגן רק כדי לנגן, רוקד כדי לרקוד ואוכל כדי לאכול. לא לשום מטרה אחרת, לא כאמצעי, אלא כחוויה עצמית מענגת ומרוממת. וברגעים הנדירים הללו -

אין בריקוד גסות וכובד, החצנה והבלטה, אלא רק תנועה ושמחה.

אין בנגינה פיזור ובריחה, אגו ושכחה, אלא רק זרימה מוזיקלית מלאת יופי וחן.

וגם באכילה אין תאווה ופראות, זלילה ופורקן - אלא רק חוויית ברכה אלוקית ושפע חדש של חיים, כמו ירידת המן בבוקרו של יום ולקיטתו בשירה והודיה עם שחר.

בחיינו קיימת חלוקה ברורה בין המושגים 'קודש' ו'חול'. הקודש מאפיין אובייקט שיש לו קשר ישיר וייחודי[161] ('מוקדש') לממד הערכי בחיינו, ולעומתו ה'חול' מאפיין אובייקט שיש לו רק קשר עקיף לממד הערכי, כאמצעי שעליו יכולה קומת הקודש לנחות ו'לחול'. כך, במהלך השנה כולה אנו חווים את האכילה כאמצעי לקיום הגופני שמאפשר לנו להגיע להתעלות רוחנית. לכן אנו אוכלים רק כאשר גופנו מאותת לנו, באמצעות תחושת הרעב, שהוא זקוק לאוכל. ואולם, בסופו של ליל הסדר אנו מצויים במדרגה אחרת, שבה האכילה לא נועדה רק להשביע את גופנו כבסיס לקומתנו השכלית, אלא לגלות כיצד לכל אובייקט גופני בעולמנו, ואפילו החומרי והגס ביותר, יש ערך בפני עצמו. זוהי מדרגה נסתרת, צפונה, שבימים רגילים זוכים לה רק גדולי עולם – אבל בלילה הזה כולנו נוגעים בה.

פירוש המילה 'אפיקומן' ביוונית הוא 'קינוח הסעודה', וחז"ל ייחסו אותה למצה שאנו אוכלים בסוף הלילה, ואחריה אין להכניס אוכל נוסף לפה.[162] אולם, בעלי תורת הסוד דרשו את המילה 'אפיקומן' כמורכבת משני חלקים: 'אפיקו מן'. פירוש המילה 'אפיקו' בארמית הוא 'הוציאו', ו'מן' הוא הלחם האלוהי שאכלו אבותינו במדבר. אפיקומן, אם כן, פירושו הוא "הוציאו את הלחם השמיימי", את המדרגה העל-אנושית שאנו מצויים בה כעת.

הסיבה הרשמית למנהג הילדים ש'גונבים' את האפיקומן (ומחזירים אותו תמורת כופר נאות...) היא ש"חוטפין מצות בלילי פסחים בשביל תינוקות שלא ישנו".[163] אולם, ייתכן שהטעם הפנימי קשור גם הוא לרעיון העמוק שעליו דברנו. מופיעה כאן מדרגה שהיא על-אנושית, שאותה מסוגלים לזהות דווקא הצדדים הילדותיים והתמימים.

לאחר האפיקומן אין לטעום דבר נוסף (למעט שתי כוסות היין האחרונות שנותרו לנו מארבע הכוסות), כדי "שישאר טעם האפיקומן בפה".[164] אנו משתוקקים להישאר במדרגה הזו עד כמה שניתן, לפחות בלילה הזה. זוהי מדרגת הקדושה שעליה מדבר רבי משה חיים לוצאטו בפסגת ספרו מסילת ישרים:

> הַצַּדִּיקִים הֵן הֵן הַמֶּרְכָּבָה, כִּי הַשְּׁכִינָה שׁוֹרָה עֲלֵיהֶם כְּמוֹ שֶׁהָיְתָה שׁוֹרָה בַּמִּקְדָּשׁ. וּמֵעַתָּה, הַמַּאֲכָל שֶׁהֵם אוֹכְלִים הוּא כְּקָרְבָּן שֶׁעוֹלֶה עַל גַּבֵּי הָאִשִּׁים, כִּי וַדַּאי הוּא שֶׁהָיָה נֶחְשָׁב לְעִלּוּי גָּדוֹל אֶל אוֹתָם הַדְּבָרִים שֶׁהָיוּ עוֹלִים עַל גַּבֵּי הַמִּזְבֵּחַ כֵּיוָן שֶׁהָיוּ נִקְרָבִים לִפְנֵי הַשְּׁכִינָה, וְכָל כָּךְ יִתְרוֹן הָיָה לָהֶם בָּזֶה, עַד שֶׁהָיָה כָּל מִינָם מִתְבָּרֵךְ בְּכָל הָעוֹלָם, וּכְמַאֲמָרָם ז"ל בַּמִּדְרָשׁ. כֵּן הַמַּאֲכָל וְהַמִּשְׁתֶּה שֶׁהָאִישׁ הַקָּדוֹשׁ אֹכֵל, עִלּוּי הוּא לַמַּאֲכָל הַהוּא וְלַמִּשְׁתֶּה הַהוּא, וּכְאִלּוּ נִקְרַב עַל גַּבֵּי הַמִּזְבֵּחַ מַמָּשׁ...

כְּלָלוֹ שֶׁל דָּבָר, עִנְיַן הַקְּדֻשָּׁה הוּא שֶׁיִּהְיֶה הָאָדָם דָּבֵק כָּל כָּךְ בֶּאֱלֹהָיו, עַד שֶׁבְּשׁוּם מַעֲשֶׂה אֲשֶׁר יַעֲשֶׂה לֹא יִפָּרֵד וְלֹא יָזוּז מִמֶּנּוּ יִתְבָּרַךְ, עַד שֶׁיּוֹתֵר יִתְעַלּוּ הַדְּבָרִים הַגַּשְׁמִיִּים אֲשֶׁר יְשַׁמְּשׁוּ לְאֶחָד מִתַּשְׁמִישָׁיו בְּמָה שֶׁהוּא מִשְׁתַּמֵּשׁ בָּהֶם, מִמָּה שֶׁיֵּרֵד הוּא מִדְּבֵקוּתוֹ וּמַעֲלָתוֹ בְּהִשְׁתַּמְּשׁוֹ מִדְּבָרִים גַּשְׁמִיִּים. וְאָמְנָם זֶה בֶּהֱיוֹת שִׂכְלוֹ וְדַעְתּוֹ קְבוּעִים תָּמִיד בִּגְדֻלָּתוֹ יִתְבָּרַךְ וְרוֹמְמוּתוֹ וּקְדֻשָּׁתוֹ, עַד שֶׁיִּמְצָא כְּאִלּוּ הוּא מִתְחַבֵּר לַמַּלְאָכִים הָעֶלְיוֹנִים מַמָּשׁ עוֹדֵהוּ בָּעוֹלָם הַזֶּה... אַךְ אַחֲרֵי הֲכִינוֹ אֶת עַצְמוֹ בְּכָל הֲכָנוֹת אֵלֶּה, אִם יַרְבֶּה לְהִדָּבֵק בְּתֹקֶף הָאַהֲבָה וְעֹצֶם הַיִּרְאָה בְּהַשְׂכָּלַת גְּדֻלָּתוֹ יִתְבָּרַךְ וְעֹצֶם רוֹמְמוּתוֹ, יַפְרִיד עַצְמוֹ מֵעַנְיְנֵי הַחֹמֶר מְעַט מְעַט, וּבְכָל פְּעֻלּוֹתָיו וּבְכָל תְּנוּעוֹתָיו יַכְוִין לְבָבוֹ אֶל מַצְפּוּנֵי הַהִתְדַּבְּקוּת הָאֲמִתִּי, עַד שֶׁיֵּעָרֶה עָלָיו רוּחַ מִמָּרוֹם וְיַשְׁכִּין הַבּוֹרֵא יִתְבָּרַךְ אֶת שְׁמוֹ עָלָיו כְּמוֹ שֶׁעוֹשֶׂה לְכָל קְדוֹשָׁיו, וְאָז יִהְיֶה כְּמַלְאַךְ ה׳ מַמָּשׁ, וְכָל מַעֲשָׂיו, אֲפִלּוּ הַשְּׁפָלִים וְהַגַּשְׁמִיִּים – כְּקָרְבָּנוֹת וַעֲבוֹדוֹת.

לוקח שני כזיתים מהמצה ששמר לאפיקומן, זכר לקורבן פסח הנאכל על השובע, ואוכלו בהסבה לפני חצות הלילה. קודם לכן יאמר:

הנני מוכן ומזומן לקיים מצוות אכילת אפיקומן. לשם ייחוד קודשא בריך הוא ושכינתיה על ידי ההוא טמיר ונעלם בשם כל ישראל.

ואוכלים את האפיקומן בהסבה.

אוכלים לכתחילה שני זיתים מהאפיקומן,[יא] כדי לבטא את השפע הכפול של מדרגות הקודש והחול, המחוברות ומתנוצצות בנו כעת. ויש לסיים את אכילת הזיתים הללו עד חצות,[יב] כדוגמת קורבן פסח שהיה נאכל בזמנו (לשיטת רוב הפוסקים) עד חצות הלילה.

חצות הלילה הוא הזמן שבו התגלה הקדוש ברוך הוא בליל יציאת מצרים.[יג] זוהי נקודת המעבר בין חציו הראשון של הלילה לחציו השני, נקודת המעבר מאפלת הלילה לעבר השחר המפציע — ושם מתגלה ההשגחה האלוהית וגואלת את העולם ממְּצָרָיו.[יד]

ברך

לחבר ולהבריך
הכול יחד

כזכוו, כל הלילה אנו נעים בין שאיפה לנחיתה, שאיפה גבוהה ונחיתה רכה מעט יותר, וכן הלאה. זה עתה הגענו לפסגת הגובה – האפיקומן, המצה השמיימית, מדרגת הקודש שבחול – וכעת עלינו לנחות ולחבר זאת להמשך חיינו. זאת – באמצעות ברכת המזון.

המילה 'ברכה' היא מלשון 'להבריך', היינו לחבר שני דברים יחדיו (לחבר את הענף אל האדמה לצורך 'הכפלת העץ'), וכן מלשון כריעת ברך בפני דבר גדול ממנו. בברכה אנו נפתחים בפני הגודל האלוהי המקורי שעומד בבסיס חיינו ומתחברים אליו. אם בכל השנה מטרת ברכת המזון היא לחבר את אכילתנו החומרית והגסה אל הקדושה, הרי שבליל הסדר המטרה הפוכה – לחבר את חיינו אל הקדושה שהתגלתה באכילת המצה והאפיקומן. כאן אנו מנסים להותיר גם להמשך השנה, עד כמה שניתן, את רושם המדרגות העליונות שחווינו הלילה.

הייתי גאה ביבולים של השנה.

כל כך הרבה טרחה ויגיעה השקעתי בפירות היפים הללו!

סיקלתי, חרשתי, שתלתי, טיפחתי, השקיתי וגזמתי, דישנתי וזיבלתי.

כשסוף סוף הגיע היום עליתי לירושלים עם פירות נאים ועסיסיים. פירות מעמלי שלי, רק שלי.

הגעתי עם הביכורים אל הכוהן, שביקש ממני לקרוא את הפסוקים.

יעקב ברח מאימת עשו ועונה על ידי לבן. יכולתי לשמוע את שיירת הגמלים המובילה את יוסף למצרים, את מכות השוטרים המצריים על גבם החשוף של העבדים העברים - ואז הפסוקים שמבשרים את היציאה הפתאומית, את המכות הגדולות ואת היד החזקה. קריעת הים והליווי במדבר, העזרה לצבאות יהושע בקרבות, ההתנחלות בארץ...

אני מסיר את ידיי מן הפירות ומגיש אותם אל הכוהן.

לא, לא אני גידלתי אותם.

האדמה אינה בבעלותי.

הברכה היא פרי של חסד אלוקי רצוף ומתמשך - מהחסד שניתן לאברהם ועד זה שבוקע כעת מפניו של הכהן העומד מולי.

ברכת המזון מתחלקת לחמישה חלקים – ברכות הזן, הארץ, בונה ירושלים, הטוב והמטיב, והנספחים החותמים את הברכה (בשבתות ובימים טובים כוללת הברכה גם תוספות מיוחדות) – כאשר כל אחד מהחלקים הללו מחבר אותנו לקומה רוחנית נוספת. למרבה הפלא, התוכן המרכזי של ברכת המזון אינו רק הודאה לה' על מזוננו, אלא בעיקר סקירה רוחנית והיסטורית של תולדות האומה הישראלית.[165] כאשר יהודי מברך את ברכת המזון הוא מתחבר לשרשרת הנצח של האומה. דבר זה נכון בכל יום, ועל אחת כמה וכמה בליל הסדר. מתוך המכלול של ברכת המזון מתברר לאדם האוכל כי הפעולה שנעשתה על ידו כעת אינה רק מעשה חומרי, אלא פעולה המוברכת בהתגלות האלוהית בהיסטוריה.

מוזגים כוס שלישית ומברכים עליה ברכת המזון, ואומר 'הנני מוכן'.

את הכוס השלישית מוזגים לאחר האכילה ולפני ברכת המזון – לאחר השחרור ממגבלות הטבע ("וְהוֹצֵאתִי") ומגורמי חוץ ("וְהִצַּלְתִּי"), בעת לידתה של אומה הגואלת את החומרנות הגסה – "וְגָאַלְתִּי אֶתְכֶם בִּזְרוֹעַ נְטוּיָה וּבִשְׁפָטִים גְּדֹלִים". השלב השלישי בגאולה, המצוין בפנימיות נוזל היין של הכוס השלישית, הוא ההבנה שלא רק שעם ישראל משתחרר מהשעבוד לטבע ולמשעבדים האנושיים, אלא הוא אף גואל את כל מעגלי החיים ופעולותיהם. כפי שלידתנו הלאומית התרחשה שלא מתוך תהליך טבעי, אלא מתוך ניסי עשר המכות, קריעת ים סוף והיפוך עולם הטבע – כן מצויה בנו היכולת לצקת ממד על־טבעי לתוך צורכי החיים הטבעיים, כאכילה ושתייה.

הנני מוכן ומזומן לקיים מצוות עשה של ברכת המזון, כמו שכתוב בתורה ואכלת ושבעת ובירכת את ה' אלהיך על הארץ הטובה אשר נתן לך.
לשם ייחוד קודשא בריך הוא ושכינתיה על ידי ההוא טמיר ונעלם בשם כל ישראל.

לפני ברכת המזון, העוסקת בהיסטוריה הנצחית של עם ישראל ושל האדם הפרטי, אנו מקדימים את מזמור 'שִׁיר הַמַּעֲלוֹת' העוסק בחלום העתידי של שיבת עם ישראל לארצו וגאולת העולם כולו.

שִׁיר הַמַּעֲלוֹת תהלים קכו
בְּשׁוּב יהוה אֶת־שִׁיבַת צִיּוֹן
הָיִינוּ כְּחֹלְמִים:
אָז יִמָּלֵא שְׂחוֹק פִּינוּ וּלְשׁוֹנֵנוּ רִנָּה
אָז יֹאמְרוּ בַגּוֹיִם הִגְדִּיל יהוה
לַעֲשׂוֹת עִם־אֵלֶּה:
הִגְדִּיל יהוה לַעֲשׂוֹת עִמָּנוּ
הָיִינוּ שְׂמֵחִים:

שׁוּבָה יהוה אֶת־שְׁבִיתֵנוּ, כַּאֲפִיקִים בַּנֶּגֶב:
הַזֹּרְעִים בְּדִמְעָה, בְּרִנָּה יִקְצֹרוּ:
הָלוֹךְ יֵלֵךְ וּבָכֹה נֹשֵׂא מֶשֶׁךְ־הַזָּרַע
בֹּא־יָבֹא בְרִנָּה נֹשֵׂא אֲלֻמֹּתָיו:

יש מוסיפים:

תהלים קמה תְּהִלַּת יהוה יְדַבֶּר פִּי
וִיבָרֵךְ כָּל־בָּשָׂר שֵׁם קָדְשׁוֹ
לְעוֹלָם וָעֶד:

תהלים קטו וַאֲנַחְנוּ נְבָרֵךְ יָהּ מֵעַתָּה וְעַד־עוֹלָם, הַלְלוּיָהּ:

תהלים קלו הוֹדוּ לַיהוה כִּי־טוֹב, כִּי לְעוֹלָם חַסְדּוֹ:

תהלים קו מִי יְמַלֵּל גְּבוּרוֹת יהוה, יַשְׁמִיעַ כָּל־תְּהִלָּתוֹ:

ברכת מזון בנוסח האשכנזים

(ברכת המזון בנוסח הספרדים בעמ' 158)

המזמן: רַבּוֹתַי, נְבָרֵךְ.

המסובים: יְהִי שֵׁם יהוה מְבֹרָךְ מֵעַתָּה וְעַד־עוֹלָם:

תהלים קיג המזמן: יְהִי שֵׁם יהוה מְבֹרָךְ מֵעַתָּה וְעַד־עוֹלָם:
בִּרְשׁוּת (אָבִי מוֹרִי / אִמִּי מוֹרָתִי /
כֹּהֲנִים / מוֹרֵנוּ הָרַב /
בַּעַל הַבַּיִת הַזֶּה / בַּעֲלַת הַבַּיִת הַזֶּה)
מָרָנָן וְרַבָּנָן וְרַבּוֹתַי נְבָרֵךְ (במניין: אֱלֹהֵינוּ)
שֶׁאָכַלְנוּ מִשֶּׁלּוֹ.

המסובים: בָּרוּךְ (במניין: אֱלֹהֵינוּ)
שֶׁאָכַלְנוּ מִשֶּׁלּוֹ וּבְטוּבוֹ חָיִינוּ.

המזמן: בָּרוּךְ (במניין: אֱלֹהֵינוּ)
שֶׁאָכַלְנוּ מִשֶּׁלּוֹ וּבְטוּבוֹ חָיִינוּ.
בָּרוּךְ הוּא וּבָרוּךְ שְׁמוֹ.

בתלמוד[166] נאמר כי "משה תיקן לישראל ברכת הזן בשעה שירד להם מָן". הברכה הפותחת את ברכת המזון הגיעה ממשה רבינו בעת נתינת המָן לישראל, הלחם השמיימי שפרנס את ישראל בזמן הנדודים במדבר לאחר שיצאו מארץ מצרים. משמעות הדבר הוא כי ברכה זו היא תזכורת לימים שבהם נגענו במצב האידיאלי שבו אכלו בני ישראל מִן המזון הפלאי של בורא עולם. זוהי גם שאיפתנו בזמן האכילה הפרטית, להגיע למצב שבו 'הָעוֹלָם כֻּלּוֹ' ניזון מאת הבורא.

בָּרוּךְ אַתָּה יהוה
אֱלֹהֵינוּ מֶלֶךְ הָעוֹלָם
הַזָּן אֶת הָעוֹלָם כֻּלּוֹ בְּטוּבוֹ
בְּחֵן בְּחֶסֶד וּבְרַחֲמִים
הוּא נוֹתֵן לֶחֶם לְכָל בָּשָׂר
כִּי לְעוֹלָם חַסְדּוֹ.
וּבְטוּבוֹ הַגָּדוֹל, תָּמִיד לֹא חָסַר לָנוּ
וְאַל יֶחְסַר לָנוּ מָזוֹן לְעוֹלָם וָעֶד
בַּעֲבוּר שְׁמוֹ הַגָּדוֹל.
כִּי הוּא אֵל זָן וּמְפַרְנֵס לַכֹּל
וּמֵטִיב לַכֹּל
וּמֵכִין מָזוֹן לְכָל בְּרִיּוֹתָיו אֲשֶׁר בָּרָא.
(כָּאָמוּר, פּוֹתֵחַ אֶת־יָדֶךָ תהלים קמה
וּמַשְׂבִּיעַ לְכָל־חַי רָצוֹן:)
בָּרוּךְ אַתָּה יהוה, הַזָּן אֶת הַכֹּל.

נוֹדֶה לְּךָ יהוה אֱלֹהֵינוּ
עַל שֶׁהִנְחַלְתָּ לַאֲבוֹתֵינוּ
אֶרֶץ חֶמְדָּה טוֹבָה וּרְחָבָה
וְעַל שֶׁהוֹצֵאתָנוּ יהוה אֱלֹהֵינוּ
מֵאֶרֶץ מִצְרַיִם
וּפְדִיתָנוּ מִבֵּית עֲבָדִים
וְעַל בְּרִיתְךָ שֶׁחָתַמְתָּ בִּבְשָׂרֵנוּ
וְעַל תּוֹרָתְךָ שֶׁלִּמַּדְתָּנוּ
וְעַל חֻקֶּיךָ שֶׁהוֹדַעְתָּנוּ
וְעַל חַיִּים חֵן וָחֶסֶד שֶׁחוֹנַנְתָּנוּ
וְעַל אֲכִילַת מָזוֹן
שָׁאַתָּה זָן וּמְפַרְנֵס אוֹתָנוּ תָּמִיד
בְּכָל יוֹם וּבְכָל עֵת וּבְכָל שָׁעָה.

וְעַל הַכֹּל, יהוה אֱלֹהֵינוּ תהלים קלו
אֲנַחְנוּ מוֹדִים לָךְ וּמְבָרְכִים אוֹתָךְ
יִתְבָּרַךְ שִׁמְךָ בְּפִי כָּל חַי
תָּמִיד לְעוֹלָם וָעֶד
כַּכָּתוּב: וְאָכַלְתָּ וְשָׂבָעְתָּ
וּבֵרַכְתָּ אֶת־יהוה אֱלֹהֶיךָ
עַל־הָאָרֶץ הַטֹּבָה אֲשֶׁר נָתַן־לָךְ:
בָּרוּךְ אַתָּה יהוה, עַל הָאָרֶץ וְעַל הַמָּזוֹן.

״יהושע (בן נון) תיקן להם ברכת הארץ כיוון (בשעה) שנכנסו לארץ״.[167] זהו השלב הבא בהיסטוריה הישראלית: כדי שהעולם כולו יגיע לשלמותו, צריך עם ישראל להיכנס לארץ ישראל, מלווה במצוות ברית מילה ולימוד תורה.

תחילה אנו מודים לה׳ ״עַל שֶׁהִנְחַלְתָּ לַאֲבוֹתֵינוּ אֶרֶץ חֶמְדָּה טוֹבָה וּרְחָבָה״. עצם הכניסה לארץ פירושה שהמוסר היהודי לא נותר ברובד המופשט, אלא מתממש בחיים ממלכתיים מלאים: צבא, כלכלה, פוליטיקה וחיי חברה.

שנית, אנו מזכירים את הטהרה הגופנית, המתבטאת ב״בְּרִיתְךָ שֶׁחָתַמְתָּ בִּבְשָׂרֵנוּ״. ברית המילה המוטבעת בגוף היא סמלה של היכולת הישראלית לקדש את תאוות הבשר הגדולה ביותר ולשלוט ביצר המיני.[168]

ושלישית – בארץ מתפתחת תודעה רוחנית: ״תּוֹרָתְךָ שֶׁלִּמַּדְתָּנוּ״.

לאחר ברכת הארץ שתיקן יהושע אנו מגיעים לברכה שאותה תקנו דוד ושלמה בירושלים.[169] לאחר כניסת עם ישראל לארץ וההתבססות הראשונית בה, יש צורך גם בריבונות ובהקמת מלכות. הממלכה הישראלית נוסדה בשני שלבים: בשלב הראשון דוד מלך ישראל מכונן את המלכות בירושלים, ובשלב השני שלמה בנו מרחיב את המעגלים ובונה את בית המקדש ("הַבַּיִת הַגָּדוֹל וְהַקָּדוֹשׁ") למען האנושות כולה.[170]

רַחֵם נָא יהוה אֱלֹהֵינוּ
עַל יִשְׂרָאֵל עַמֶּךָ
וְעַל יְרוּשָׁלַיִם עִירֶךָ,
וְעַל צִיּוֹן מִשְׁכַּן כְּבוֹדֶךָ
וְעַל מַלְכוּת בֵּית דָּוִד מְשִׁיחֶךָ
וְעַל הַבַּיִת הַגָּדוֹל וְהַקָּדוֹשׁ
שֶׁנִּקְרָא שִׁמְךָ עָלָיו.
אֱלֹהֵינוּ, אָבִינוּ, רְעֵנוּ, זוּנֵנוּ, פַּרְנְסֵנוּ וְכַלְכְּלֵנוּ
וְהַרְוִיחֵנוּ, וְהַרְוַח לָנוּ יהוה אֱלֹהֵינוּ
מְהֵרָה מִכָּל צָרוֹתֵינוּ.
וְנָא אַל תַּצְרִיכֵנוּ, יהוה אֱלֹהֵינוּ
לֹא לִידֵי מַתְּנַת בָּשָׂר וָדָם
וְלֹא לִידֵי הַלְוָאָתָם
כִּי אִם לְיָדְךָ הַמְּלֵאָה, הַפְּתוּחָה
הַקְּדוֹשָׁה וְהָרְחָבָה
שֶׁלֹּא נֵבוֹשׁ וְלֹא נִכָּלֵם לְעוֹלָם וָעֶד.

בשבת אנו מוסיפים בקשה מיוחדת – שהקדוש ברוך הוא ברצונו ירגיענו ויחלצנו מן המְצָרים העוטפים אותנו בחיי היומיום. זהו "יוֹם מְנוּחָתֵנוּ", הזמן שבו מתנוצצת נקודת השלמות בעולם הזה, ולכן גם הזמן שעליו אנו מבקשים שלפחות בו "לֹא תְהֵא צָרָה וְיָגוֹן וַאֲנָחָה".

בשבת מוסיפים:

רְצֵה וְהַחֲלִיצֵנוּ, יהוה אֱלֹהֵינוּ
בְּמִצְוֹתֶיךָ וּבְמִצְוַת יוֹם הַשְּׁבִיעִי
הַשַּׁבָּת הַגָּדוֹל וְהַקָּדוֹשׁ הַזֶּה
כִּי יוֹם זֶה גָּדוֹל וְקָדוֹשׁ הוּא לְפָנֶיךָ
לִשְׁבָּת בּוֹ, וְלָנוּחַ בּוֹ בְּאַהֲבָה כְּמִצְוַת רְצוֹנֶךָ
וּבִרְצוֹנְךָ הָנִיחַ לָנוּ, יהוה אֱלֹהֵינוּ
שֶׁלֹּא תְהֵא צָרָה וְיָגוֹן וַאֲנָחָה בְּיוֹם מְנוּחָתֵנוּ
וְהַרְאֵנוּ, יהוה אֱלֹהֵינוּ, בְּנֶחָמַת צִיּוֹן עִירֶךָ
וּבְבִנְיַן יְרוּשָׁלַיִם עִיר קָדְשֶׁךָ
כִּי אַתָּה הוּא בַּעַל הַיְשׁוּעוֹת וּבַעַל הַנֶּחָמוֹת.

עד כאן.

בחג הפסח (כבשאר ימים טובים וראשי חודשים) אנו מבקשים שזיכרוננו הטוב "יַעֲלֶה וְיָבֹא וְיַגִּיעַ" לפני הבורא לטובה ולברכה. בימים טובים נוכחת הארה מיוחדת בעולם, הזוקקת שפע מיוחד שהוא מעל ומעבר לזה שבימים הרגילים.

אֱלֹהֵינוּ וֵאלֹהֵי אֲבוֹתֵינוּ

יַעֲלֶה וְיָבוֹא וְיַגִּיעַ וְיֵרָאֶה
וְיֵרָצֶה וְיִשָּׁמַע

וְיִפָּקֵד וְיִזָּכֵר זִכְרוֹנֵנוּ וּפִקְדוֹנֵנוּ
וְזִכְרוֹן אֲבוֹתֵינוּ
וְזִכְרוֹן מָשִׁיחַ בֶּן דָּוִד עַבְדֶּךָ
וְזִכְרוֹן יְרוּשָׁלַיִם עִיר קָדְשֶׁךָ
וְזִכְרוֹן כָּל עַמְּךָ בֵּית יִשְׂרָאֵל
לְפָנֶיךָ, לִפְלֵיטָה לְטוֹבָה
לְחֵן וּלְחֶסֶד וּלְרַחֲמִים
לְחַיִּים וּלְשָׁלוֹם בְּיוֹם, חַג הַמַּצּוֹת הַזֶּה.
זָכְרֵנוּ יהוה אֱלֹהֵינוּ בּוֹ לְטוֹבָה
וּפָקְדֵנוּ בוֹ לִבְרָכָה
וְהוֹשִׁיעֵנוּ בוֹ לְחַיִּים טוֹבִים.
וּבִדְבַר יְשׁוּעָה וְרַחֲמִים
חוּס וְחָנֵּנוּ וְרַחֵם עָלֵינוּ, וְהוֹשִׁיעֵנוּ
כִּי אֵלֶיךָ עֵינֵינוּ
כִּי אֵל (מֶלֶךְ) חַנּוּן וְרַחוּם אָתָּה.

וּבְנֵה יְרוּשָׁלַיִם עִיר הַקֹּדֶשׁ
בִּמְהֵרָה בְיָמֵינוּ.
בָּרוּךְ אַתָּה יהוה
בּוֹנֵה בְרַחֲמָיו יְרוּשָׁלָיִם, אָמֵן.

לאחר ימי מלכות דוד ושלמה, ימי השיא בהיסטוריה של עם ישראל, באו ימי החורבן. התלמוד אומר כי "'הטוב והמטיב' ביבנה תיקנוה, כנגד הרוגי ביתר... 'הטוב' – שלא הסריחו, 'והמטיב' – שניתנו לקבורה".[171] חורבן ביתר, המעוז האחרון של לוחמי בר כוכבא, מסמן את שעת הדמדומים האחרונה של מלכות ישראל, "ומן היום ההוא והלאה לא קם מלך בישראל והיינו נעים ונדים מגוי אל גוי ומדחי אל דחי".[172] המסורת היהודית מספרת[173] כי לאחר שנהרגו הלוחמים האחרונים בביתר, נעשה נס וגופותיהם לא הרקיבו עד שהותר להביאם לקבורה. חכמי ישראל ראו בנס 'קטן' זה סימן לדורות כי האומה הישראלית, אף שנדמית בימי הגלות לגווייה מתה, "כובשת היא כשנכבשת, מנצחת היא כשהיא מנוצחת, מקובצת היא בפיזורה ומושלת בשיעבודה"[174] – גם בשעת הירידה והגלות גנוזים בעם ישראל כוחות אדירים, ואף בהם אנו נזכרים בעת ברכת המזון.

בָּרוּךְ אַתָּה יהוה אֱלֹהֵינוּ
מֶלֶךְ הָעוֹלָם
הָאֵל אָבִינוּ, מַלְכֵּנוּ, אַדִּירֵנוּ
בּוֹרְאֵנוּ, גּוֹאֲלֵנוּ, יוֹצְרֵנוּ, קְדוֹשֵׁנוּ
קְדוֹשׁ יַעֲקֹב
רוֹעֵנוּ, רוֹעֵה יִשְׂרָאֵל
הַמֶּלֶךְ הַטּוֹב וְהַמֵּטִיב לַכֹּל
שֶׁבְּכָל יוֹם וָיוֹם
הוּא הֵטִיב, הוּא מֵטִיב, הוּא יֵיטִיב לָנוּ
הוּא גְמָלָנוּ, הוּא גוֹמְלֵנוּ
הוּא יִגְמְלֵנוּ לָעַד
לְחֵן וּלְחֶסֶד וּלְרַחֲמִים, וּלְרֶוַח
הַצָּלָה וְהַצְלָחָה
בְּרָכָה וִישׁוּעָה, נֶחָמָה, פַּרְנָסָה וְכַלְכָּלָה
וְרַחֲמִים וְחַיִּים וְשָׁלוֹם וְכָל טוֹב
וּמִכָּל טוּב לְעוֹלָם אַל יְחַסְּרֵנוּ.

הָרַחֲמָן הוּא יִמְלֹךְ עָלֵינוּ לְעוֹלָם וָעֶד.

הָרַחֲמָן הוּא יִתְבָּרַךְ בַּשָּׁמַיִם וּבָאָרֶץ.

הָרַחֲמָן הוּא יִשְׁתַּבַּח לְדוֹר דּוֹרִים
וְיִתְפָּאַר בָּנוּ לָעַד וּלְנֵצַח נְצָחִים
וְיִתְהַדַּר בָּנוּ לָעַד
וּלְעוֹלְמֵי עוֹלָמִים.

הָרַחֲמָן הוּא יְפַרְנְסֵנוּ בְּכָבוֹד.

הָרַחֲמָן הוּא יִשְׁבֹּר עֻלֵּנוּ מֵעַל צַוָּארֵנוּ
וְהוּא יוֹלִיכֵנוּ קוֹמְמִיּוּת לְאַרְצֵנוּ.

הָרַחֲמָן הוּא יִשְׁלַח לָנוּ
בְּרָכָה מְרֻבָּה בַּבַּיִת הַזֶּה
וְעַל שֻׁלְחָן זֶה שֶׁאָכַלְנוּ עָלָיו.

הָרַחֲמָן הוּא יִשְׁלַח לָנוּ
אֶת אֵלִיָּהוּ הַנָּבִיא זָכוּר לַטּוֹב
וִיבַשֶּׂר לָנוּ בְּשׂוֹרוֹת טוֹבוֹת
יְשׁוּעוֹת וְנֶחָמוֹת.

הָרַחֲמָן הוּא יְבָרֵךְ
אֶת מְדִינַת יִשְׂרָאֵל
רֵאשִׁית צְמִיחַת גְּאֻלָּתֵנוּ.

הָרַחֲמָן הוּא יְבָרֵךְ
אֶת חַיָּלֵי צְבָא הַהֲגָנָה לְיִשְׂרָאֵל
הָעוֹמְדִים עַל מִשְׁמַר אַרְצֵנוּ.

על גבי כל קומות הבניין שבהן פגשנו עד כה, ניסחו חכמי ישראל שחיו בדורות מאוחרים יותר תפילות לחתימת הברכה, המבטאות את תמצית שאיפותיו הרוחניות של עם ישראל:

תחילה, "הָרַחֲמָן הוּא יִמְלֹךְ עָלֵינוּ לְעוֹלָם וָעֶד" – מתוך קיומה של המלכות הישראלית שעליה דובר בברכות הקודמות, אנו מבקשים את הופעת מלכות ה' עלינו; בהמשך לכך, "הָרַחֲמָן הוּא יִתְבָּרַךְ בַּשָּׁמַיִם וּבָאָרֶץ" – מלכות ה' תביא שפע ברכה בעולמות כולם; "הָרַחֲמָן הוּא יִשְׁתַּבַּח לְדוֹר דּוֹרִים" – מלכות ה' תיתן את ה'שבח'. השפע אינו רק בכמות, אלא אף באיכות; "וְיִתְפָּאַר בָּנוּ לָעַד וּלְנֵצַח נְצָחִים" – והברכה תפריח ותצמיח ענפים וענפי ענפים (מלשון 'פארות העץ'); "וְיִתְהַדַּר בָּנוּ לָעַד וּלְעוֹלְמֵי עוֹלָמִים" – ותוסיף זיו והדר בעולם.

לאחר מכן אנו פורסים את בקשותינו הפרטיות: "הָרַחֲמָן הוּא יְפַרְנְסֵנוּ בְּכָבוֹד... הָרַחֲמָן הוּא יִשְׁלַח לָנוּ בְּרָכָה מְרֻבָּה בַּבַּיִת הַזֶּה וְעַל שֻׁלְחָן זֶה שֶׁאָכַלְנוּ עָלָיו... הָרַחֲמָן הוּא יְבָרֵךְ אֶת אָבִי מוֹרִי וְאֶת אִמִּי מוֹרָתִי... אוֹתִי וְאֶת אִשְׁתִּי וְאֶת זַרְעִי וְאֶת כָּל אֲשֶׁר לִי".

בעל הבית ובעלת הבית אומרים:

הָרַחֲמָן הוּא יְבָרֵךְ אוֹתִי (וְאֶת אִשְׁתִּי /
וְאֶת בַּעְלִי / וְאֶת אָבִי מוֹרִי /
וְאֶת אִמִּי מוֹרָתִי / וְאֶת זַרְעִי)
וְאֶת כָּל אֲשֶׁר לִי

ילדים האוכלים על שולחן הוריהם אומרים:

הָרַחֲמָן הוּא יְבָרֵךְ אֶת אָבִי מוֹרִי (בַּעַל
הַבַּיִת הַזֶּה), וְאֶת אִמִּי מוֹרָתִי
(בַּעֲלַת הַבַּיִת הַזֶּה), אוֹתָם וְאֶת
בֵּיתָם וְאֶת זַרְעָם וְאֶת כָּל
אֲשֶׁר לָהֶם

אורח אומר:

הָרַחֲמָן הוּא יְבָרֵךְ אֶת בַּעַל הַבַּיִת
הַזֶּה, וְאֶת בַּעֲלַת הַבַּיִת הַזֶּה,
אוֹתָם וְאֶת בֵּיתָם וְאֶת זַרְעָם
וְאֶת כָּל אֲשֶׁר לָהֶם

אם יש אורחים נוספים, מוסיפים:

וְאֶת כָּל הַמְסֻבִּין כָּאן
אוֹתָם וְאֶת בֵּיתָם וְאֶת זַרְעָם
וְאֶת כָּל אֲשֶׁר לָהֶם
אוֹתָנוּ וְאֶת כָּל אֲשֶׁר לָנוּ
כְּמוֹ שֶׁנִּתְבָּרְכוּ אֲבוֹתֵינוּ
אַבְרָהָם יִצְחָק וְיַעֲקֹב, בַּכֹּל, מִכֹּל, כֹּל
כֵּן יְבָרֵךְ אוֹתָנוּ כֻּלָּנוּ יַחַד
בִּבְרָכָה שְׁלֵמָה וְנֹאמַר אָמֵן.

בַּמָּרוֹם יְלַמְּדוּ עֲלֵיהֶם וְעָלֵינוּ
זְכוּת שֶׁתְּהֵא לְמִשְׁמֶרֶת שָׁלוֹם
וְנִשָּׂא בְרָכָה מֵאֵת יהוה
וּצְדָקָה מֵאֱלֹהֵי יִשְׁעֵנוּ
וְנִמְצָא חֵן וְשֵׂכֶל טוֹב
בְּעֵינֵי אֱלֹהִים וְאָדָם.

בשבת הָרַחֲמָן הוּא יַנְחִילֵנוּ
יוֹם שֶׁכֻּלּוֹ שַׁבָּת וּמְנוּחָה
לְחַיֵּי הָעוֹלָמִים.

הָרַחֲמָן הוּא יַנְחִילֵנוּ יוֹם שֶׁכֻּלּוֹ טוֹב.
יוֹם שֶׁכֻּלּוֹ אָרֹךְ
יוֹם שֶׁהַצַּדִּיקִים יוֹשְׁבִים
וְעַטְרוֹתֵיהֶם בְּרָאשֵׁיהֶם
וְנֶהֱנִים מִזִּיו הַשְּׁכִינָה
וִיהְיֶה חֶלְקֵנוּ עִמָּהֶם

הָרַחֲמָן הוּא יְזַכֵּנוּ לִימוֹת הַמָּשִׁיחַ
וּלְחַיֵּי הָעוֹלָם הַבָּא

ולסיום, אנו מגיעים אל האידיאל המשיחי של אחרית הימים: "הָרַחֲמָן הוּא יְזַכֵּנוּ לִימוֹת הַמָּשִׁיחַ וּלְחַיֵּי הָעוֹלָם הַבָּא", שבהם ישמש לנו ה׳ כמגדל עוז ('מִגדול'), יגדיל את "יְשׁוּעוֹת מַלְכּוֹ" ויעשה "חֶסֶד לִמְשִׁיחוֹ", הלוא הוא "דָוִד וְזַרְעוֹ", ו"יַעֲשֶׂה שָׁלוֹם עָלֵינוּ וְעַל כָּל יִשְׂרָאֵל" – יביאנו למצב המשיחי ההרמוני שבו ימצא כל כוח את מקומו השלם.

שמואל ב׳ כב מִגְדּוֹל יְשׁוּעוֹת מַלְכּוֹ
וְעֹשֶׂה־חֶסֶד לִמְשִׁיחוֹ לְדָוִד וּלְזַרְעוֹ
עַד־עוֹלָם:
עֹשֶׂה שָׁלוֹם בִּמְרוֹמָיו
הוּא יַעֲשֶׂה שָׁלוֹם
עָלֵינוּ וְעַל כָּל יִשְׂרָאֵל וְאִמְרוּ אָמֵן.

יראו אֶת־יהוה קְדֹשָׁיו

כִּי־אֵין מַחְסוֹר לִירֵאָיו:

כְּפִירִים רָשׁוּ וְרָעֵבוּ

וְדֹרְשֵׁי יהוה לֹא־יַחְסְרוּ כָל־טוֹב:

הוֹדוּ לַיהוה כִּי־טוֹב כִּי לְעוֹלָם חַסְדּוֹ:

פּוֹתֵחַ אֶת־יָדֶךָ וּמַשְׂבִּיעַ לְכָל־חַי רָצוֹן:

בָּרוּךְ הַגֶּבֶר אֲשֶׁר יִבְטַח בַּיהוה

וְהָיָה יהוה מִבְטַחוֹ:

נַעַר הָיִיתִי גַּם־זָקַנְתִּי

וְלֹא־רָאִיתִי צַדִּיק נֶעֱזָב

וְזַרְעוֹ מְבַקֶּשׁ־לָחֶם:

יהוה עֹז לְעַמּוֹ יִתֵּן

יהוה יְבָרֵךְ אֶת־עַמּוֹ בַשָּׁלוֹם:

ממשיכים בעמ׳ 165.

ברכת המזון (נוסח ספרדים)

המסובים: הַב (לַן) וְנִבְרִיךְ לְמַלְכָּא עִלָּאָה קַדִּישָׁא

המזמן: שָׁמַיִם

בִּרְשׁוּת מַלְכָּא עִלָּאָה קַדִּישָׁא

וּבִרְשׁוּת שַׁבָּת מַלְכְּתָא

וּבִרְשׁוּת יוֹמָא טָבָא קַדִּישָׁא

וּבִרְשׁוּת שִׁבְעָה אֻשְׁפִּיזִין עִלָּאִין קַדִּישִׁין

בִּרְשׁוּת מוֹרַי וְרַבּוֹתַי

וּבִרְשׁוּתְכֶם בִּרְשׁוּת שָׁמַיִם

נְבָרֵךְ (אֱלֹהֵינוּ) שֶׁאָכַלְנוּ מִשֶּׁלּוֹ.

המסובים: בָּרוּךְ (אֱלֹהֵינוּ) שֶׁאָכַלְנוּ מִשֶּׁלּוֹ וּבְטוּבוֹ חָיִינוּ.

המזמן: בָּרוּךְ (אֱלֹהֵינוּ)

שֶׁאָכַלְנוּ מִשֶּׁלּוֹ וּבְטוּבוֹ חָיִינוּ.

בָּרוּךְ הוּא וּבָרוּךְ שְׁמוֹ

וּבָרוּךְ זִכְרוֹ לְעוֹלְמֵי עַד.

בָּרוּךְ אַתָּה יְהֹוָה
אֱלֹהֵינוּ מֶלֶךְ הָעוֹלָם
(הַזָּנֵנוּ וְלֹא מִמַּעֲשֵׂינוּ, הַמְפַרְנְסֵנוּ וְלֹא מִצִּדְקוֹתֵינוּ, הַמַּעֲדִיף טוּבוֹ עָלֵינוּ)
(הָאֵל) הַזָּן אוֹתָנוּ
וְאֶת הָעוֹלָם כֻּלּוֹ בְּטוּבוֹ
בְּחֵן בְּחֶסֶד בְּרֶוַח וּבְרַחֲמִים רַבִּים
נֹתֵן לֶחֶם לְכָל־בָּשָׂר כִּי לְעוֹלָם חַסְדּוֹ:
וּבְטוּבוֹ הַגָּדוֹל, תָּמִיד לֹא חָסַר לָנוּ
וְאַל יֶחְסַר לָנוּ מָזוֹן תָּמִיד לְעוֹלָם וָעֶד
כִּי הוּא אֵל זָן וּמְפַרְנֵס לַכֹּל
וְשֻׁלְחָנוֹ עָרוּךְ לַכֹּל, וְהִתְקִין מִחְיָה וּמָזוֹן לְכָל בְּרִיּוֹתָיו

אֲשֶׁר בָּרָא בְּרַחֲמָיו וּבְרֹב חֲסָדָיו
כָּאָמוּר: פּוֹתֵחַ אֶת־יָדֶךָ, וּמַשְׂבִּיעַ לְכָל־חַי רָצוֹן:
בָּרוּךְ אַתָּה יְהֹוָה, הַזָּן (בְּרַחֲמָיו) אֶת הַכֹּל.
(עַל אַרְצֵנוּ וְעַל נַחֲלַת אֲבוֹתֵינוּ)
נוֹדֶה לְךָ, יְהֹוָה אֱלֹהֵינוּ
עַל שֶׁהִנְחַלְתָּ לַאֲבוֹתֵינוּ
אֶרֶץ חֶמְדָּה טוֹבָה וּרְחָבָה
בְּרִית וְתוֹרָה, חַיִּים וּמָזוֹן
עַל שֶׁהוֹצֵאתָנוּ מֵאֶרֶץ מִצְרַיִם
וּפְדִיתָנוּ מִבֵּית עֲבָדִים
וְעַל בְּרִיתְךָ שֶׁחָתַמְתָּ בִּבְשָׂרֵנוּ
וְעַל תּוֹרָתְךָ שֶׁלִּמַּדְתָּנוּ
וְעַל חֻקֵּי רְצוֹנְךָ שֶׁהוֹדַעְתָּנוּ
וְעַל חַיִּים וּמָזוֹן שֶׁאַתָּה זָן וּמְפַרְנֵס אוֹתָנוּ.
(וְ)עַל הַכֹּל, יְהֹוָה אֱלֹהֵינוּ
אֲנַחְנוּ מוֹדִים לָךְ וּמְבָרְכִים אֶת שְׁמָךְ
כָּאָמוּר: וְאָכַלְתָּ וְשָׂבָעְתָּ, וּבֵרַכְתָּ אֶת־יְהֹוָה אֱלֹהֶיךָ
עַל־הָאָרֶץ הַטֹּבָה אֲשֶׁר נָתַן־לָךְ:
בָּרוּךְ אַתָּה יְהֹוָה, עַל הָאָרֶץ וְעַל הַמָּזוֹן.

רַחֵם יְהֹוָה אֱלֹהֵינוּ
עָלֵינוּ וְעַל יִשְׂרָאֵל עַמָּךְ
וְעַל יְרוּשָׁלַיִם עִירָךְ
וְעַל הַר צִיּוֹן מִשְׁכַּן כְּבוֹדָךְ
וְעַל הֵיכָלָךְ וְעַל מְעוֹנָךְ וְעַל דְּבִירָךְ
וְעַל הַבַּיִת הַגָּדוֹל וְהַקָּדוֹשׁ שֶׁנִּקְרָא שִׁמְךָ עָלָיו
אָבִינוּ, רְעֵנוּ, זוּנֵנוּ, פַּרְנְסֵנוּ, כַּלְכְּלֵנוּ

הַרְוִיחֵנוּ, הַרְוַח לָנוּ מְהֵרָה מִכָּל צָרוֹתֵינוּ
וְאַל תַּצְרִיכֵנוּ, יְהוָה אֱלֹהֵינוּ
לִידֵי מַתְּנוֹת בָּשָׂר וָדָם
וְלֹא לִידֵי הַלְוָאָתָם
(שֶׁמַּתְּנָתָם מְעוּטָה וְחֶרְפָּתָם מְרֻבָּה)
אֶלָּא לְיָדְךָ הַמְּלֵאָה וְהָרְחָבָה, הָעֲשִׁירָה וְהַפְּתוּחָה.
יְהִי רָצוֹן שֶׁלֹּא נֵבוֹשׁ בָּעוֹלָם הַזֶּה
וְלֹא נִכָּלֵם לָעוֹלָם הַבָּא
וּמַלְכוּת בֵּית דָּוִד מְשִׁיחָךְ
תַּחֲזִירֶנָּה לִמְקוֹמָהּ בִּמְהֵרָה בְיָמֵינוּ.

בשבת מוסיפים:

רְצֵה וְהַחֲלִיצֵנוּ, יְהוָה אֱלֹהֵינוּ, בְּמִצְוֹתֶיךָ
וּבְמִצְוַת יוֹם הַשְּׁבִיעִי
הַשַּׁבָּת הַגָּדוֹל וְהַקָּדוֹשׁ הַזֶּה
כִּי יוֹם גָּדוֹל וְקָדוֹשׁ הוּא מִלְּפָנֶיךָ.
נִשְׁבֹּת בּוֹ וְנָנוּחַ בּוֹ (וְנִתְעַנֵּג בּוֹ)
כְּמִצְוַת חֻקֵּי רְצוֹנָךְ
וְאַל תְּהִי צָרָה וְיָגוֹן בְּיוֹם מְנוּחָתֵנוּ
וְהַרְאֵנוּ בְּנֶחָמַת צִיּוֹן בִּמְהֵרָה בְיָמֵינוּ
כִּי אַתָּה הוּא בַּעַל הַנֶּחָמוֹת.
וַהֲגַם שֶׁאָכַלְנוּ וְשָׁתִינוּ
חָרְבַּן בֵּיתְךָ הַגָּדוֹל וְהַקָּדוֹשׁ לֹא שָׁכַחְנוּ.
אַל תִּשְׁכָּחֵנוּ לָנֶצַח וְאַל תִּזְנָחֵנוּ לָעַד
כִּי אֵל מֶלֶךְ גָּדוֹל וְקָדוֹשׁ אָתָּה.

עד כאן.

אֱלֹהֵינוּ וֵאלֹהֵי אֲבוֹתֵינוּ

יַעֲלֶה וְיָבוֹא, יַגִּיעַ יֵרָאֶה וְיֵרָצֶה יִשָּׁמַע
יִפָּקֵד וְיִזָּכֵר זִכְרוֹנֵנוּ וְזִכְרוֹן אֲבוֹתֵינוּ

זִכְרוֹן יְרוּשָׁלַיִם עִירָךְ
וְזִכְרוֹן מָשִׁיחַ בֶּן דָּוִד עַבְדָּךְ
וְזִכְרוֹן כָּל עַמְּךָ בֵּית יִשְׂרָאֵל
לְפָנֶיךָ, לִפְלֵיטָה לְטוֹבָה
לְחֵן וּלְחֶסֶד וּלְרַחֲמִים (לְחַיִּים טוֹבִים וּלְשָׁלוֹם)
בְּיוֹם חַג הַמַּצּוֹת הַזֶּה
בְּיוֹם טוֹב מִקְרָא קֹדֶשׁ הַזֶּה
לְרַחֵם בּוֹ עָלֵינוּ וּלְהוֹשִׁיעֵנוּ.
זָכְרֵנוּ יְהֹוָה אֱלֹהֵינוּ בּוֹ לְטוֹבָה
וּפָקְדֵנוּ בוֹ לִבְרָכָה
וְהוֹשִׁיעֵנוּ בוֹ לְחַיִּים טוֹבִים
בִּדְבַר יְשׁוּעָה וְרַחֲמִים.
חוּס וְחָנֵּנוּ וַחֲמֹל וְרַחֵם עָלֵינוּ, וְהוֹשִׁיעֵנוּ
כִּי אֵלֶיךָ עֵינֵינוּ
כִּי אֵל מֶלֶךְ חַנּוּן וְרַחוּם אָתָּה.

וְתִבְנֶה יְרוּשָׁלַיִם עִירָךְ בִּמְהֵרָה בְיָמֵינוּ.
בָּרוּךְ אַתָּה יְהֹוָה
בּוֹנֵה (בְּרַחֲמָיו בִּנְיַן) יְרוּשָׁלָיִם. אָמֵן.
(בְּחַיֵּינוּ וּבְחַיֵּי כָּל קְהַל בֵּית יִשְׂרָאֵל
תִּבָּנֶה עִיר צִיּוֹן בְּרִנָּה
וְתִכּוֹן עֲבוֹדַת הַקֹּדֶשׁ בִּירוּשָׁלַיִם
וְאַרְמוֹן עַל מִשְׁפָּטוֹ יֵשֵׁב בְּקָרוֹב כְּבָרִאשׁוֹנָה)

בָּרוּךְ אַתָּה יְהֹוָה, אֱלֹהֵינוּ מֶלֶךְ הָעוֹלָם
(לָעַד) הָאֵל אָבִינוּ, מַלְכֵּנוּ, אַדִּירֵנוּ
בּוֹרְאֵנוּ, גּוֹאֲלֵנוּ, קְדוֹשֵׁנוּ, קְדוֹשׁ יַעֲקֹב
רוֹעֵנוּ, רוֹעֵה יִשְׂרָאֵל
הַמֶּלֶךְ הַטּוֹב וְהַמֵּטִיב לַכֹּל
שֶׁבְּכָל יוֹם וָיוֹם
הוּא הֵטִיב לָנוּ, הוּא מֵטִיב לָנוּ, הוּא יֵיטִיב לָנוּ
הוּא גְמָלָנוּ, הוּא גוֹמְלֵנוּ, הוּא יִגְמְלֵנוּ לָעַד
חֵן וָחֶסֶד וְרַחֲמִים, וְרֶוַח וְהַצָּלָה וְכָל טוֹב.
הָרַחֲמָן הוּא יִשְׁתַּבַּח עַל כִּסֵּא כְבוֹדוֹ.

הָרַחֲמָן הוּא יִשְׁתַּבַּח בַּשָּׁמַיִם וּבָאָרֶץ.

הָרַחֲמָן הוּא יִשְׁתַּבַּח בָּנוּ לְדוֹר דּוֹרִים.

הָרַחֲמָן הוּא קֶרֶן לְעַמּוֹ יָרִים.

הָרַחֲמָן הוּא יִתְפָּאַר בָּנוּ לְנֵצַח נְצָחִים.

הָרַחֲמָן הוּא יְפַרְנְסֵנוּ בְּכָבוֹד וְלֹא בְּבִזּוּי (בְּהֶתֵּר וְלֹא בְּאִסּוּר)
בְּנַחַת וְלֹא בְצַעַר (בְּרֶוַח וְלֹא בְצִמְצוּם).

הָרַחֲמָן הוּא יִתֵּן שָׁלוֹם בֵּינֵינוּ.

הָרַחֲמָן הוּא יִשְׁלַח בְּרָכָה רְוָחָה וְהַצְלָחָה בְּכָל מַעֲשֵׂה יָדֵינוּ.

הָרַחֲמָן הוּא יַצְלִיחַ אֶת דְּרָכֵינוּ.

הָרַחֲמָן הוּא יִשְׁבֹּר עֹל הַגּוֹיִם מְהֵרָה מֵעַל צַוָּארֵנוּ.

הָרַחֲמָן הוּא יוֹלִיכֵנוּ מְהֵרָה קוֹמְמִיּוּת לְאַרְצֵנוּ.

הָרַחֲמָן הוּא יְרַפְּאֵנוּ רְפוּאָה שְׁלֵמָה
רְפוּאַת הַנֶּפֶשׁ וּרְפוּאַת הַגּוּף.

הָרַחֲמָן הוּא יִפְתַּח לָנוּ אֶת יָדוֹ הָרְחָבָה.

הָרַחֲמָן הוּא יְבָרֵךְ כָּל אֶחָד וְאֶחָד מִמֶּנּוּ בִּשְׁמוֹ הַגָּדוֹל
כְּמוֹ שֶׁנִּתְבָּרְכוּ אֲבוֹתֵינוּ (הַקְּדוֹשִׁים וְהַטְּהוֹרִים)
אַבְרָהָם יִצְחָק וְיַעֲקֹב
בַּכֹּל, מִכֹּל, כֹּל
כֵּן יְבָרֵךְ אוֹתָנוּ יַחַד בְּרָכָה שְׁלֵמָה
וְכֵן יְהִי רָצוֹן וְנֹאמַר אָמֵן.

הָרַחֲמָן הוּא יִפְרֹשׂ עָלֵינוּ סֻכַּת שְׁלוֹמוֹ.

בשבת: הָרַחֲמָן הוּא יַנְחִילֵנוּ עוֹלָם שֶׁכֻּלּוֹ שַׁבָּת
וּמְנוּחָה לְחַיֵּי הָעוֹלָמִים.

הָרַחֲמָן הוּא יִטַּע תּוֹרָתוֹ וְאַהֲבָתוֹ בְּלִבֵּנוּ
וְתִהְיֶה יִרְאָתוֹ עַל פָּנֵינוּ לְבִלְתִּי נֶחֱטָא
וְיִהְיוּ כָל מַעֲשֵׂינוּ לְשֵׁם שָׁמָיִם.

אורח אומר:

הָרַחֲמָן הוּא יְבָרֵךְ אֶת הַשֻּׁלְחָן הַזֶּה שֶׁאָכַלְנוּ עָלָיו וִיסַדֵּר בּוֹ כָּל מַעֲדַנֵּי עוֹלָם, וְיִהְיֶה כְּשֻׁלְחָנוֹ שֶׁל אַבְרָהָם אָבִינוּ, כָּל רָעֵב מִמֶּנּוּ יֹאכַל וְכָל צָמֵא מִמֶּנּוּ יִשְׁתֶּה, וְאַל יֶחְסַר מִמֶּנּוּ כָּל טוּב לָעַד וּלְעוֹלְמֵי עוֹלָמִים, אָמֵן.

הָרַחֲמָן הוּא יְבָרֵךְ אֶת בַּעַל הַבַּיִת הַזֶּה וּבַעַל הַסְּעֻדָּה הַזֹּאת, הוּא וּבָנָיו וְאִשְׁתּוֹ וְכָל אֲשֶׁר לוֹ, בְּבָנִים שֶׁיִּחְיוּ וּבִנְכָסִים שֶׁיִּרְבּוּ. בָּרֵךְ יְהֹוָה חֵילוֹ וּפֹעַל יָדָיו תִּרְצֶה: וְיִהְיוּ נְכָסָיו וּנְכָסֵינוּ מֻצְלָחִים וּקְרוֹבִים לָעִיר, וְאַל יִזְדַּקֵּק לְפָנָיו וְלֹא לְפָנֵינוּ שׁוּם דְּבַר חֵטְא וְהִרְהוּר עָוֹן. וְיִהְיֶה שָׂשׂ וְשָׂמֵחַ כָּל הַיָּמִים, בְּעֹשֶׁר וְכָבוֹד, מֵעַתָּה וְעַד עוֹלָם. לֹא יֵבוֹשׁ בָּעוֹלָם הַזֶּה וְלֹא יִכָּלֵם לָעוֹלָם הַבָּא. אָמֵן כֵּן יְהִי רָצוֹן.

הָרַחֲמָן הוּא יְחַיֵּינוּ וִיזַכֵּנוּ וִיקָרְבֵנוּ לִימוֹת הַמָּשִׁיחַ וּלְבִנְיַן בֵּית הַמִּקְדָּשׁ וּלְחַיֵּי הָעוֹלָם הַבָּא.

מִגְדּוֹל יְשׁוּעוֹת מַלְכּוֹ
וְעֹשֶׂה־חֶסֶד לִמְשִׁיחוֹ לְדָוִד וּלְזַרְעוֹ
עַד־עוֹלָם:
כְּפִירִים רָשׁוּ וְרָעֵבוּ
וְדֹרְשֵׁי יְהֹוָה לֹא־יַחְסְרוּ כָל־טוֹב:
נַעַר הָיִיתִי גַּם־זָקַנְתִּי
וְלֹא־רָאִיתִי צַדִּיק נֶעֱזָב
וְזַרְעוֹ מְבַקֶּשׁ־לָחֶם:
כָּל־הַיּוֹם חוֹנֵן וּמַלְוֶה, וְזַרְעוֹ לִבְרָכָה:
מַה שֶּׁאָכַלְנוּ יִהְיֶה לְשָׂבְעָה
וּמַה שֶּׁשָּׁתִינוּ יִהְיֶה לִרְפוּאָה
וּמַה שֶּׁהוֹתַרְנוּ יִהְיֶה לִבְרָכָה
כְּדִכְתִיב:
וַיִּתֵּן לִפְנֵיהֶם וַיֹּאכְלוּ וַיּוֹתִרוּ כִּדְבַר יְהֹוָה:
בְּרוּכִים אַתֶּם לַיהֹוָה, עֹשֵׂה שָׁמַיִם וָאָרֶץ:
בָּרוּךְ הַגֶּבֶר אֲשֶׁר יִבְטַח בַּיהֹוָה
וְהָיָה יְהֹוָה מִבְטַחוֹ:
יְהֹוָה עֹז לְעַמּוֹ יִתֵּן
יְהֹוָה יְבָרֵךְ אֶת־עַמּוֹ בַשָּׁלוֹם:

עוֹשֶׂה שָׁלוֹם בִּמְרוֹמָיו
הוּא בְּרַחֲמָיו יַעֲשֶׂה שָׁלוֹם עָלֵינוּ
וְעַל כָּל עַמּוֹ יִשְׂרָאֵל, וְאִמְרוּ אָמֵן.

הנני מוכן ומזומן לקיים מצוות
כוס שלישית של ארבע כוסות.
לשם ייחוד קודשא בריך הוא ושכינתיה
על ידי ההוא טמיר ונעלם בשם כל ישראל.

בָּרוּךְ אַתָּה יהוה אֱלֹהֵינוּ מֶלֶךְ הָעוֹלָם
בּוֹרֵא פְּרִי הַגָּפֶן.

שותים כוס שלישית בהסבת שמאל.

מוזגים כוסו של אליהו,
פותחים את הדלת ומתחילים 'שְׁפֹךְ חֲמָתְךָ' (למטה).

כוסו של אליהו מכונה גם 'כוס חמישית', אף על פי שלשיטת חלק מהפוסקים היא נמזגת לפני הכוס הרביעית. כוס זו היא ביטוי לגילוי כוחו של אליהו הנביא בלילה הזה. אליהו, דמות שלא סיימה את חייה בצורה טבעית אלא עלתה בסערה השמימה,[טו] מבטא כוח אלוהי על־זמני ועל־דורי שתפקידו להשיב "לֵב אָבוֹת עַל בָּנִים וְלֵב בָּנִים עַל אֲבוֹתָם",[טז] כלומר לחבר בין התקופות השונות.

אליהו, המכונה גם 'התשבי',[יז] הוא גם הכוח שיכריע לעתיד לבוא באותן מחלוקות שנותרו בעולמנו בתיק"ו (**ת**שבי **י**תרץ **ק**ושיות **ו**בעיות).[יח] אליהו הוא כוח העתיד, ולכן כוס יין זו, 'הכוס החמישית', היא כנגד הפסוק "וְהֵבֵאתִי אֶתְכֶם אֶל הָאָרֶץ".[יט] בנוזל היין של כוס זו מתבטא המבט הפנימי של גאולת ישראל, העתידה לבוא, שעדיין לא מומשה באופן מלא (לכן, על פי רוב הפוסקים, איננו שותים אותה אלא רק מביטים בה[כ]).

בין כה וכה, בסיומו של ליל הסדר וברכת המזון, לאחר הסקירה של הקו האלוהי החורז את העבר ואת ההווה, אנו נושאים את מבטנו אל העתיד ו'סוגרים חשבון' עם כל אלו שניסו לעכב את אור הגאולה לאורך השנים, התיימרו 'לאכול' את בית יעקב ולשים את בית המקדש לשממה:

תהלים עט
שְׁפֹךְ חֲמָתְךָ אֶל־הַגּוֹיִם
אֲשֶׁר לֹא־יְדָעוּךָ
וְעַל מַמְלָכוֹת
אֲשֶׁר בְּשִׁמְךָ לֹא קָרָאוּ:
כִּי אָכַל אֶת־יַעֲקֹב
וְאֶת־נָוֵהוּ הֵשַׁמּוּ:

תהלים סט
שְׁפָךְ־עֲלֵיהֶם זַעְמֶךָ וַחֲרוֹן אַפְּךָ יַשִּׂיגֵם:

איכה ג
תִּרְדֹּף בְּאַף וְתַשְׁמִידֵם
מִתַּחַת שְׁמֵי יהוה:

הלל

הילול שמעבר למילים

לאחר ברכת המזון, שבה הברכנו וחיברנו את הרעיונות הגדולים של ליל הסדר אל מהלך החיים וההיסטוריה, אנו מתרוממים שוב. בימים כתיקונם אנו נמשכים אחר הצדדים הנמוכים בחיינו, וממילא נאלצים להשתמש בכלי ההכרה האנושיים כדי לרסן את היצרים. אך ישנם רגעים מסוימים במהלך החיים – וסיומו של ליל הסדר הוא אחד מהם – שבהם אנו מצויים במקום אחר, בו אין צורך בשכל ובבקרה, מפני ששטף החיים מוביל אותנו באופן טבעי למקום הקדושה. אנו שרויים ברוממות רוח שהיא מעבר לכל ביטוי אנושי, מעבר למילים, מעבר לעולם הזה – וזהו הזמן לומר את ההלל. כעת אין צורך להיאבק בצדדי האפלה ואין צורך לרסן את כוחות החיים, אלא הכול אומר שירה והלל לאלוהים.

לעומת לימוד התורה, הפונה אל השכל, בשירה אנו פונים אל הנשמה. בלימוד תורה אנו מצרפים פרט לפרט, עד ליצירתה של תמונה גדולה, ואילו בשירה אנו חווים את ההרמוניה האלוהית באופן ישיר. האדם מגיע למצב שבו הכול מתאחד ומסתדר, וכל פרטי החיים – המְּצָרים, הכישלונות, צדדי החירות וצדדי המרירות – מוצאים את מקומם בתוך הכלל הגדול של נהר החיים האלוהיים.

התחלתי לצעוד אל תוך החורשה. הרגליים לקחו אותי מעצמן ולא עצרו. התפתלתי עם השבילים, עברתי בין העצים, בתוך הסבך. הרגשתי שאני צריך להמשיך ללכת עד למקום שבו הלב יירגע. הגעתי פתאום למקום שהרגיש מתאים, אבל אני לא יודע מה בדיוק היה שם. אולי תחושת ודאות שאין כאן אף אחד, אולי שקט נדיר ששום רעש לא הפריע אותו.

ואז, התיישבתי בין הסלעים והתחלתי לבכות. זה לא היה בכי מריר, אלא בכי שמעורב בו צחוק, בכי משחרר. התבוננתי סביב וראיתי את הכול מתאחד. העננים, העצים, הפרפרים, הסלעים, העשבים המתנודדים, הרוח. הכול הצטרף למנגינה אחת, לזרם חיים אחד. הרגשתי מוצף באור, כאילו כל מה שסביבי עוטף ומחזק אותי.

הרגע הכי מתוק היה כשעצמתי עיניים. כל מה שקרה בחוץ המשיך להתחולל גם בפנים. הרגשתי איך כל מה שעברתי בתקופה האחרונה, וגם בתקופות רחוקות בחיי – הכול נעשה לאחד. הרגשתי שכעת אני לא מסדר את הזיכרונות בצורה הרגילה, לפי קטגוריות של חיובי ושלילי, אלא מרגיש שהכול נאסף לטובה. ידעתי שהדברים מתחברים, מתמזגים והופכים לשמחה גדולה.

ההלל היא תפילה המורכבת ממזמורי תהלים. בזמן שבית המקדש היה קיים היה נאמר ההלל גם בזמן הקרבת קורבן הפסח וגם בעת אכילתו,[175] והוא שיר מתמשך לתהילתו של בורא עולם.

בסופו של ליל הסדר השכל האנושי איבד קצת מזוהרו, והנשמה מדברת בשיר ובתהילה – "כֹּל הַנְּשָׁמָה תְּהַלֵּל יָהּ הַלְלוּיָהּ".[176] בזמן שירת ההלל מתברר לאדם שהעולם כולו מהלל את שמו של הבורא; העולם כולו טוב ומובל בדיוק למקום שאליו הוא צריך להגיע. הללו־יה!

מוזגים כוס רביעית וגומרים עליה את ההלל, ויש נוהגים למזוג כוס רביעית לפני 'שְׁפֹךְ חֲמָתְךָ'.

מדוע נאמרת הכוס הרביעית על ההלל? לאחר שלושת שלבי ההיחלצות מן השעבוד אנו מגיעים אל המטרה, "וְלָקַחְתִּי אֶתְכֶם לִי לְעָם",[כא] מצב המביא באופן טבעי לשירת ההלל. להלכה אין להפסיק באכילה ושתיה בין הכוס השלישית ("וגאלתי") והרביעית ("ולקחתי"),[כב] ומשמעות הדבר היא כי מתברר למפרע שלא ניתן להפריד בין היציאה ממצרים לבין הכניסה לעבודת ה'. כל מטרת השחרור ממגבלות הטבע, מהעבדות לגורמים חיצוניים ומן השקיעה בחומרנות, אינה אלא למען "וְהָיִיתִי לָכֶם לֵאלֹהִים".[כג]

במזמור זה אנו מביעים את תפילתנו שהשלמות האלוהית תתגלה בעולם בצורתה האינסופית. בניגוד לתרבויות הבוטחות בתפיסות מוגבלות ['מעשה ידי אדם'], המבריקות כלפי חוץ מרוב כסף וזהב אולם חסרות 'עיניים, אוזניים, ידיים ורגליים' בהשפעתם על העולם – אנו בוטחים בכוח שהוא מעל ההווה וההוויה [י־ה־ו־ה'], כוח חסר מגבלות שהוא עזרנו ומגיננו.

תהלים קטו

לֹא לָנוּ יהוה לֹא לָנוּ
כִּי־לְשִׁמְךָ תֵּן כָּבוֹד
עַל־חַסְדְּךָ עַל־אֲמִתֶּךָ:
לָמָּה יֹאמְרוּ הַגּוֹיִם אַיֵּה־נָא אֱלֹהֵיהֶם:
וֵאלֹהֵינוּ בַשָּׁמָיִם, כֹּל אֲשֶׁר־חָפֵץ עָשָׂה:
עֲצַבֵּיהֶם כֶּסֶף וְזָהָב, מַעֲשֵׂה יְדֵי אָדָם:
פֶּה־לָהֶם וְלֹא יְדַבֵּרוּ
עֵינַיִם לָהֶם וְלֹא יִרְאוּ:
אָזְנַיִם לָהֶם וְלֹא יִשְׁמָעוּ
אַף לָהֶם וְלֹא יְרִיחוּן:
יְדֵיהֶם וְלֹא יְמִישׁוּן, רַגְלֵיהֶם וְלֹא יְהַלֵּכוּ
לֹא־יֶהְגּוּ בִּגְרוֹנָם:
כְּמוֹהֶם יִהְיוּ עֹשֵׂיהֶם, כֹּל אֲשֶׁר־בֹּטֵחַ בָּהֶם:
יִשְׂרָאֵל בְּטַח בַּיהוה עֶזְרָם וּמָגִנָּם הוּא:
בֵּית אַהֲרֹן בִּטְחוּ בַיהוה
עֶזְרָם וּמָגִנָּם הוּא:
יִרְאֵי יהוה בִּטְחוּ בַיהוה
עֶזְרָם וּמָגִנָּם הוּא:

יְהוָה זְכָרָנוּ יְבָרֵךְ
יְבָרֵךְ אֶת־בֵּית יִשְׂרָאֵל
יְבָרֵךְ אֶת־בֵּית אַהֲרֹן:
יְבָרֵךְ יִרְאֵי יהוה
הַקְּטַנִּים עִם־הַגְּדֹלִים:
יֹסֵף יהוה עֲלֵיכֶם, עֲלֵיכֶם וְעַל־בְּנֵיכֶם:
בְּרוּכִים אַתֶּם לַיהוה
עֹשֵׂה שָׁמַיִם וָאָרֶץ:
הַשָּׁמַיִם שָׁמַיִם לַיהוה
וְהָאָרֶץ נָתַן לִבְנֵי־אָדָם:
לֹא הַמֵּתִים יְהַלְלוּ־יָהּ,
וְלֹא כָּל־יֹרְדֵי דוּמָה:
וַאֲנַחְנוּ נְבָרֵךְ יָהּ, מֵעַתָּה וְעַד־עוֹלָם

הַלְלוּיָהּ:

כל הכוחות באומה הישראלית – הכוהנים והלוויים הקרובים אל הקודש, יראי ה׳, קטנים וגדולים – כולם נזכרים לפני ה׳ ומקבלים ממנו תוספת ברכה. אנו, בני האדם, מצויים במציאות מוגבלת [׳ארץ׳], אולם ישנו גודל אינסופי המצוי שם־שם־שם [׳שמיים׳], ואליו עלינו להיפתח. דווקא אנחנו, אנשי הפעילות והחיים, יכולים לברך ולהופיע את הגודל האלוהי, ולא המתים או אנשי הדממה [׳דומה׳]. וברכה והופעה זו תיעשה על ידינו מעכשיו ועד קץ כל הדורות, הללו־יה.

תהלים קטז

אָהַבְתִּי, כִּי־יִשְׁמַע יהוה
אֶת־קוֹלִי תַּחֲנוּנָי:
כִּי־הִטָּה אָזְנוֹ לִי, וּבְיָמַי אֶקְרָא:
אֲפָפוּנִי חֶבְלֵי־מָוֶת, וּמְצָרֵי שְׁאוֹל מְצָאוּנִי
צָרָה וְיָגוֹן אֶמְצָא:
וּבְשֵׁם־יהוה אֶקְרָא
אָנָּה יהוה מַלְּטָה נַפְשִׁי:
חַנּוּן יהוה וְצַדִּיק, וֵאלֹהֵינוּ מְרַחֵם:
שֹׁמֵר פְּתָאִים יהוה, דַּלּוֹתִי וְלִי יְהוֹשִׁיעַ:

ברגעי ההילול אנו נזכרים כי גם בעת שאנו עטופים במוות, בצמצומים, בצרות ובצער, ה׳ ממלט אותנו מתוך צדקות ורחמים. גם בעת הטיפשות [׳פתיות׳] והדלות אלוהים נותר מושיענו. הוא משיב את נפשנו למקום מנוחתה הטבעי ולארצות החיים. אנו מאמינים ומתפללים [׳מדברים׳] אל ה׳ גם בעת המסכנות, וייאושנו הנמהר [׳חופזנו׳] מביא אותנו למסקנה כי בניגוד לבני אנוש, שיש להם נטייה להכזיב, בה׳ ניתן לבטוח תמיד.

שׁוּבִי נַפְשִׁי לִמְנוּחָיְכִי
כִּי־יהוה גָּמַל עָלָיְכִי:
כִּי חִלַּצְתָּ נַפְשִׁי מִמָּוֶת
אֶת־עֵינִי מִן־דִּמְעָה
אֶת־רַגְלִי מִדֶּחִי:
אֶתְהַלֵּךְ לִפְנֵי יהוה, בְּאַרְצוֹת הַחַיִּים:
הֶאֱמַנְתִּי כִּי אֲדַבֵּר, אֲנִי עָנִיתִי מְאֹד:
אֲנִי אָמַרְתִּי בְחָפְזִי, כָּל־הָאָדָם כֹּזֵב:

מָה־אָשִׁיב לַיהוה, כָּל־תַּגְמוּלוֹהִי עָלָי:
כּוֹס־יְשׁוּעוֹת אֶשָּׂא
וּבְשֵׁם יהוה אֶקְרָא:
נְדָרַי לַיהוה אֲשַׁלֵּם
נֶגְדָה־נָּא לְכָל־עַמּוֹ:
יָקָר בְּעֵינֵי יהוה, הַמָּוְתָה לַחֲסִידָיו:
אָנָּה יהוה כִּי־אֲנִי עַבְדֶּךָ
אֲנִי־עַבְדְּךָ בֶּן־אֲמָתֶךָ
פִּתַּחְתָּ לְמוֹסֵרָי:
לְךָ־אֶזְבַּח זֶבַח תּוֹדָה
וּבְשֵׁם יהוה אֶקְרָא:
נְדָרַי לַיהוה אֲשַׁלֵּם
נֶגְדָה־נָּא לְכָל־עַמּוֹ:
בְּחַצְרוֹת בֵּית יהוה, בְּתוֹכֵכִי יְרוּשָׁלָםִ

הַלְלוּיָהּ:

כיצד נשיב לה׳ על כל הטובות שגמלנו? בכך שנישא את שמו ברמה ונשלם את חובותינו אליו לעיני כולם. ה׳ הטוב יאפשר לנו למלא את תפקידנו, כי חשוב [׳יקר׳] בעיניו שמא יעזבו חסידיו את העולם לפני שיספיקו להוסיף בו את הטוב הייחודי להם. לפני ה׳ אנו מצויים בעמדה של פתיחות מוחלטת [׳עבדות׳], ודווקא עמדה זו מאפשרת את החירות מכל שעבוד וכבלי מאסר. את התודה לה׳ נביע במרחב המלא [׳חצר׳] של החיים האלוהיים, בתוככי המקום בו נראית השלמות [׳ירו־שלים׳], הללו־יה.

תהלים קיז

הַלְלוּ

אֶת־יהוה כָּל־גּוֹיִם,
שַׁבְּחוּהוּ כָּל־הָאֻמִּים:
כִּי גָבַר עָלֵינוּ חַסְדּוֹ
וֶאֱמֶת־יהוה לְעוֹלָם

הַלְלוּיָהּ:

הילולו של ה׳ בוקע לא רק מפיהם של ישראל, אלא מרחבי האנושות כולה, מפני שגבורת חסדי ה׳ ואמיתתו הנצחית [׳לעולם׳] גורמות לכולם להודות על טובו וחסדו, שהם לעולם ועד. ההילול ייאמר בידי כל חלקי האומה – הישראלים הפשוטים, אנשי הכהונה [׳בית אהרון׳] והצדיקים [׳יראי ה׳׳].

תהלים קיח

הוֹדוּ לַיהוה כִּי־טוֹב כִּי לְעוֹלָם חַסְדּוֹ:
יֹאמַר־נָא יִשְׂרָאֵל כִּי לְעוֹלָם חַסְדּוֹ:
יֹאמְרוּ־נָא בֵית־אַהֲרֹן כִּי לְעוֹלָם חַסְדּוֹ:
יֹאמְרוּ־נָא יִרְאֵי יהוה כִּי לְעוֹלָם חַסְדּוֹ:

הקריאה בשמו של ה׳ היא מקור היכולת לצאת ממְצָרי החיים. כאשר האדם אוחז בידו של אלוהים, אין לו לחשוש מכל האיומים הסובבים אותו – בין חיצוניים ובין פנימיים – אשר דועכים כאש בשדה קוצים (הנכבית מהר) והוא משמידם [׳אמילם׳].

מִן־הַמֵּצַר קָרָאתִי יָּהּ
עָנָנִי בַמֶּרְחָב יָהּ:
יהוה לִי לֹא אִירָא
מַה־יַּעֲשֶׂה לִי אָדָם:
יהוה לִי בְּעֹזְרָי, וַאֲנִי אֶרְאֶה בְשֹׂנְאָי:
טוֹב לַחֲסוֹת בַּיהוה, מִבְּטֹחַ בָּאָדָם:
טוֹב לַחֲסוֹת בַּיהוה, מִבְּטֹחַ בִּנְדִיבִים:
כָּל־גּוֹיִם סְבָבוּנִי
בְּשֵׁם יהוה כִּי אֲמִילַם:
סַבּוּנִי גַם־סְבָבוּנִי
בְּשֵׁם יהוה כִּי אֲמִילַם:
סַבּוּנִי כִדְבֹרִים, דֹּעֲכוּ כְּאֵשׁ קוֹצִים,
בְּשֵׁם יהוה כִּי אֲמִילַם:
דָּחֹה דְחִיתַנִי לִנְפֹּל, וַיהוה עֲזָרָנִי:
עָזִּי וְזִמְרָת יָהּ, וַיְהִי־לִי לִישׁוּעָה:
קוֹל רִנָּה וִישׁוּעָה בְּאָהֳלֵי צַדִּיקִים
יְמִין יהוה עֹשָׂה חָיִל:
יְמִין יהוה רוֹמֵמָה
יְמִין יהוה עֹשָׂה חָיִל:
לֹא־אָמוּת כִּי־אֶחְיֶה
וַאֲסַפֵּר מַעֲשֵׂי יָהּ:
יַסֹּר יִסְּרַנִּי יָּהּ, וְלַמָּוֶת לֹא נְתָנָנִי:
פִּתְחוּ־לִי שַׁעֲרֵי־צֶדֶק
אָבֹא־בָם אוֹדֶה יָהּ:
זֶה־הַשַּׁעַר לַיהוה, צַדִּיקִים יָבֹאוּ בוֹ:

אוֹדְךָ כִּי עֲנִיתָנִי, וַתְּהִי־לִי לִישׁוּעָה:
אוֹדְךָ כִּי עֲנִיתָנִי, וַתְּהִי־לִי לִישׁוּעָה:

אֶבֶן מָאֲסוּ הַבּוֹנִים, הָיְתָה לְרֹאשׁ פִּנָּה:
אֶבֶן מָאֲסוּ הַבּוֹנִים, הָיְתָה לְרֹאשׁ פִּנָּה:

מֵאֵת יהוה הָיְתָה זֹּאת
הִיא נִפְלָאת בְּעֵינֵינוּ:
מֵאֵת יהוה הָיְתָה זֹּאת, הִיא נִפְלָאת בְּעֵינֵינוּ:

זֶה־הַיּוֹם עָשָׂה יהוה, נָגִילָה וְנִשְׂמְחָה בוֹ:
זֶה־הַיּוֹם עָשָׂה יהוה, נָגִילָה וְנִשְׂמְחָה בוֹ:

ברגעים אלו אנו מתפללים שייפתח לפנינו השער לה׳, על מנת שנוכל להודות ולהלל לשמו – אז כל אותם כוחות שנדחו ונמאסו בידי בני האדם [׳אבן מאסו הבונים׳] ימצאו את מקומם המלא [יהיו ׳לראש פנה׳]. מהפכים מסוג זה אינם שגרתיים, ולפיכך הזמן שבו האדם יוצא ממְּצָריו הוא יום מיוחד שבו מופיעות מאת ה׳ פלאות שמעל ומעבר לעינינו והבנתנו, ויש להודות עליו לה׳, לגיל ולשמוח בו.

אָנָּא יהוה הוֹשִׁיעָה נָּא:
אָנָּא יהוה הוֹשִׁיעָה נָּא:
אָנָּא יהוה הַצְלִיחָה נָא:
אָנָּא יהוה הַצְלִיחָה נָא:

אנו פונים לה׳, השלמות העליונה שמעל ההווה וההוויה [׳י־ה־ו־ה׳] הנוכחיים – ומתחננים לפניו שיושיע אותנו ממְּצָרי חיינו ומן השלילה [׳הושיעה׳], ובנוסף לכך שיצליחנו עוד ועוד [׳הצליחה׳], כדי שנוסיף חיוב וטוב בעולם.

ברגעי ההילול אנו מברכים את כל מי שבא להסתופף ולהתברך תחת ה׳, ואזי יוצאת הברכה מבית ה׳ ומתפשטת לכל עבר. מתוך ההארה של ה׳ עלינו אנו קושרים [׳אוסרים׳] את קורבן החג על קרנות המזבח בחבלים עבים [׳עבותים׳]. כעת, בחג החירות, מסירות הנפש שלנו (המתבטאת בהבאת הקורבן) הדוקה וקשורה בכל קצוותיה אל הקדושה [׳קרנות המזבח׳]. כעת, כשאנו מאוחדים עם הקדושה לחלוטין, ניתן לרומם ולהודות לה׳ על טובו וחסדו.

בָּרוּךְ הַבָּא בְּשֵׁם יהוה

בֵּרַכְנוּכֶם מִבֵּית יהוה:

בָּרוּךְ הַבָּא בְּשֵׁם יהוה, בֵּרַכְנוּכֶם מִבֵּית יהוה:

אֵל יהוה וַיָּאֶר לָנוּ, אִסְרוּ־חַג בַּעֲבֹתִים

עַד־קַרְנוֹת הַמִּזְבֵּחַ:

אֵל יהוה וַיָּאֶר לָנוּ, אִסְרוּ־חַג בַּעֲבֹתִים

עַד־קַרְנוֹת הַמִּזְבֵּחַ:

אֵלִי אַתָּה וְאוֹדֶךָּ, אֱלֹהַי אֲרוֹמְמֶךָּ:

אֵלִי אַתָּה וְאוֹדֶךָּ, אֱלֹהַי אֲרוֹמְמֶךָּ:

הוֹדוּ לַיהוה כִּי־טוֹב, כִּי לְעוֹלָם חַסְדּוֹ:

הוֹדוּ לַיהוה כִּי־טוֹב, כִּי לְעוֹלָם חַסְדּוֹ:

ההודאה וההילול לה׳ עולים ובוקעים מכל קצוות המציאות – מהניסים והנפלאות, ממרחבי הטבע, ממהלך ההיסטוריה, ממצבי השפל והגאות – מכולם ניתן להבחין בחסדו הנצחי של ה׳. תחושות הרינה, ההודאה, השבח, הפאר, הרוממות, ההערצה, הקדושה והמלכות – כולן ביטוי לזמר האלוהי שממלא את ליבנו בזמן ההלל.

פסחים קיח.

יְהַלְלוּךָ

יהוה אֱלֹהֵינוּ כָּל מַעֲשֶׂיךָ

וַחֲסִידֶיךָ צַדִּיקִים עוֹשֵׂי רְצוֹנֶךָ

וְכָל עַמְּךָ בֵּית יִשְׂרָאֵל

בְּרִנָּה יוֹדוּ וִיבָרְכוּ וִישַׁבְּחוּ

וִיפָאֲרוּ וִירוֹמְמוּ וְיַעֲרִיצוּ

וְיַקְדִּישׁוּ וְיַמְלִיכוּ אֶת שִׁמְךָ מַלְכֵּנוּ

כִּי לְךָ טוֹב לְהוֹדוֹת

וּלְשִׁמְךָ נָאֶה לְזַמֵּר

כִּי מֵעוֹלָם וְעַד עוֹלָם

אַתָּה אֵל.

פסחים קיח.

הוֹדוּ לַיהוה כִּי־טוֹב | כִּי לְעוֹלָם חַסְדּוֹ:
הוֹדוּ לֵאלֹהֵי הָאֱלֹהִים | כִּי לְעוֹלָם חַסְדּוֹ:
הוֹדוּ לַאֲדֹנֵי הָאֲדֹנִים | כִּי לְעוֹלָם חַסְדּוֹ:
לְעֹשֵׂה נִפְלָאוֹת גְּדֹלוֹת לְבַדּוֹ | כִּי לְעוֹלָם חַסְדּוֹ:
לְעֹשֵׂה הַשָּׁמַיִם בִּתְבוּנָה | כִּי לְעוֹלָם חַסְדּוֹ:
לְרֹקַע הָאָרֶץ עַל־הַמָּיִם | כִּי לְעוֹלָם חַסְדּוֹ:
לְעֹשֵׂה אוֹרִים גְּדֹלִים | כִּי לְעוֹלָם חַסְדּוֹ:
אֶת־הַשֶּׁמֶשׁ לְמֶמְשֶׁלֶת בַּיּוֹם | כִּי לְעוֹלָם חַסְדּוֹ:
אֶת־הַיָּרֵחַ וְכוֹכָבִים
לְמֶמְשְׁלוֹת בַּלָּיְלָה | כִּי לְעוֹלָם חַסְדּוֹ:
לְמַכֵּה מִצְרַיִם בִּבְכוֹרֵיהֶם | כִּי לְעוֹלָם חַסְדּוֹ:
וַיּוֹצֵא יִשְׂרָאֵל מִתּוֹכָם | כִּי לְעוֹלָם חַסְדּוֹ:
בְּיָד חֲזָקָה וּבִזְרוֹעַ נְטוּיָה | כִּי לְעוֹלָם חַסְדּוֹ:
לְגֹזֵר יַם־סוּף לִגְזָרִים | כִּי לְעוֹלָם חַסְדּוֹ:

וְהֶעֱבִיר יִשְׂרָאֵל בְּתוֹכוֹ   כִּי לְעוֹלָם חַסְדּוֹ:

וְנִעֵר פַּרְעֹה וְחֵילוֹ בְיַם־סוּף   כִּי לְעוֹלָם חַסְדּוֹ:

לְמוֹלִיךְ עַמּוֹ בַּמִּדְבָּר   כִּי לְעוֹלָם חַסְדּוֹ:

לְמַכֵּה מְלָכִים גְּדֹלִים   כִּי לְעוֹלָם חַסְדּוֹ:

וַיַּהֲרֹג מְלָכִים אַדִּירִים   כִּי לְעוֹלָם חַסְדּוֹ:

לְסִיחוֹן מֶלֶךְ הָאֱמֹרִי   כִּי לְעוֹלָם חַסְדּוֹ:

וּלְעוֹג מֶלֶךְ הַבָּשָׁן   כִּי לְעוֹלָם חַסְדּוֹ:

וְנָתַן אַרְצָם לְנַחֲלָה   כִּי לְעוֹלָם חַסְדּוֹ:

נַחֲלָה לְיִשְׂרָאֵל עַבְדּוֹ   כִּי לְעוֹלָם חַסְדּוֹ:

שֶׁבְּשִׁפְלֵנוּ זָכַר לָנוּ   כִּי לְעוֹלָם חַסְדּוֹ:

וַיִּפְרְקֵנוּ מִצָּרֵינוּ   כִּי לְעוֹלָם חַסְדּוֹ:

נֹתֵן לֶחֶם לְכָל־בָּשָׂר   כִּי לְעוֹלָם חַסְדּוֹ:

הוֹדוּ לְאֵל הַשָּׁמָיִם   כִּי לְעוֹלָם חַסְדּוֹ:

נִשְׁמַת

כָּל חַי תְּבָרֵךְ אֶת שִׁמְךָ, יהוה אֱלֹהֵינוּ
וְרוּחַ כָּל בָּשָׂר תְּפָאֵר
וּתְרוֹמֵם זִכְרְךָ מַלְכֵּנוּ תָּמִיד
מִן הָעוֹלָם וְעַד הָעוֹלָם אַתָּה אֵל.
וּמִבַּלְעָדֶיךָ אֵין לָנוּ מֶלֶךְ גּוֹאֵל וּמוֹשִׁיעַ
פּוֹדֶה וּמַצִּיל וּמְפַרְנֵס וְעוֹנֶה וּמְרַחֵם
בְּכָל עֵת צָרָה וְצוּקָה
אֵין לָנוּ מֶלֶךְ עוֹזֵר וְסוֹמֵךְ אֶלָּא אָתָּה.
אֱלֹהֵי הָרִאשׁוֹנִים וְהָאַחֲרוֹנִים
אֱלוֹהַּ כָּל בְּרִיּוֹת
אֲדוֹן כָּל תּוֹלָדוֹת
הַמְהֻלָּל בְּרֹב הַתִּשְׁבָּחוֹת
הַמְנַהֵג עוֹלָמוֹ בְּחֶסֶד
וּבְרִיּוֹתָיו בְּרַחֲמִים.
וַיהוה עֵר, הִנֵּה לֹא יָנוּם וְלֹא יִישָׁן
הַמְעוֹרֵר יְשֵׁנִים וְהַמֵּקִיץ נִרְדָּמִים
וְהַמֵּשִׂיחַ אִלְּמִים וְהַמַּתִּיר אֲסוּרִים
וְהַסּוֹמֵךְ נוֹפְלִים וְהַזּוֹקֵף כְּפוּפִים
וְהַמְפַעְנֵחַ נֶעְלָמִים
וּלְךָ לְבַדְּךָ אֲנַחְנוּ מוֹדִים
וְאִלּוּ פִינוּ מָלֵא שִׁירָה כַּיָּם
וּלְשׁוֹנֵנוּ רִנָּה כַּהֲמוֹן גַּלָּיו
וְשִׂפְתוֹתֵינוּ שֶׁבַח כְּמֶרְחֲבֵי רָקִיעַ

נשמתו של כל יצור בעולמנו נפתחת אל הפאר והרוממות האלוהית שבכל פינה ופינה בתבל. במבט מעמיק ניתן להבחין כיצד השלמות האלוהית איננה 'נרדמת' לעולם, אלא ערה ותוססת, סומכת לכל הנופלים בעולם, ורק כלפיה יש להודות. כל מילה שאי פעם נבטא בכוחנו האנושי, גם אם תוכפל אלפי פעמים – לא תתקרב לאפס קצהו של השבח האלוהי האינסופי.[177] בזמן ההלל, בסוף ליל הסדר – אנו מפנימים את החסד האלוהי שמלווה את חיינו בכל רגע ורגע, ולא נותר לנו אלא להודות, להישבע, לקוות, לכרוע ולהשתחוות לפני גדלותו, גבורתו ונוראותו של האל העליון, קונה שמיים וארץ.

וְעֵינֵינוּ מְאִירוֹת כַּשֶּׁמֶשׁ וְכַיָּרֵחַ
וְיָדֵינוּ פְרוּשׂוֹת כְּנִשְׁרֵי שָׁמָיִם
וְרַגְלֵינוּ קַלּוֹת כָּאַיָּלוֹת
אֵין אֲנַחְנוּ מַסְפִּיקִים לְהוֹדוֹת לְךָ
יהוה אֱלֹהֵינוּ וֵאלֹהֵי אֲבוֹתֵינוּ
וּלְבָרֵךְ אֶת שְׁמֶךָ, מַלְכֵּנוּ
עַל אַחַת מֵאֶלֶף אֶלֶף אַלְפֵי אֲלָפִים
וְרִבֵּי רְבָבוֹת פְּעָמִים הַטּוֹבוֹת
נִסִּים וְנִפְלָאוֹת
שֶׁעָשִׂיתָ עִם אֲבוֹתֵינוּ וְעִמָּנוּ
מִלְּפָנִים מִמִּצְרַיִם גְּאַלְתָּנוּ
יהוה אֱלֹהֵינוּ
וּמִבֵּית עֲבָדִים פְּדִיתָנוּ
בְּרָעָב זַנְתָּנוּ וּבְשָׂבָע כִּלְכַּלְתָּנוּ
מֵחֶרֶב הִצַּלְתָּנוּ וּמִדֶּבֶר מִלַּטְתָּנוּ
וּמֵחֳלָיִים רָעִים וְרַבִּים
וְנֶאֱמָנִים דִּלִּיתָנוּ.
עַד הֵנָּה עֲזָרוּנוּ רַחֲמֶיךָ
וְלֹא עֲזָבוּנוּ חֲסָדֶיךָ, יהוה אֱלֹהֵינוּ
וְאַל תִּטְּשֵׁנוּ, יהוה אֱלֹהֵינוּ, לָנֶצַח.
עַל כֵּן אֵבָרִים שֶׁפִּלַּגְתָּ בָּנוּ
וְרוּחַ וּנְשָׁמָה שֶׁנָּפַחְתָּ בְּאַפֵּנוּ
וְלָשׁוֹן אֲשֶׁר שַׂמְתָּ בְּפִינוּ
הֵן הֵם יוֹדוּ וִיבָרְכוּ
וִישַׁבְּחוּ וִיפָאֲרוּ וִישׁוֹרְרוּ

וִירוֹמְמוּ וְיַעֲרִיצוּ וְיַקְדִּישׁוּ
וְיַמְלִיכוּ אֶת שִׁמְךָ מַלְכֵּנוּ תָּמִיד
כִּי כָל פֶּה לְךָ יוֹדֶה
וְכָל לָשׁוֹן לְךָ תִשָּׁבַע
וְכָל עַיִן לְךָ תְצַפֶּה
וְכָל בֶּרֶךְ לְךָ תִכְרַע
וְכָל קוֹמָה לְפָנֶיךָ תִשְׁתַּחֲוֶה
וְכָל הַלְּבָבוֹת יִירָאוּךָ
וְכָל קֶרֶב וּכְלָיוֹת יְזַמְּרוּ לִשְׁמֶךָ
כַּדָּבָר שֶׁכָּתוּב:
כָּל עַצְמֹתַי תֹּאמַרְנָה יהוה מִי כָמוֹךָ תהלים לה
מַצִּיל עָנִי מֵחָזָק מִמֶּנּוּ
וְעָנִי וְאֶבְיוֹן מִגֹּזְלוֹ:
שַׁוְעַת עֲנִיִּים אַתָּה תִשְׁמַע, צַעֲקַת
הַדַּל תַּקְשִׁיב וְתוֹשִׁיעַ.
מִי יִדְמֶה לָּךְ וּמִי יִשְׁוֶה לָּךְ
וּמִי יַעֲרָךְ לָךְ
הָאֵל הַגָּדוֹל, הַגִּבּוֹר וְהַנּוֹרָא
אֵל עֶלְיוֹן, קוֹנֵה שָׁמַיִם וָאָרֶץ.
נְהַלֶּלְךָ וּנְשַׁבֵּחֲךָ וּנְפָאֶרְךָ
וּנְבָרֵךְ אֶת שֵׁם קָדְשֶׁךָ
כָּאָמוּר:
לְדָוִד, בָּרְכִי נַפְשִׁי אֶת־יהוה תהלים קג
וְכָל־קְרָבַי אֶת־שֵׁם קָדְשׁוֹ:

הָאֵל בְּתַעֲצוּמוֹת עֻזֶּךָ
הַגָּדוֹל בִּכְבוֹד שְׁמֶךָ
הַגִּבּוֹר לָנֶצַח וְהַנּוֹרָא בְּנוֹרְאוֹתֶיךָ
הַמֶּלֶךְ הַיּוֹשֵׁב עַל כִּסֵּא. רָם וְנִשָּׂא
שׁוֹכֵן עַד מָרוֹם וְקָדוֹשׁ שְׁמוֹ
וְכָתוּב:
רַנְּנוּ צַדִּיקִים בַּיהוה (תהלים לג)
לַיְשָׁרִים נָאוָה תְהִלָּה:

בְּפִי   יְשָׁרִים   תִּתְרוֹמָם
וּבְשִׂפְתֵי   צַדִּיקִים   תִּתְבָּרַךְ
וּבִלְשׁוֹן   חֲסִידִים   תִּתְקַדָּשׁ
וּבְקֶרֶב   קְדוֹשִׁים   תִּתְהַלָּל

וּבְמַקְהֲלוֹת רִבְבוֹת עַמְּךָ בֵּית יִשְׂרָאֵל
בְּרִנָּה יִתְפָּאַר שִׁמְךָ מַלְכֵּנוּ
בְּכָל דּוֹר וָדוֹר
שֶׁכֵּן חוֹבַת כָּל הַיְצוּרִים
לְפָנֶיךָ יהוה אֱלֹהֵינוּ וֵאלֹהֵי אֲבוֹתֵינוּ
לְהוֹדוֹת, לְהַלֵּל, לְשַׁבֵּחַ, לְפָאֵר, לְרוֹמֵם
לְהַדֵּר וּלְנַצֵּחַ, לְבָרֵךְ לְעַלֵּה וּלְקַלֵּס
עַל כָּל דִּבְרֵי שִׁירוֹת וְתִשְׁבְּחוֹת
דָּוִד בֶּן יִשַׁי עַבְדְּךָ מְשִׁיחֶךָ.

בזמן ההלל אנו חשים את עוצמתו, כוחו [׳עוזו׳], גדלותו, נצחיותו ונוראותו של האל, וזאת מפני שהוא שוכן לנצח, וגילויו [׳שמו׳] מרומם וקדוש. הצדיקים משבחים [׳מרננים׳] לבורא, ולאנשים ישרים נאה לומר תהילתו. בפי הישרים הוא מרומם, בשפתי הצדיקים מבורך, בלשון החסידים מקודש שמו, ובקרב הקדושים הוא מהולל. ומתוך כך – כל קהל ישראל מרנן ומפאר את שמו של מלך מלכי המלכים בכל דור ודור. זוהי חובתנו, והילול זה בוקע מדברי ההלל והשבח של דוד מלך המשיח במזמוריו.

וּבְכֵן יִשְׁתַּבַּח שִׁמְךָ לָעַד מַלְכֵּנוּ
הָאֵל, הַמֶּלֶךְ, הַגָּדוֹל וְהַקָּדוֹשׁ
בַּשָּׁמַיִם וּבָאָרֶץ
כִּי לְךָ נָאֶה
יהוה אֱלֹהֵינוּ וֵאלֹהֵי אֲבוֹתֵינוּ
שִׁיר וּשְׁבָחָה, הַלֵּל וְזִמְרָה
עֹז וּמֶמְשָׁלָה, נֶצַח, גְּדֻלָּה וּגְבוּרָה
תְּהִלָּה וְתִפְאֶרֶת, קְדֻשָּׁה וּמַלְכוּת
בְּרָכוֹת וְהוֹדָאוֹת
לְשִׁמְךָ הַגָּדוֹל וְהַקָּדוֹשׁ
וּמֵעוֹלָם וְעַד עוֹלָם אַתָּה אֵל.

יְהַלְלוּךָ יהוה אֱלֹהֵינוּ כָּל מַעֲשֶׂיךָ
וַחֲסִידֶיךָ צַדִּיקִים עוֹשֵׂי רְצוֹנֶךָ
וְכָל עַמְּךָ בֵּית יִשְׂרָאֵל
בְּרִנָּה יוֹדוּ וִיבָרְכוּ וִישַׁבְּחוּ
וִיפָאֲרוּ וִירוֹמְמוּ וְיַעֲרִיצוּ
וְיַקְדִּישׁוּ וְיַמְלִיכוּ אֶת שִׁמְךָ מַלְכֵּנוּ
כִּי לְךָ טוֹב לְהוֹדוֹת
וּלְשִׁמְךָ נָאֶה לְזַמֵּר
כִּי מֵעוֹלָם וְעַד עוֹלָם אַתָּה אֵל.

בָּרוּךְ אַתָּה יהוה
מֶלֶךְ מְהֻלָּל בַּתִּשְׁבָּחוֹת.

מתוך כל האמור לעיל הולך ומשתבח שמו של אלוהים בממדים העליונים [׳שמיים׳] והארציים [׳ארץ׳]. כל מילות השבח – השיר, ההלל, הזמרה, העוז, הממשלה, הנצח, הפאר והמלכות – כולן באות לבטא את תחושותינו בסוף הלילה: לך אלוהים טוב להודות... מלך מהולל בתשבחות!

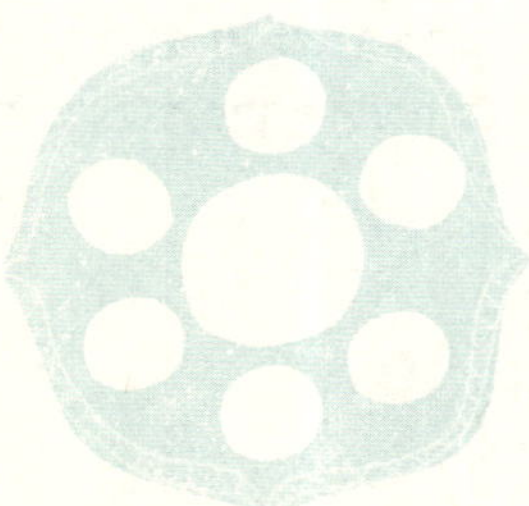

כאן אנו מגיעים לסיום שתיית ארבע הכוסות. הנוזל הפנימי, היין, סייע לנו לחשוף את התוכן העמוק של החיים – השחרור מהשעבוד לגורמי הטבע, אי־ההתחשבות בגורמים חיצוניים, ההיחלצות מן החומרנות הגסה והגעתנו לקרבה מיוחדת עם ה׳ אלוהינו.

זה הזמן לברך "ברכה (אחת) מעין שלוש", המכונה כך מפני שתוכנה ממצה את שלוש הברכות הראשונות של ברכת המזון – הודאה על המזון ועל ארץ ישראל ובקשה על בניין ירושלים. ברגע מרומם זה, כשאנו בני חורין לחלוטין – אנו נזכרים בטוב הפנימי המצוי בגפן ובפריה, הנוגע ומעורר את נשמתנו לכסוף ל"אֶרֶץ חֶמְדָּה טוֹבָה וּרְחָבָה". זהו הזמן לבקש רחמים על ירושלים, המזבח ובית המקדש, כדי שמתוך שמחת יום חג המצות הזה נוכל לגעת בטוב ה׳ בקדושה ובטהרה.

הנני מוכן ומזומן לקיים מצוות כוס רביעית של ארבע כוסות.
לשם ייחוד קודשא בריך הוא ושכינתיה על ידי ההוא טמיר ונעלם בשם כל ישראל.

בָּרוּךְ אַתָּה יהוה, אֱלֹהֵינוּ מֶלֶךְ הָעוֹלָם
בּוֹרֵא פְּרִי הַגָּפֶן.

שותים כוס רביעית בהסבת שמאל.

לאחר גמר השתייה מברכים ברכה אחרונה על היין:

בָּרוּךְ אַתָּה יהוה אֱלֹהֵינוּ מֶלֶךְ הָעוֹלָם
עַל הַגֶּפֶן וְעַל פְּרִי הַגֶּפֶן
וְעַל תְּנוּבַת הַשָּׂדֶה
וְעַל אֶרֶץ חֶמְדָּה טוֹבָה וּרְחָבָה
שֶׁרָצִיתָ וְהִנְחַלְתָּ לַאֲבוֹתֵינוּ
לֶאֱכֹל מִפִּרְיָהּ וְלִשְׂבֹּעַ מִטּוּבָהּ.
רַחֶם נָא יהוה אֱלֹהֵינוּ עַל יִשְׂרָאֵל עַמֶּךָ
וְעַל יְרוּשָׁלַיִם עִירֶךָ וְעַל צִיּוֹן מִשְׁכַּן כְּבוֹדֶךָ
וְעַל מִזְבְּחֶךָ וְעַל הֵיכָלֶךָ.
וּבְנֵה יְרוּשָׁלַיִם עִיר הַקֹּדֶשׁ בִּמְהֵרָה בְיָמֵינוּ
וְהַעֲלֵנוּ לְתוֹכָהּ וְשַׂמְּחֵנוּ בְּבִנְיָנָהּ
וְנֹאכַל מִפִּרְיָהּ וְנִשְׂבַּע מִטּוּבָהּ
וּנְבָרֶכְךָ עָלֶיהָ בִּקְדֻשָּׁה וּבְטָהֳרָה.
(בשבת: **וּרְצֵה וְהַחֲלִיצֵנוּ בְּיוֹם הַשַּׁבָּת הַזֶּה**)
וְשַׂמְּחֵנוּ בְּיוֹם חַג הַמַּצּוֹת הַזֶּה
כִּי אַתָּה יהוה טוֹב וּמֵטִיב לַכֹּל, וְנוֹדֶה לְּךָ
עַל הָאָרֶץ וְעַל פְּרִי הַגֶּפֶן/
אם היין מארץ ישראל: **גַּפְנָהּ.**

בָּרוּךְ אַתָּה יהוה, עַל הָאָרֶץ וְעַל פְּרִי הַגֶּפֶן/
אם היין מארץ ישראל: **גַּפְנָהּ.**

נרצה

להיות רצויים לקדושה

הגענו לסימן האחרון של ליל הסדר – 'נרצה'.

קשה להפריז בחשיבותו של התהליך שעברנו, כל אחד ואחת מאיתנו, בלילה הזה. מהעבדים שהיינו בתחילת הלילה, שבויים ומשועבדים לִמְצָרֵיהם בכל התחומים, הפכנו בתוך כמה שעות להיות בני חורין!

- הכרזנו על רצוננו להתקדש במסלול החיים האישי ['קדש'];
- הכנו את הכלים שיקדמו אותנו באופן מדורג אל המטרה ['רחץ'];
- הרחבנו את תיאבון החיים ['כרפס'];
- חצינו והבדלנו בין המקום שאליו אנו שואפים למקום בו אנו מצויים כעת ['יחץ'];
- אמרנו במילים ברורות מהי המטרה הרוחנית שלנו בלילה הזה ['מגיד'];
- הכשרנו פעם נוספת את כלי העשייה שלנו ['רחצה'];
- הוצאנו את כוחותינו מן הכוח אל הפועל ['מוציא'];
- דייקנו ומיצינו את הנקודה שאותה אנו מעוניינים לממש ולמצות בעולם ['מצה'];
- הכרנו בכך שישנם פגמים וצדדי מרירות שמלווים אותנו, וניסינו להמתיקם ['מרור'];
- השלמנו עם החלקיות שכרוכה בחיינו עם השאיפות הטובות להתקדמות ['כורך'];
- נגענו במדרגה הנסתרת של קידוש החומר וחיברנו בין העולמות ['צפון'];
- הברכנו וחיברנו את המדרגה הזו לשאר חיינו ['ברך'];
- מתוך כך הגענו לתחושת רוממות, שהביאה אותנו לשיר ולשבח לאלוהים מעל ומעבר למילים אנושיות ['הלל'].

בחלק מההגדות מופיע בשלב זה הנוסח: "אם עשית עד כה – רצה אלוהים את מעשיך". זוהי המטרה שאליה הגענו סוף סוף – להיות רצויים לאלוהים. כל השנה כולה אנו רודפים אחרי הקדושה ואחרי חלומותינו, אך לא תמיד בהצלחה. אולם, ישנו זמן שבו אין צורך לרדוף אחרי שום דבר; "עולם הבא", מתבטאים חכמים,[178] "אין בו לא אכילה ולא שתייה, אלא צדיקים יושבים ועטרותיהם בראשיהם ונהנים מזיו השכינה". המצב האידיאלי הוא מצב של מנוחה ועונג תמידי. לא מנוחה של בטלה ופסיביות, אלא של מציאת מקומנו בעולמו של הקדוש ברוך הוא. הפועל 'נרצה' הוא לשון נפעל – בשלב

זה של הלילה אנו רצויים לאלוהים ללא מאמץ. נישאים על גלי הקדושה מצאנו את מקומנו בעולם.

לכן זהו הזמן בו אומרים פיוטים שהתקבלו בעם ישראל לאורך הדורות, מהם ניתן להבחין כיצד כל העולם כולו, מכל זוויותיו ומספריו, ואף דרך כל המצוקות, האלימות, הסכסוכים והמשברים שבו – רצוי הוא לאלוהים. כל דבר נמצא במקומו, והדבר הטבעי ביותר הוא לשיר "לשנה הבאה בירושלים הבנויה" ולומר את "שיר השירים" – תכנים רוחניים המדברים על אודות הגעגוע המתמיד לאלוהים, המגיע לפורקנו כעת.

זמן ה'נרצה' הוא זמן ההשלמה. בו אנו מרגישים, ולו לפעם אחת, שאנו רצויים ושייכים: זהו המקום המדויק שבו אני צריך להיות, ואלוהים נמצא בחיי, כאן ועכשיו.

אהבה אמיתית היא אהבה ללא תנאי, נכון?

אני יודע שאני לא מושלם ויש הרבה מה לשפר, אבל מה זה קשור? אני עדיין טוב. ה' איתי, לנגדי תמיד. כל הנפילות הגדולות שלי באות רק מפני שאני שוכח עד כמה הוא איתי ועד כמה הוא רוצה בי. "רבה אמונתך". "אהבה רבה"...

לשבת ולא לעשות, כמו בשבת. לפעמים עשייה מסגירה חוסר אמונה, כאילו אם לא אעשה אני לא שווה, כאילו כל הזמן צריך לתקן ולהתנצל. לא! עכשיו אני יושבת. נושמת, מרגישה את הנשמה האלוקית שבקרבי, מרגישה רצויה לפניו. כוס קפה. הזמן עוצר. אני טובה. עת רצון...

אנחנו זוג טוב. גם אם פה ושם צועקים, גם אם קצת התחספסנו – אוהבים. בסוף נרגעים, בסוף מקשיבים. רוצים זה בטובתה של זו, רוצים את טובת הילדים. יותר מידי התעסקנו במה שאין, במשברים ובפערים. שכחנו כמה טוב לנו ביחד. שכינה בינינו, תמיד, כמו עמוד ענן מעל הבית.

(נוסח אחר: אִם עָשִׂיתָ עַד כֹּה, רָצָה יהוה אֶת מַעֲשֶׂיךָ).

חֲסַל סִדּוּר פֶּסַח כְּהִלְכָתוֹ,
כְּכָל מִשְׁפָּטוֹ וְחֻקָּתוֹ
כַּאֲשֶׁר זָכִינוּ לְסַדֵּר אוֹתוֹ
כֵּן נִזְכֶּה לַעֲשׂוֹתוֹ
זָךְ שׁוֹכֵן מְעוֹנָה
קוֹמֵם קְהַל עֲדַת מִי מָנָה
קָרֵב נַהֵל נִטְעֵי כַנָּה
פְּדוּיִם לְצִיּוֹן בְּרִנָּה.

לַשָּׁנָה הַבָּאָה בִּירוּשָׁלַיִם הַבְּנוּיָה.

השורות הללו הן חלק מפיוט שנתחבר על ידי רבי יוסף טוב עלם לפני כאלף שנים, ותוכנו הוא ש"חסל סידור פסח כהלכתו" – המשימה בוצעה בהצלחה!

על כך אנו מוסיפים ומתפללים שכשם שזכינו בלילה הזה לעשות את סדר הפסח, כך נזכה גם ליישמו ['לעשותו'] בבית המקדש. בעומק העניין, כשם שסידרנו בלילה הזה את נפשנו ודילגנו [פסחנו] בה מדרגות כה גדולות – כך נזכה ליישם זאת בפועל בהמשך חיינו. אנו פונים לאלוהים הטהור ['זך'] השוכן במקומו ['מעון'], שירומם את קהל עדת ישראל, שאינו ניתן לספירה מרוב ריבויו, ושהשפע היוצא ממנו הוא אינסופי – שבקרוב יצמיח את נטיעות השתיל ['כנה'] שנזרע בלילה הזה, יפדה אותנו מצרותינו, ונשוב למקומנו ['לציון'] בתחושת הרמוניה ושלמות ['ברינה'].

שלוש המילים הללו, שנאמרות גם בסוף תפילת יום הכיפורים, מבטאות יותר מכול את מצבנו ברגע זה. ירושלים היא משאת הנפש של חיינו, המקום בו קיימת יראה מאלוהים מצד אחד ושלמות מצד שני ['ירו־שלם']. בשניות הללו אנו מלאים בתחושת שלמות, ועם זאת מצויים בעמדת יראה, כלומר בהבנת הפער מול האינסוף האלוהי. ראו את השלמות ['ראו־שלם'] שמצויה כעת בחיינו – בשנה הבאה היא תיבנה עוד יותר ועוד יותר, עד לאין קץ.

וּבְכֵן וַיְהִי בַּחֲצִי הַלַּיְלָה

אָז רֹב נִסִּים הִפְלֵאתָ בַּלַּיְלָה
בְּרֹאשׁ אַשְׁמוּרוֹת זֶה הַלַּיְלָה
גֵּר צֶדֶק נִצַּחְתּוֹ, כְּנֶחֱלַק לוֹ לַיְלָה
וַיְהִי בַּחֲצִי הַלַּיְלָה

דַּנְתָּ מֶלֶךְ גְּרָר בַּחֲלוֹם הַלַּיְלָה
הִפְחַדְתָּ אֲרַמִּי בְּאֶמֶשׁ לַיְלָה
וְיִשְׂרָאֵל יָשַׁר לָאֵל, וַיּוּכַל לוֹ לַיְלָה
וַיְהִי בַּחֲצִי הַלַּיְלָה

זֶרַע בְּכוֹרֵי פַתְרוֹס מָחַצְתָּ בַּחֲצִי הַלַּיְלָה
חֵילָם לֹא מָצְאוּ בְּקוּמָם בַּלַּיְלָה
טִיסַת נְגִיד חֲרֹשֶׁת סִלִּיתָ בְּכוֹכְבֵי לַיְלָה
וַיְהִי בַּחֲצִי הַלַּיְלָה

יָעַץ מְחָרֵף לְנוֹפֵף אִוּוּי
הוֹבַשְׁתָּ פְגָרָיו בַּלַּיְלָה
כָּרַע בֵּל וּמַצָּבוֹ בְּאִישׁוֹן לַיְלָה
לְאִישׁ חֲמוּדוֹת נִגְלָה רָז חֲזוֹת לַיְלָה
וַיְהִי בַּחֲצִי הַלַּיְלָה

פיוט זה חובר על ידי ייני, אחד מפייטני ארץ ישראל לפני כאלף וחמש מאות שנים, והוא מכוון בדיוק לרגעים הללו של סוף הסדר, בחצות הלילה. חצות הלילה הוא שיאו של החושך, נקודת השפל, ובמקום זה אנו נזכרים שדווקא מתוך נקודות השפל של חיינו צומחת התשועה.

זמן ה'נרצה' הוא זמן טוב להיזכר כיצד ההשגחה האלוהית הובילה אותנו גם ברגעי הלילה הללו. ניסים רבים התרחשו לכל אורך ההיסטוריה הישראלית בלילה –

- אברהם ['גר צדק'] מנצח את חמשת המלכים בלילה;
- ה' מאיים על אבימלך ['מלך גרר'] ולבן ['ארמי'], אויבי האבות, בחצי הלילה;
- יעקב אבינו ['ישראל'] נאבק עם שרו של עשו;
- בכורי המצרים ['פתרוס'] הוכו בחצות הלילה;
- צבא מדין הוכה בבהלה מאימת גדעון, בעקבות סיפור חלום לילה על לחם שעורים המתהפך במחנה;
- סיסרא מחרושת הגויים הוכה בידי כוכבי לילה;
- סנחריב ועוזרו רבשקה הניפו ידיהם ובקשו להחריב ['יעץ מחרף לנופף'] את בית המקדש והוכו במגפה בידי מלאך בלילה;
- נבוכדנצר מלך בבל ['בל'] ראה בחלום הלילה כיצד נשבר פסלו, ודניאל ['איש חמודות'] פענח לו את חלומו;

מִשְׁתַּכֵּר בִּכְלֵי קֹדֶשׁ נֶהֱרַג בּוֹ בַּלַּיְלָה
נוֹשַׁע מִבּוֹר אֲרָיוֹת, פּוֹתֵר בִּעֲתוּתֵי לַיְלָה
שִׂנְאָה נָטַר אֲגָגִי, וְכָתַב סְפָרִים בַּלַּיְלָה
וַיְהִי בַּחֲצִי הַלַּיְלָה

עוֹרַרְתָּ נִצְחֲךָ עָלָיו בְּנֶדֶד שְׁנַת לַיְלָה
פּוּרָה תִדְרֹךְ לְשׁוֹמֵר מַה מִּלַּיְלָה
צָרַח כַּשּׁוֹמֵר, וְשָׂח אָתָא בֹקֶר וְגַם לַיְלָה
וַיְהִי בַּחֲצִי הַלַּיְלָה

קָרֵב יוֹם אֲשֶׁר הוּא לֹא יוֹם וְלֹא לַיְלָה
רָם הוֹדַע כִּי לְךָ הַיּוֹם אַף לְךָ הַלַּיְלָה
שׁוֹמְרִים הַפְקֵד לְעִירְךָ כָּל הַיּוֹם וְכָל הַלַּיְלָה
תָּאִיר כְּאוֹר יוֹם חֶשְׁכַּת לַיְלָה
וַיְהִי בַּחֲצִי הַלַּיְלָה

- בלשאצר, שעשה משתה ובזיה את כלי המקדש [׳משתכר בכלי קודש׳], נהרג בו בלילה בידי מלך פרס;
- דניאל ניצל בגוב האריות בלילה;
- המן האגגי ביקש להשמיד את ישראל, והצלתנו התגלגלה דרך נדידת שנת המלך אחשוורוש בלילה;
- חזון הגאולה של המשיח שבגדיו אדומים ודורך בגת [׳פורה תדרך׳] מופיע מתוך שמירת עם ישראל בליל הגלות הארוכה;
- השומר יבשר [׳צרח׳] על גאולת הבוקר לעם ישראל ועל ליל האפלה שיגיע לרשעי הגויים.

זמן זה, שהוא מעל סדר הזמנים הרגיל [׳לא יום ולא לילה׳], שבו יתברר כי אלוהים המרומם [׳רם׳] שולט גם ביום וגם בלילה – קרב מתמיד, ואזי יזכו השומרים, ששמרו על ירושלים כל הלילה, לאור הגאולה.

וּבְכֵן וַאֲמַרְתֶּם זֶבַח פֶּסַח
אֹמֶץ גְּבוּרוֹתֶיךָ הִפְלֵאתָ בַּפֶּסַח
בְּרֹאשׁ כָּל מוֹעֲדוֹת נִשֵּׂאתָ פֶּסַח
גִּלִּיתָ לְאֶזְרָחִי חֲצוֹת לֵיל פֶּסַח
וַאֲמַרְתֶּם זֶבַח פֶּסַח

דְּלָתָיו דָּפַקְתָּ כְּחֹם הַיּוֹם בַּפֶּסַח
הִסְעִיד נוֹצְצִים עֻגוֹת מַצּוֹת בַּפֶּסַח
וְאֶל הַבָּקָר, רָץ זֵכֶר לְשׁוֹר עֵרֶךְ פֶּסַח
וַאֲמַרְתֶּם זֶבַח פֶּסַח

זֹעֲמוּ סְדוֹמִים, וְלֹהֲטוּ בָּאֵשׁ   בַּפֶּסַח
חֻלַּץ לוֹט מֵהֶם, וּמַצּוֹת אָפָה בְּקֵץ   פֶּסַח
טִאטֵאתָ אַדְמַת מֹף וְנֹף בְּעָבְרְךָ   בַּפֶּסַח
וַאֲמַרְתֶּם זֶבַח פֶּסַח

יָהּ, רֹאשׁ כָּל אוֹן מָחַצְתָּ
בְּלֵיל שִׁמּוּר   פֶּסַח
כַּבִּיר, עַל בֵּן בְּכוֹר פָּסַחְתָּ בְּדַם   פֶּסַח
לְבִלְתִּי תֵּת מַשְׁחִית לָבֹא בִּפְתָחַי   בַּפֶּסַח
וַאֲמַרְתֶּם זֶבַח פֶּסַח

מְסֻגֶּרֶת סֻגָּרָה בְּעִתּוֹתֵי   פֶּסַח
נִשְׁמְדָה מִדְיָן בִּצְלִיל שְׂעוֹרֵי עֹמֶר   פֶּסַח
שֹׂרְפוּ מִשְׁמַנֵּי פּוּל וְלוּד, בִּיקַד יְקוֹד   פֶּסַח
וַאֲמַרְתֶּם זֶבַח פֶּסַח

עוֹד הַיּוֹם בְּנֹב לַעֲמֹד
עַד גָּעָה עוֹנַת   פֶּסַח
פַּס יַד כָּתְבָה לְקַעֲקֵעַ צוּל   בַּפֶּסַח
צָפֹה הַצָּפִית עָרוֹךְ הַשֻּׁלְחָן   בַּפֶּסַח
וַאֲמַרְתֶּם זֶבַח פֶּסַח

קָהָל כִּנְּסָה הֲדַסָּה, צוֹם לְשַׁלֵּשׁ   בַּפֶּסַח
רֹאשׁ מִבֵּית רָשָׁע
מָחַצְתָּ בְּעֵץ חֲמִשִּׁים   בַּפֶּסַח
שְׁתֵּי אֵלֶּה, רֶגַע תָּבִיא לְעוּצִית   בַּפֶּסַח
תָּעֹז יָדְךָ, תָּרוּם יְמִינְךָ
כְּלֵיל הִתְקַדֵּשׁ חַג   פֶּסַח
וַאֲמַרְתֶּם זֶבַח פֶּסַח

כִּי לוֹ נָאֶה, כִּי לוֹ יָאֶה

אַדִּיר בִּמְלוּכָה בָּחוּר כַּהֲלָכָה
גְּדוּדָיו יֹאמְרוּ לוֹ
לְךָ וּלְךָ, לְךָ כִּי לְךָ, לְךָ אַף לְךָ
לְךָ יהוה הַמַּמְלָכָה
כִּי לוֹ נָאֶה, כִּי לוֹ יָאֶה

דָּגוּל בִּמְלוּכָה הָדוּר כַּהֲלָכָה
וָתִיקָיו יֹאמְרוּ לוֹ
לְךָ וּלְךָ, לְךָ כִּי לְךָ, לְךָ אַף לְךָ
לְךָ יהוה הַמַּמְלָכָה
כִּי לוֹ נָאֶה, כִּי לוֹ יָאֶה

זַכַּאי בִּמְלוּכָה חָסִין כַּהֲלָכָה
טַפְסְרָיו יֹאמְרוּ לוֹ
לְךָ וּלְךָ, לְךָ כִּי לְךָ, לְךָ אַף לְךָ
לְךָ יהוה הַמַּמְלָכָה
כִּי לוֹ נָאֶה, כִּי לוֹ יָאֶה

יָחִיד בִּמְלוּכָה כַּבִּיר כַּהֲלָכָה
לִמּוּדָיו יֹאמְרוּ לוֹ
לְךָ וּלְךָ, לְךָ כִּי לְךָ, לְךָ אַף לְךָ
לְךָ יהוה הַמַּמְלָכָה
כִּי לוֹ נָאֶה, כִּי לוֹ יָאֶה

הפיוט 'כי לו נאה כי לו יאה', שמחברו אינו ידוע, ממוקם כחלק מפיוטי ה'נרצה' ומותאם אף הוא למצבנו הנפשי ברגע זה. ההבדל בין הפועלים 'יאה' ו'נאה' הוא ש'יאה' משמעו ראוי ו'נאה' משמעו יפה. לעומת כל השנה, בה קיימת לעיתים סתירה בין מה שראוי מצד האמת הפנימית לבין מה שנאה ויפה כלפי חוץ – ברגעים הללו, בהם אנו רצויים לקדושה, מתברר שהמלכות האלוהית בעולם לא רק ראויה, אלא אף יפה. בשלב זה הקדושה, הטבע האמיתי שלנו, כה גדולה עד שהיא מתפרצת ומתגלה כלפי חוץ ביופי ובאסתטיקה. זוהי הרמוניה מושלמת של המלוכה האלוהית בעולם, שבה כל היאה הוא גם נאה, וכל הנאה – גם יאה.

מֶלֶךְ בִּמְלוּכָה נוֹרָא כַּהֲלָכָה
סְבִיבָיו יֹאמְרוּ לוֹ
לְךָ וּלְךָ, לְךָ כִּי לְךָ, לְךָ אַף לְךָ
לְךָ יהוה הַמַּמְלָכָה
כִּי לוֹ נָאֶה, כִּי לוֹ יָאֶה

עָנָו בִּמְלוּכָה פּוֹדֶה כַּהֲלָכָה
צַדִּיקָיו יֹאמְרוּ לוֹ
לְךָ וּלְךָ, לְךָ כִּי לְךָ, לְךָ אַף לְךָ
לְךָ יהוה הַמַּמְלָכָה
כִּי לוֹ נָאֶה, כִּי לוֹ יָאֶה

קָדוֹשׁ בִּמְלוּכָה רַחוּם כַּהֲלָכָה
שִׁנְאַנָּיו יֹאמְרוּ לוֹ
לְךָ וּלְךָ, לְךָ כִּי לְךָ, לְךָ אַף לְךָ
לְךָ יהוה הַמַּמְלָכָה
כִּי לוֹ נָאֶה, כִּי לוֹ יָאֶה

תַּקִּיף בִּמְלוּכָה תּוֹמֵךְ כַּהֲלָכָה
תְּמִימָיו יֹאמְרוּ לוֹ
לְךָ וּלְךָ, לְךָ כִּי לְךָ, לְךָ אַף לְךָ
לְךָ יהוה הַמַּמְלָכָה
כִּי לוֹ נָאֶה, כִּי לוֹ יָאֶה

אַדִּיר הוּא

יִבְנֶה בֵיתוֹ בְּקָרוֹב
בִּמְהֵרָה בִּמְהֵרָה, בְּיָמֵינוּ בְּקָרוֹב
אֵל בְּנֵה אֵל בְּנֵה
בְּנֵה בֵיתְךָ בְּקָרוֹב

בָּחוּר הוּא גָּדוֹל הוּא דָּגוּל הוּא
הָדוּר הוּא וָתִיק הוּא זַכַּאי הוּא
חָסִיד הוּא טָהוֹר הוּא יָחִיד הוּא
כַּבִּיר הוּא לָמוּד הוּא מֶלֶךְ הוּא
נוֹרָא הוּא סַגִּיב הוּא עִזּוּז הוּא
פּוֹדֶה הוּא צַדִּיק הוּא קָדוֹשׁ הוּא
רַחוּם הוּא שַׁדַּי הוּא תַּקִּיף הוּא

יִבְנֶה בֵיתוֹ בְּקָרוֹב
בִּמְהֵרָה בִּמְהֵרָה בְּיָמֵינוּ בְּקָרוֹב
אֵל בְּנֵה אֵל בְּנֵה

בְּנֵה בֵיתְךָ בְּקָרוֹב

הפיוט 'אדיר הוא', שאף מחברו לא ידוע, נכתב ככל הנראה לפני כאלף וחמש מאות שנים ומדבר על אודות בניין בית המקדש. בסופו של ליל הסדר, בו הקרבנו בליבנו את קורבן הפסח ובנינו בו את בית המקדש האישי שלנו – מגיע הזמן לשורר ולחלום על בניין בית המקדש הממשי – "אֵל בְּנֵה, אֵל בְּנֵה, בְּנֵה בֵיתְךָ בְּקָרוֹב".

"אחד מי יודע" הוא פיוט עלום ונפלא מימי הביניים. מכיוון שיש בו מבנה מספרי קליט הוא הפך, יחד עם הפיוט הבא, "חד גדיא", לאחד מסימני ההיכר של ליל הסדר. הסיבה לאמירתו בסוף הלילה הזה אינה רק כדי לגרום לילדים להתעורר, אלא גם מפני שיש בו חתימה של המהלך הגדול שאותו עברנו, ושלפיו מכל זוויות המציאות, מכל המספרים ומכל פינה בהיסטוריה עולה קריאה אחת: "אֶחָד אֱלֹהֵינוּ שֶׁבַּשָּׁמַיִם וּבָאָרֶץ".

האחדות האלוהית ['אחד'] המאחדת שמיים וארץ מתורגמת למציאות שלנו באמצעות שני לוחות הברית, שתפקידם להתנהל בפיצול הקיים בעולם הזה ['שניים']. אזי מגיעים אבות האומה, חוליה המאחדת ומתווכת בין שני קצוות הניגודים הקיימים בעולמנו ['שלושה'], ואליהם מצטרפות ארבע האימהות שאחראיות על ההולדה והריבוי של האומה לארבע כנפות הארץ ['ארבע']. התורה שבכתב אמורה להעניק בתוך ארבע רוחות השמיים את הנקודה הפנימית ['חמישה']; ואילו המשנה, התורה שבעל פה, מלמדת אותנו את דבר אלוהים גם בהתנהלות החברתית של בני האדם בממד הזמן של ששת ימי השבוע ['שישה']. אולם, כל ששת צדדי העולם הזה (ימין-שמאל-קדימה-אחורה-למעלה-למטה) יונקים את כוחם מנקודה אמצעית-ערכית ['שבעה'], כיום השבת המעניק משמעות לששת ימי החול. על גבי מדרגה זו, כאשר מטביעים בבשר התינוק את אות הברית, לומדים שניתן

אֶחָד מִי יוֹדֵעַ
אֶחָד אֲנִי יוֹדֵעַ
אֶחָד אֱלֹהֵינוּ
שֶׁבַּשָּׁמַיִם וּבָאָרֶץ

שְׁנַיִם מִי יוֹדֵעַ
שְׁנַיִם אֲנִי יוֹדֵעַ
שְׁנֵי לוּחוֹת הַבְּרִית
אֶחָד אֱלֹהֵינוּ שֶׁבַּשָּׁמַיִם וּבָאָרֶץ

שְׁלוֹשָׁה מִי יוֹדֵעַ
שְׁלוֹשָׁה אֲנִי יוֹדֵעַ
שְׁלוֹשָׁה אָבוֹת
שְׁנֵי לוּחוֹת הַבְּרִית
אֶחָד אֱלֹהֵינוּ שֶׁבַּשָּׁמַיִם וּבָאָרֶץ

אַרְבַּע מִי יוֹדֵעַ
אַרְבַּע אֲנִי יוֹדֵעַ
אַרְבַּע אִמָּהוֹת
שְׁלוֹשָׁה אָבוֹת
שְׁנֵי לוּחוֹת הַבְּרִית
אֶחָד אֱלֹהֵינוּ שֶׁבַּשָּׁמַיִם וּבָאָרֶץ

חֲמִשָּׁה מִי יוֹדֵעַ
חֲמִשָּׁה אֲנִי יוֹדֵעַ
חֲמִשָּׁה חֻמְשֵׁי תוֹרָה
אַרְבַּע אִמָּהוֹת
שְׁלוֹשָׁה אָבוֹת
שְׁנֵי לוּחוֹת הַבְּרִית
אֶחָד אֱלֹהֵינוּ שֶׁבַּשָּׁמַיִם וּבָאָרֶץ

שִׁשָּׁה מִי יוֹדֵעַ
שִׁשָּׁה אֲנִי יוֹדֵעַ
שִׁשָּׁה סִדְרֵי מִשְׁנָה
חֲמִשָּׁה חֻמְשֵׁי תוֹרָה
אַרְבַּע אִמָּהוֹת
שְׁלוֹשָׁה אָבוֹת
שְׁנֵי לוּחוֹת הַבְּרִית
אֶחָד אֱלֹהֵינוּ שֶׁבַּשָּׁמַיִם וּבָאָרֶץ

שִׁבְעָה מִי יוֹדֵעַ
שִׁבְעָה אֲנִי יוֹדֵעַ
שִׁבְעָה יְמֵי שַׁבַּתָּא
שִׁשָּׁה סִדְרֵי מִשְׁנָה
חֲמִשָּׁה חֻמְשֵׁי תוֹרָה
אַרְבַּע אִמָּהוֹת
שְׁלוֹשָׁה אָבוֹת
שְׁנֵי לוּחוֹת הַבְּרִית
אֶחָד אֱלֹהֵינוּ שֶׁבַּשָּׁמַיִם וּבָאָרֶץ

להתגבר ולפרוץ גם את מעגל הטבע של שבעת ימי השבת ביום נוסף ['שמונה'], המאפיין את הממד שמעל הטבע.

לאחר שהוברר לאדם מעלתו העל־טבעית, הוא יכול להוליד חיים בעולם, באמצעות תהליך ההיריון, המתקרב בסכום חודשיו עד למרחק נגיעה בשלמות העשרונית ['תשעה']. אחריו מופיעה השלמות ['עשר'] של דבר האלוהים בהדרכתו לעולם בדיברותיו. דבר זה מאפשר להתקדם הלאה, אל מעבר לשלמות העשרונית־עולמית ['אחד עשר'] ו'לגעת בכוכבים', להכפיל לטובה את ששת צדדי המציאות באמצעות שבטי האומה הישראלית ['שנים עשר'], עד שתלמידי החכמים של האומה יכולים להתאים בכל דור ודור את דבר ה' למציאות המתחדשת באמצעות תוספת שמעבר לשנים־עשר השבטים ['שלש עשרה'], היינו לחדש מהי כוונת התורה בכל רגע, מעבר למצב הקיים כבר באומה, וזאת באמצעות שלוש עשרה המידות שהתורה נדרשת בהם.

שְׁמוֹנָה מִי יוֹדֵעַ
שְׁמוֹנָה אֲנִי יוֹדֵעַ
שְׁמוֹנָה יְמֵי מִילָה
שִׁבְעָה יְמֵי שַׁבַּתָּא
שִׁשָּׁה סִדְרֵי מִשְׁנָה
חֲמִשָּׁה חֻמְשֵׁי תוֹרָה אַרְבַּע אִמָּהוֹת
שְׁלוֹשָׁה אָבוֹת שְׁנֵי לוּחוֹת הַבְּרִית
אֶחָד אֱלֹהֵינוּ שֶׁבַּשָּׁמַיִם וּבָאָרֶץ

תִּשְׁעָה מִי יוֹדֵעַ
תִּשְׁעָה אֲנִי יוֹדֵעַ
תִּשְׁעָה יַרְחֵי לֵדָה
שְׁמוֹנָה יְמֵי מִילָה
שִׁבְעָה יְמֵי שַׁבַּתָּא שִׁשָּׁה סִדְרֵי מִשְׁנָה
חֲמִשָּׁה חֻמְשֵׁי תוֹרָה אַרְבַּע אִמָּהוֹת
שְׁלוֹשָׁה אָבוֹת שְׁנֵי לוּחוֹת הַבְּרִית
אֶחָד אֱלֹהֵינוּ שֶׁבַּשָּׁמַיִם וּבָאָרֶץ

עֲשָׂרָה מִי יוֹדֵעַ
עֲשָׂרָה אֲנִי יוֹדֵעַ
עֲשָׂרָה דִבְּרַיָּא
תִּשְׁעָה יַרְחֵי לֵדָה שְׁמוֹנָה יְמֵי מִילָה
שִׁבְעָה יְמֵי שַׁבַּתָּא שִׁשָּׁה סִדְרֵי מִשְׁנָה
חֲמִשָּׁה חֻמְשֵׁי תוֹרָה אַרְבַּע אִמָּהוֹת
שְׁלוֹשָׁה אָבוֹת שְׁנֵי לוּחוֹת הַבְּרִית
אֶחָד אֱלֹהֵינוּ שֶׁבַּשָּׁמַיִם וּבָאָרֶץ

אַחַד עָשָׂר מִי יוֹדֵעַ
אַחַד עָשָׂר אֲנִי יוֹדֵעַ
אַחַד עָשָׂר כּוֹכְבַיָּא
עֲשָׂרָה דִבְּרַיָּא
תִּשְׁעָה יַרְחֵי לֵדָה
שְׁמוֹנָה יְמֵי מִילָה
שִׁבְעָה יְמֵי שַׁבְּתָא
שִׁשָּׁה סִדְרֵי מִשְׁנָה
חֲמִשָּׁה חֻמְשֵׁי תוֹרָה אַרְבַּע אִמָּהוֹת
שְׁלוֹשָׁה אָבוֹת שְׁנֵי לוּחוֹת הַבְּרִית
אֶחָד אֱלֹהֵינוּ שֶׁבַּשָּׁמַיִם וּבָאָרֶץ

שְׁנֵים עָשָׂר מִי יוֹדֵעַ
שְׁנֵים עָשָׂר אֲנִי יוֹדֵעַ
שְׁנֵים עָשָׂר שִׁבְטַיָּא
אַחַד עָשָׂר כּוֹכְבַיָּא
עֲשָׂרָה דִבְּרַיָּא
תִּשְׁעָה יַרְחֵי לֵדָה
שְׁמוֹנָה יְמֵי מִילָה
שִׁבְעָה יְמֵי שַׁבְּתָא
שִׁשָּׁה סִדְרֵי מִשְׁנָה
חֲמִשָּׁה חֻמְשֵׁי תוֹרָה אַרְבַּע אִמָּהוֹת
שְׁלוֹשָׁה אָבוֹת שְׁנֵי לוּחוֹת הַבְּרִית
אֶחָד אֱלֹהֵינוּ שֶׁבַּשָּׁמַיִם וּבָאָרֶץ

שְׁלוֹשָׁה עָשָׂר מִי יוֹדֵעַ

שְׁלוֹשָׁה עָשָׂר אֲנִי יוֹדֵעַ

שְׁלוֹשָׁה עָשָׂר מִדַּיָּא

שְׁנֵים עָשָׂר שִׁבְטַיָּא

אַחַד עָשָׂר כּוֹכְבַיָּא

עֲשָׂרָה דִבְּרַיָּא

תִּשְׁעָה יַרְחֵי לֵדָה

שְׁמוֹנָה יְמֵי מִילָה

שִׁבְעָה יְמֵי שַׁבְּתָא

שִׁשָּׁה סִדְרֵי מִשְׁנָה

חֲמִשָּׁה חֻמְשֵׁי תוֹרָה

אַרְבַּע אִמָּהוֹת

שְׁלוֹשָׁה אָבוֹת

שְׁנֵי לוּחוֹת הַבְּרִית

אֶחָד

אֱלֹהֵינוּ

שֶׁבַּשָּׁמַיִם וּבָאָרֶץ

חַד גַּדְיָא חַד גַּדְיָא

דִּזְבַן אַבָּא בִּתְרֵי זוּזֵי
חַד גַּדְיָא חַד גַּדְיָא

וַאֲתָא שׁוּנְרָא
וְאָכְלָה לְגַדְיָא
דִּזְבַן אַבָּא בִּתְרֵי זוּזֵי
חַד גַּדְיָא חַד גַּדְיָא

וַאֲתָא כַלְבָּא
וְנָשַׁךְ לְשׁוּנְרָא דְּאָכְלָה לְגַדְיָא
דִּזְבַן אַבָּא בִּתְרֵי זוּזֵי
חַד גַּדְיָא חַד גַּדְיָא

וַאֲתָא חוּטְרָא
וְהִכָּה לְכַלְבָּא
דְּנָשַׁךְ לְשׁוּנְרָא דְּאָכְלָה לְגַדְיָא
דִּזְבַן אַבָּא בִּתְרֵי זוּזֵי
חַד גַּדְיָא חַד גַּדְיָא

וַאֲתָא נוּרָא
וְשָׂרַף לְחוּטְרָא
דְּהִכָּה לְכַלְבָּא
דְּנָשַׁךְ לְשׁוּנְרָא דְּאָכְלָה לְגַדְיָא
דִּזְבַן אַבָּא בִּתְרֵי זוּזֵי
חַד גַּדְיָא חַד גַּדְיָא

הפיוט האחרון, ואולי הידוע מכולם, הוא "חד גדיא". גם מקורו של פיוט זה אינו ידוע, אולם הוא התקבל בקהילות היהודיות במאות השנים האחרונות. ככל התכנים שהתקבלו במסורת האומה, מעבר לפולקלור המשעשע נמצא רעיון רוחני שמותאם לחתימת הלילה הגדול והחשוב מכולם. בליל הסדר אנו מתוודעים להשגחתו של אלוהים עלינו – ובפיוט "חד גדיא" אנו מפנימים זאת תוך כדי ההבטה בשרשרת הנסיבות המפותלת של מהלך נפשנו.

הגדי מבטא תמימות טבעית שאיתה אנו נולדים. אולם תמימות זו 'נטרפת' בידי ערמומיות 'חתולית', ההתחכמות בעת ההתבגרות, מה שגורם לחוצפה ולעזות 'כלבית' שמתקוממת בנפש הנער והנערה כנגד ההתחכמות, בתהליך של הגדרה עצמית. פריצת הגבולות הזו זקוקה ל'מקל חובלים', לחדות חותכת וקרה שתרסן ותעמיד גבולות בנפש, והעמדת הגבולות עצמה זקוקה לאיזון נגדי על ידי אש של התלהבות רגשית, כדי שנפש האדם לא תיחנק. התלהבות זו נכבית מעט במפגש עם 'זרימת החיים' הבוגרת, המבוטאת במים, אותה ניתן 'לשתות' ולתעל אותה לעוצמה טבעית ואדירה המסומלת באמצעות השור, בעל החיים החזק והאימתני. אולם, כל תוכן החיים, עוצמתי ככל שיהיה, 'נשחט' ומתבטל לעומת השכל האנושי, שהוא פסגת הישגי האדם בעולם הזה, ואף השכל הגבוה בטל למול המוות, הקוצב כל דבר אנושי ועולמי.

כל השרשרת הזו עלולה לגרום לתחושת ייאוש ממעגל החיים, הנראה כאילו אינו מוביל לשום מקום – אולם בסופו של דבר מתברר כי גם המוות אינו כיליון סופי, וישנה אלוהות המנצחת את הכול ומביאה גאולה לעולם בכלל ולנפשנו בפרט.

וַאֲתָא מַיָּא וְכָבָה לְנוּרָא
דְשָׂרַף לְחֻטְרָא דְּהִכָּה לְכַלְבָּא
דְּנָשַׁךְ לְשׁוּנְרָא דְּאָכְלָה לְגַדְיָא
דִּזְבַן אַבָּא בִּתְרֵי זוּזֵי
חַד גַּדְיָא חַד גַּדְיָא

וַאֲתָא תוֹרָא
וְשָׁתָה לְמַיָּא דְּכָבָה לְנוּרָא
דְשָׂרַף לְחֻטְרָא דְּהִכָּה לְכַלְבָּא
דְּנָשַׁךְ לְשׁוּנְרָא דְּאָכְלָה לְגַדְיָא
דִּזְבַן אַבָּא בִּתְרֵי זוּזֵי
חַד גַּדְיָא חַד גַּדְיָא

וַאֲתָא הַשּׁוֹחֵט
וְשָׁחַט לְתוֹרָא דְּשָׁתָא לְמַיָּא
דְּכָבָה לְנוּרָא דְשָׂרַף לְחֻטְרָא
דְּהִכָּה לְכַלְבָּא דְּנָשַׁךְ לְשׁוּנְרָא
דְּאָכְלָה לְגַדְיָא
דִּזְבַן אַבָּא בִּתְרֵי זוּזֵי
חַד גַּדְיָא חַד גַּדְיָא

וַאֲתָא מַלְאַךְ הַמָּוֶת
וְשָׁחַט לְשׁוֹחֵט דְּשָׁחַט לְתוֹרָא
דְּשָׁתָא לְמַיָּא דְּכָבָה לְנוּרָא
דְשָׂרַף לְחֻטְרָא דְּהִכָּה לְכַלְבָּא
דְּנָשַׁךְ לְשׁוּנְרָא דְּאָכְלָה לְגַדְיָא
דִּזְבַן אַבָּא בִּתְרֵי זוּזֵי
חַד גַּדְיָא חַד גַּדְיָא

וַאֲתָא הַקָּדוֹשׁ בָּרוּךְ הוּא

וְשָׁחַט לְמַלְאַךְ הַמָּוֶת

דְשָׁחַט לְשׁוֹחֵט דְשָׁחַט לְתוֹרָא

דְשָׁתָא לְמַיָא דְכָבָה לְנוּרָא

דְשָׂרַף לְחֻטְרָא דְהִכָּה לְכַלְבָּא

דְנָשַׁךְ לְשׁוּנְרָא דְאָכְלָה לְגַדְיָא

דִזְבַן אַבָּא בִּתְרֵי זוּזֵי

חַד גַּדְיָא חַד גַּדְיָא

כמה פעמים נראה היה שהכול אבוד? אפילו באמצע השואה, כמה אנשים היו בטוחים שהכול נגמר, שאין עוד יהודים בעולם?

אבל, בסוף הצדק תמיד מנצח. לפעמים זה לוקח רק כמה שנים, לפעמים כמה דורות - אבל הצדק האלוקי מנהיג את העולם לתיקונו. ההיסטוריה שלנו צועקת את זה: המצרים, הבבלים, היוונים, הרומאים. כולם הרשיעו והשחיתו, טימאו, פגעו ושרפו אותנו. נראה היה שהרוע ניצח, שהטוב נעלם, שחושך חזר לשרור על פני תהום. ואולם, תמיד אחרי שנות דור התפזרו העננים ושמי האמת הבהירים חזרו להאיר. כל האומות האכזריות והרעות התפזרו ברוח, והאומה הישראלית חידשה את פניה וכוחותיה והמשיכה להתקדם בדרכה.

ואיך זה נראה בחיים שלי?

לפעמים היו אנשים שהתנשאו עליך, פגעו ורמסו אותך. נראה היה כאילו העוול משתלם והשחיתות מושלת. אבל תיזכר רגע, איך בסוף כוחם הדמיוני התפוגג, התרמית נחשפה והצדק שוב הופיע והתגלה.

"חותמו של הקב"ה - אמת". לעיתים לוקח זמן עד שמזהים את החותמת הזו, אבל גם כשהיא עדיין מטושטשת ולא נראית בבירור, חשוב לזכור: הרוע לא משתלם, והשחיתות לא מחזיקה לזמן ארוך. "צדק צדק תרדוף", "בקש שלום ורדפהו".

שיר
השירים

חייב לעסוק בהלכות פסח וביציאת מצרים כל הלילה עד שיחטפנו שינה,
ורבים נוהגים לומר שיר השירים אחר הסדר.
ולא יקרא קריאת שמע על מיטתו אלא פרשה ראשונה של שמע
ולא שאר המזמורים שאומרים, כי ליל שימורים הוא לה׳.

הלילה המיוחד הזה חשוב מכדי שנבזבז אותו בשינה. בלילה זה נפתחים שערי השמיים, ואיננו רוצים להחמיץ בו ולו שנייה אחת. אי לכך, למרות הקושי, נהגו בעם ישראל להישאר ערים לאחר ליל הסדר ולהמשיך ללמוד כיצד יוצאים מהמְּצָרים[179] (סך הכול, לאחר פינוי הכלים וארגון השולחן נותרו רק שעות ספורות עד הנץ החמה. קטן עלינו...).

מי שבכל זאת החליט ללכת לישון בלילה הזה – אינו צריך לומר את המזמורים המלווים את קריאת שמע על המיטה.[180] בלילה רגיל אנו אומרים קריאת שמע מלאה מפני שהלילה הוא זמן סכנה – האפלה שולטת, כוחות העשייה וההכרה מושבתים, ואנו נשלטים בידי כוחות רגש ודמיון פראיים: סיוטים, שדים ורוחות המתעוררים ממאורותיהם. לכן אנו אומרים קריאת שמע על המיטה[181] – כדי להפנים בשניות האחרונות שלפני שקיעתנו בשינה כי כל כוחות החיים, על כל המורכבות וה'אלוהים' השונים המצויים בהם – כולם חלק מאחדות אחת, ואליה הם זורמים. בנוסף אנו אומרים מזמורי תהילים שמגבירים בנו את הביטחון כנגד כל המזיקים, החיצוניים והפנימיים, שמתעוררים בלילה.

כאמור, כל זה אמור בלילה רגיל, אולם לילה זה הוא לילה שונה, "ליל שימורים"[182] "המשומר מן המזיקים".[183] בסוף ליל הסדר אנו מצויים במקום אחר: מעל הזמן, מעל החולשות, מעל הסכנות, מעל הכישלונות והאכזבות – בני חורין! – ולכן איננו צריכים לומר את מזמורי ההגנה.

אחד התכנים המתבקשים לאמירה בלילה זה הוא שיר השירים. זוהי המגילה הראשונה מבין חמש המגילות שב"כתובים" בתנ"ך, שחוברה בידי שלמה המלך,[184] ואין זמן מתאים יותר לשורר אותה מאשר ברגע הזה. על מגילת שיר השירים אמרו חז"ל "אין כל העולם כולו כדאי כיום שניתן בו שיר השירים לישראל, שכל הכתובים קודש ושיר השירים קודש קודשים".[185] כל מצבי החיים, תנודות הרוח, האכזבות, השמחות והגעגועים, העליות והירידות במערכת היחסים בין כנסת ישראל לבורא עולם וכל האהבה המצויה בין נפשנו הפרטית לבין אלוהים – כל אלה באים לביטויים בפסוקי עלילת האהבה שבין הרעיה לדודה המפורטת בשיר השירים.

שיר השירים של ההשלמה:

לא מאבק, אלא תנועה משותפת.

לא חיכוך, כי אם הפריה.

הלילה מפנים את היום והיום מגלה את הלילה.

העלייה מקדמת, והירידה מאזנת ומאוררת.

הגוף מוריד והנשמה מעלה.

השכל מרכיב, התמימות מפשיטה.

הכאב פותח חלל והשמחה ממלאת אור.

הדוד מתבונן מעל, והרעיה חווה מבפנים.

השונה מחדד ומתסיס והדומה מחזק ומייצב.

האהבה מאחדת וכוללת, והשנאה מפרידה אל העצמי.

הפרט יוצר אישיות והכלל יוצר מרחב.

אלוהים בורא אדם, והאדם - בצלמו של האלוהים.

הזמן שבו אנו נמצאים עכשיו בליל הסדר, רגע לידתה של האומה הישראלית והופעתה על בימת ההיסטוריה – הוא הזמן המתאים ביותר לשורר את שיר השירים. גם לאחר שנסיים את הלילה הזה ונמשיך בחיינו נזכור שאין זה משנה מה עוד יתרחש, אלא גם במשברים שיבואו, גם ברגעי השגרה הקטנוניים וגם ברגעי השמחה והאושר, הצער והמוות, ואף בנפילות האישיות והחברתיות – "כֻּלָּךְ יָפָה רַעְיָתִי וּמוּם אֵין בָּךְ".[186] האמון, האהבה והתקווה ימשיכו תמיד להיות הכוחות השולטים בעולם. ניתן לנצח את הכול, לצאת מהמְצָרים, להתגבר על הכישלונות, להשתחרר מן השעבודים. יש יציאת מצרים. יש ליל הסדר. יש שיר השירים. יש אלוהים!

א א ב שִׁיר הַשִּׁירִים אֲשֶׁר לִשְׁלֹמֹה׃ יִשָּׁקֵנִי מִנְּשִׁיקוֹת פִּיהוּ כִּי־טוֹבִים דֹּדֶיךָ
ג מִיָּיִן׃ לְרֵיחַ שְׁמָנֶיךָ טוֹבִים שֶׁמֶן תּוּרַק שְׁמֶךָ עַל־כֵּן עֲלָמוֹת אֲהֵבוּךָ׃
ד מָשְׁכֵנִי אַחֲרֶיךָ נָּרוּצָה הֱבִיאַנִי הַמֶּלֶךְ חֲדָרָיו נָגִילָה וְנִשְׂמְחָה בָּךְ
ה נַזְכִּירָה דֹדֶיךָ מִיַּיִן מֵישָׁרִים אֲהֵבוּךָ׃ שְׁחוֹרָה אֲנִי וְנָאוָה
ו בְּנוֹת יְרוּשָׁלָ͏ִם כְּאָהֳלֵי קֵדָר כִּירִיעוֹת שְׁלֹמֹה׃ אַל־תִּרְאוּנִי שֶׁאֲנִי
שְׁחַרְחֹרֶת שֶׁשֱּׁזָפַתְנִי הַשָּׁמֶשׁ בְּנֵי אִמִּי נִחֲרוּ־בִי שָׂמֻנִי נֹטֵרָה אֶת־
ז הַכְּרָמִים כַּרְמִי שֶׁלִּי לֹא נָטָרְתִּי׃ הַגִּידָה לִּי שֶׁאָהֲבָה נַפְשִׁי אֵיכָה
תִרְעֶה אֵיכָה תַּרְבִּיץ בַּצָּהֳרָיִם שַׁלָּמָה אֶהְיֶה כְּעֹטְיָה עַל עֶדְרֵי
ח חֲבֵרֶיךָ׃ אִם־לֹא תֵדְעִי לָךְ הַיָּפָה בַּנָּשִׁים צְאִי־לָךְ בְּעִקְבֵי הַצֹּאן וּרְעִי
ט אֶת־גְּדִיֹּתַיִךְ עַל מִשְׁכְּנוֹת הָרֹעִים׃ לְסֻסָתִי בְּרִכְבֵי פַרְעֹה
יא דִּמִּיתִיךְ רַעְיָתִי׃ נָאווּ לְחָיַיִךְ בַּתֹּרִים צַוָּארֵךְ בַּחֲרוּזִים׃ תּוֹרֵי זָהָב
יב נַעֲשֶׂה־לָּךְ עִם נְקֻדּוֹת הַכָּסֶף׃ עַד־שֶׁהַמֶּלֶךְ בִּמְסִבּוֹ נִרְדִּי נָתַן רֵיחוֹ׃
יג יד צְרוֹר הַמֹּר ׀ דּוֹדִי לִי בֵּין שָׁדַי יָלִין׃ אֶשְׁכֹּל הַכֹּפֶר ׀ דּוֹדִי לִי בְּכַרְמֵי
טו טז עֵין גֶּדִי׃ הִנָּךְ יָפָה רַעְיָתִי הִנָּךְ יָפָה עֵינַיִךְ יוֹנִים׃ הִנְּךָ יָפֶה
יז דוֹדִי אַף נָעִים אַף־עַרְשֵׂנוּ רַעֲנָנָה׃ קֹרוֹת בָּתֵּינוּ אֲרָזִים רחיטנו רָהִיטֵנוּ
ב א ב בְּרוֹתִים׃ אֲנִי חֲבַצֶּלֶת הַשָּׁרוֹן שׁוֹשַׁנַּת הָעֲמָקִים׃ כְּשׁוֹשַׁנָּה בֵּין
ג הַחוֹחִים כֵּן רַעְיָתִי בֵּין הַבָּנוֹת׃ כְּתַפּוּחַ בַּעֲצֵי הַיַּעַר כֵּן דּוֹדִי בֵּין
ד הַבָּנִים בְּצִלּוֹ חִמַּדְתִּי וְיָשַׁבְתִּי וּפִרְיוֹ מָתוֹק לְחִכִּי׃ הֱבִיאַנִי אֶל־בֵּית
ה הַיָּיִן וְדִגְלוֹ עָלַי אַהֲבָה׃ סַמְּכוּנִי בָּאֲשִׁישׁוֹת רַפְּדוּנִי בַּתַּפּוּחִים כִּי־
ו ז חוֹלַת אַהֲבָה אָנִי׃ שְׂמֹאלוֹ תַּחַת לְרֹאשִׁי וִימִינוֹ תְּחַבְּקֵנִי׃ הִשְׁבַּעְתִּי
אֶתְכֶם בְּנוֹת יְרוּשָׁלַ͏ִם בִּצְבָאוֹת אוֹ בְּאַיְלוֹת הַשָּׂדֶה אִם־תָּעִירוּ ׀
ח וְאִם־תְּעוֹרְרוּ אֶת־הָאַהֲבָה עַד שֶׁתֶּחְפָּץ׃ קוֹל דּוֹדִי הִנֵּה־
ט זֶה בָּא מְדַלֵּג עַל־הֶהָרִים מְקַפֵּץ עַל־הַגְּבָעוֹת׃ דּוֹמֶה דוֹדִי לִצְבִי אוֹ
לְעֹפֶר הָאַיָּלִים הִנֵּה־זֶה עוֹמֵד אַחַר כָּתְלֵנוּ מַשְׁגִּיחַ מִן־הַחַלֹּנוֹת
י מֵצִיץ מִן־הַחֲרַכִּים׃ עָנָה דוֹדִי וְאָמַר לִי קוּמִי לָךְ רַעְיָתִי יָפָתִי וּלְכִי־
יא יב לָךְ׃ כִּי־הִנֵּה הַסְּתָו עָבָר הַגֶּשֶׁם חָלַף הָלַךְ לוֹ׃ הַנִּצָּנִים נִרְאוּ בָאָרֶץ

יג עֵ֥ת הַזָּמִ֖יר הִגִּ֑יעַ וְק֥וֹל הַתּ֖וֹר נִשְׁמַ֥ע בְּאַרְצֵֽנוּ׃ הַתְּאֵנָה֙ חָֽנְטָ֣ה פַגֶּ֔יהָ
וְהַגְּפָנִ֥ים ׀ סְמָדַ֖ר נָ֣תְנוּ רֵ֑יחַ ק֥וּמִי לכי רַעְיָתִ֥י יָפָתִ֖י וּלְכִי־ לָ֛ךְ
יד לָֽךְ׃ יוֹנָתִ֞י בְּחַגְוֵ֣י הַסֶּ֗לַע בְּסֵ֙תֶר֙ הַמַּדְרֵגָ֔ה הַרְאִ֙ינִי֙ אֶת־
מַרְאַ֔יִךְ הַשְׁמִיעִ֖נִי אֶת־קוֹלֵ֑ךְ כִּֽי־קוֹלֵ֥ךְ עָרֵ֖ב וּמַרְאֵ֥יךְ
טו נָאוֶֽה׃ אֶֽחֱזוּ־לָ֙נוּ֙ שֽׁוּעָלִ֔ים שֻֽׁעָלִ֖ים קְטַנִּ֑ים מְחַבְּלִ֣ים כְּרָמִ֔ים
טז יז וּכְרָמֵ֖ינוּ סְמָדַֽר׃ דּוֹדִ֥י לִי֙ וַאֲנִ֣י ל֔וֹ הָרֹעֶ֖ה בַּשּׁוֹשַׁנִּֽים׃ עַ֤ד שֶׁיָּפ֙וּחַ֙ הַיּ֔וֹם
וְנָ֖סוּ הַצְּלָלִ֑ים סֹב֩ דְּמֵה־לְךָ֨ דוֹדִ֜י לִצְבִ֗י א֛וֹ לְעֹ֥פֶר הָֽאַיָּלִ֖ים עַל־הָ֥רֵי
ג א בָֽתֶר׃ עַל־מִשְׁכָּבִי֙ בַּלֵּיל֔וֹת בִּקַּ֕שְׁתִּי אֵ֥ת שֶׁאָהֲבָ֖ה נַפְשִׁ֑י
ב בִּקַּשְׁתִּ֖יו וְלֹ֥א מְצָאתִֽיו׃ אָק֨וּמָה נָּ֜א וַאֲסוֹבְבָ֣ה בָעִ֗יר בַּשְּׁוָקִים֙
וּבָ֣רְחֹב֔וֹת אֲבַקְשָׁ֕ה אֵ֥ת שֶׁאָהֲבָ֖ה נַפְשִׁ֑י בִּקַּשְׁתִּ֖יו וְלֹ֥א מְצָאתִֽיו׃
ג ד מְצָא֙וּנִי֙ הַשֹּׁ֣מְרִ֔ים הַסֹּבְבִ֖ים בָּעִ֑יר אֵ֛ת שֶׁאָהֲבָ֥ה נַפְשִׁ֖י רְאִיתֶֽם׃ כִּמְעַט֙
שֶׁעָבַ֣רְתִּי מֵהֶ֔ם עַ֣ד שֶׁמָּצָ֔אתִי אֵ֖ת שֶׁאָהֲבָ֣ה נַפְשִׁ֑י אֲחַזְתִּיו֙ וְלֹ֣א אַרְפֶּ֔נּוּ
ה עַד־שֶׁהֲבֵיאתִיו֙ אֶל־בֵּ֣ית אִמִּ֔י וְאֶל־חֶ֖דֶר הוֹרָתִֽי׃ הִשְׁבַּ֨עְתִּי אֶתְכֶ֜ם
בְּנ֤וֹת יְרֽוּשָׁלִַ֙ם֙ בִּצְבָא֔וֹת א֖וֹ בְּאַיְל֣וֹת הַשָּׂדֶ֑ה אִם־תָּעִ֧ירוּ ׀ וְֽאִם־תְּעֽוֹרְר֛וּ
ו אֶת־הָאַהֲבָ֖ה עַ֥ד שֶׁתֶּחְפָּֽץ׃ מִ֣י זֹ֗את עֹלָה֙ מִן־הַמִּדְבָּ֔ר
ז כְּתִֽימֲר֖וֹת עָשָׁ֑ן מְקֻטֶּ֤רֶת מוֹר֙ וּלְבוֹנָ֔ה מִכֹּ֖ל אַבְקַ֥ת רוֹכֵֽל׃ הִנֵּ֗ה מִטָּתוֹ֙
ח שֶׁלִּשְׁלֹמֹ֔ה שִׁשִּׁ֥ים גִּבֹּרִ֖ים סָבִ֣יב לָ֑הּ מִגִּבֹּרֵ֖י יִשְׂרָאֵֽל׃ כֻּלָּם֙ אֲחֻ֣זֵי חֶ֔רֶב
ט מְלֻמְּדֵ֖י מִלְחָמָ֑ה אִ֤ישׁ חַרְבּוֹ֙ עַל־יְרֵכ֔וֹ מִפַּ֖חַד בַּלֵּילֽוֹת׃ אַפִּרְי֗וֹן
י עָ֤שָׂה לוֹ֙ הַמֶּ֣לֶךְ שְׁלֹמֹ֔ה מֵעֲצֵ֖י הַלְּבָנֽוֹן׃ עַמּוּדָיו֙ עָ֣שָׂה כֶ֔סֶף רְפִידָת֣וֹ
יא זָהָ֔ב מֶרְכָּב֖וֹ אַרְגָּמָ֑ן תּוֹכוֹ֙ רָצ֣וּף אַהֲבָ֔ה מִבְּנ֖וֹת יְרוּשָׁלִָֽם׃ צְאֶ֧ינָה ׀
וּֽרְאֶ֛ינָה בְּנ֥וֹת צִיּ֖וֹן בַּמֶּ֣לֶךְ שְׁלֹמֹ֑ה בָּעֲטָרָ֗ה שֶׁעִטְּרָה־לּ֤וֹ אִמּוֹ֙ בְּי֣וֹם
ד א חֲתֻנָּת֔וֹ וּבְי֖וֹם שִׂמְחַ֥ת לִבּֽוֹ׃ הִנָּ֨ךְ יָפָ֤ה רַעְיָתִי֙ הִנָּ֣ךְ יָפָ֔ה
עֵינַ֣יִךְ יוֹנִ֔ים מִבַּ֖עַד לְצַמָּתֵ֑ךְ שַׂעְרֵךְ֙ כְּעֵ֣דֶר הָֽעִזִּ֔ים שֶׁגָּלְשׁ֖וּ מֵהַ֥ר גִּלְעָֽד׃
ב שִׁנַּ֙יִךְ֙ כְּעֵ֣דֶר הַקְּצוּב֔וֹת שֶׁעָל֖וּ מִן־הָרַחְצָ֑ה שֶׁכֻּלָּם֙ מַתְאִימ֔וֹת וְשַׁכֻּלָ֖ה
ג אֵ֥ין בָּהֶֽם׃ כְּח֤וּט הַשָּׁנִי֙ שִׂפְתוֹתַ֔יִךְ וּמִדְבָּרֵ֖יךְ נָאוֶ֑ה כְּפֶ֤לַח הָֽרִמּוֹן֙ רַקָּתֵ֔ךְ
ד מִבַּ֖עַד לְצַמָּתֵֽךְ׃ כְּמִגְדַּ֤ל דָּוִיד֙ צַוָּארֵ֔ךְ בָּנ֖וּי לְתַלְפִּיּ֑וֹת אֶ֤לֶף הַמָּגֵן֙ תָּל֣וּי

ה עָלָיו כֹּל שִׁלְטֵי הַגִּבּוֹרִים: שְׁנֵי שָׁדַיִךְ כִּשְׁנֵי עֳפָרִים תְּאוֹמֵי צְבִיָּה
ו הָרוֹעִים בַּשּׁוֹשַׁנִּים: עַד שֶׁיָּפוּחַ הַיּוֹם וְנָסוּ הַצְּלָלִים אֵלֶךְ לִי אֶל־הַר
ז הַמּוֹר וְאֶל־גִּבְעַת הַלְּבוֹנָה: כֻּלָּךְ יָפָה רַעְיָתִי וּמוּם אֵין
ח בָּךְ: אִתִּי מִלְּבָנוֹן כַּלָּה אִתִּי מִלְּבָנוֹן תָּבוֹאִי תָּשׁוּרִי | מֵרֹאשׁ
ט אֲמָנָה מֵרֹאשׁ שְׂנִיר וְחֶרְמוֹן מִמְּעֹנוֹת אֲרָיוֹת מֵהַרְרֵי נְמֵרִים: לִבַּבְתִּנִי
י אֲחֹתִי כַלָּה לִבַּבְתִּנִי באחד מֵעֵינַיִךְ בְּאַחַד עֲנָק מִצַּוְּרֹנָיִךְ: מַה־יָּפוּ בְּאַחַת
דֹדַיִךְ אֲחֹתִי כַלָּה מַה־טֹּבוּ דֹדַיִךְ מִיַּיִן וְרֵיחַ שְׁמָנַיִךְ מִכָּל־בְּשָׂמִים:
יא נֹפֶת תִּטֹּפְנָה שִׂפְתוֹתַיִךְ כַּלָּה דְּבַשׁ וְחָלָב תַּחַת לְשׁוֹנֵךְ וְרֵיחַ שַׂלְמֹתַיִךְ
יב כְּרֵיחַ לְבָנוֹן: גַּן | נָעוּל אֲחֹתִי כַלָּה גַּל נָעוּל מַעְיָן חָתוּם:
יג יד שְׁלָחַיִךְ פַּרְדֵּס רִמּוֹנִים עִם פְּרִי מְגָדִים כְּפָרִים עִם־נְרָדִים: נֵרְדְּ |
וְכַרְכֹּם קָנֶה וְקִנָּמוֹן עִם כָּל־עֲצֵי לְבוֹנָה מֹר וַאֲהָלוֹת עִם כָּל־רָאשֵׁי
טו טז בְשָׂמִים: מַעְיַן גַּנִּים בְּאֵר מַיִם חַיִּים וְנֹזְלִים מִן־לְבָנוֹן: עוּרִי צָפוֹן
וּבוֹאִי תֵימָן הָפִיחִי גַנִּי יִזְּלוּ בְשָׂמָיו יָבֹא דוֹדִי לְגַנּוֹ וְיֹאכַל פְּרִי מְגָדָיו:
ה א בָּאתִי לְגַנִּי אֲחֹתִי כַלָּה אָרִיתִי מוֹרִי עִם־בְּשָׂמִי אָכַלְתִּי יַעְרִי עִם־
דִּבְשִׁי שָׁתִיתִי יֵינִי עִם־חֲלָבִי אִכְלוּ רֵעִים שְׁתוּ וְשִׁכְרוּ
ב דּוֹדִים: אֲנִי יְשֵׁנָה וְלִבִּי עֵר קוֹל | דּוֹדִי דוֹפֵק פִּתְחִי־לִי
אֲחֹתִי רַעְיָתִי יוֹנָתִי תַמָּתִי שֶׁרֹּאשִׁי נִמְלָא־טָל קְוֻצּוֹתַי רְסִיסֵי לָיְלָה:
ג פָּשַׁטְתִּי אֶת־כֻּתָּנְתִּי אֵיכָכָה אֶלְבָּשֶׁנָּה רָחַצְתִּי אֶת־רַגְלַי אֵיכָכָה
ד ה אֲטַנְּפֵם: דּוֹדִי שָׁלַח יָדוֹ מִן־הַחֹר וּמֵעַי הָמוּ עָלָיו: קַמְתִּי אֲנִי לִפְתֹּחַ
ו לְדוֹדִי וְיָדַי נָטְפוּ־מוֹר וְאֶצְבְּעֹתַי מוֹר עֹבֵר עַל כַּפּוֹת הַמַּנְעוּל: פָּתַחְתִּי
אֲנִי לְדוֹדִי וְדוֹדִי חָמַק עָבָר נַפְשִׁי יָצְאָה בְדַבְּרוֹ בִּקַּשְׁתִּיהוּ וְלֹא
ז מְצָאתִיהוּ קְרָאתִיו וְלֹא עָנָנִי: מְצָאֻנִי הַשֹּׁמְרִים הַסֹּבְבִים בָּעִיר הִכּוּנִי
ח פְצָעוּנִי נָשְׂאוּ אֶת־רְדִידִי מֵעָלַי שֹׁמְרֵי הַחֹמוֹת: הִשְׁבַּעְתִּי אֶתְכֶם
בְּנוֹת יְרוּשָׁלָםִ אִם־תִּמְצְאוּ אֶת־דּוֹדִי מַה־תַּגִּידוּ לוֹ שֶׁחוֹלַת אַהֲבָה
ט אָנִי: מַה־דּוֹדֵךְ מִדּוֹד הַיָּפָה בַּנָּשִׁים מַה־דּוֹדֵךְ מִדּוֹד שֶׁכָּכָה
י יא הִשְׁבַּעְתָּנוּ: דּוֹדִי צַח וְאָדוֹם דָּגוּל מֵרְבָבָה: רֹאשׁוֹ כֶּתֶם פָּז קְוֻצּוֹתָיו

תַּלְתַּלִּים שְׁחֹרוֹת כָּעוֹרֵב׃ עֵינָיו כְּיוֹנִים עַל־אֲפִיקֵי מָיִם רֹחֲצוֹת בֶּחָלָב יב
יֹשְׁבוֹת עַל־מִלֵּאת׃ לְחָיָו כַּעֲרוּגַת הַבֹּשֶׂם מִגְדְּלוֹת מֶרְקָחִים יג
שִׂפְתוֹתָיו שׁוֹשַׁנִּים נֹטְפוֹת מוֹר עֹבֵר׃ יָדָיו גְּלִילֵי זָהָב מְמֻלָּאִים יד
בַּתַּרְשִׁישׁ מֵעָיו עֶשֶׁת שֵׁן מְעֻלֶּפֶת סַפִּירִים׃ שׁוֹקָיו עַמּוּדֵי שֵׁשׁ טו
מְיֻסָּדִים עַל־אַדְנֵי־פָז מַרְאֵהוּ כַּלְּבָנוֹן בָּחוּר כָּאֲרָזִים׃ חִכּוֹ מַמְתַקִּים טז
וְכֻלּוֹ מַחֲמַדִּים זֶה דוֹדִי וְזֶה רֵעִי בְּנוֹת יְרוּשָׁלִָם׃ אָנָה הָלַךְ דּוֹדֵךְ ו א
הַיָּפָה בַּנָּשִׁים אָנָה פָּנָה דוֹדֵךְ וּנְבַקְשֶׁנּוּ עִמָּךְ׃ דּוֹדִי יָרַד לְגַנּוֹ לַעֲרֻגוֹת ב
הַבֹּשֶׂם לִרְעוֹת בַּגַּנִּים וְלִלְקֹט שׁוֹשַׁנִּים׃ אֲנִי לְדוֹדִי וְדוֹדִי לִי הָרֹעֶה ג
בַּשּׁוֹשַׁנִּים׃

יָפָה אַתְּ רַעְיָתִי כְּתִרְצָה נָאוָה כִּירוּשָׁלִָם אֲיֻמָּה כַּנִּדְגָּלוֹת׃ הָסֵבִּי ד ה
עֵינַיִךְ מִנֶּגְדִּי שֶׁהֵם הִרְהִיבֻנִי שַׂעְרֵךְ כְּעֵדֶר הָעִזִּים שֶׁגָּלְשׁוּ מִן־הַגִּלְעָד׃
שִׁנַּיִךְ כְּעֵדֶר הָרְחֵלִים שֶׁעָלוּ מִן־הָרַחְצָה שֶׁכֻּלָּם מַתְאִימוֹת וְשַׁכֻּלָה ו
אֵין בָּהֶם׃ כְּפֶלַח הָרִמּוֹן רַקָּתֵךְ מִבַּעַד לְצַמָּתֵךְ׃ שִׁשִּׁים הֵמָּה מְלָכוֹת ז ח
וּשְׁמֹנִים פִּילַגְשִׁים וַעֲלָמוֹת אֵין מִסְפָּר׃ אַחַת הִיא יוֹנָתִי תַמָּתִי אַחַת ט
הִיא לְאִמָּהּ בָּרָה הִיא לְיוֹלַדְתָּהּ רָאוּהָ בָנוֹת וַיְאַשְּׁרוּהָ מְלָכוֹת
וּפִילַגְשִׁים וַיְהַלְלוּהָ׃ מִי־זֹאת הַנִּשְׁקָפָה כְּמוֹ־שָׁחַר יָפָה י
כַלְּבָנָה בָּרָה כַּחַמָּה אֲיֻמָּה כַּנִּדְגָּלוֹת׃ אֶל־גִּנַּת אֱגוֹז יָרַדְתִּי לִרְאוֹת יא
בְּאִבֵּי הַנָּחַל לִרְאוֹת הֲפָרְחָה הַגֶּפֶן הֵנֵצוּ הָרִמֹּנִים׃ לֹא יָדַעְתִּי נַפְשִׁי יב
שָׂמַתְנִי מַרְכְּבוֹת עַמִּי נָדִיב׃ שׁוּבִי שׁוּבִי הַשּׁוּלַמִּית שׁוּבִי שׁוּבִי ז א
וְנֶחֱזֶה־בָּךְ מַה־תֶּחֱזוּ בַּשּׁוּלַמִּית כִּמְחֹלַת הַמַּחֲנָיִם׃ מַה־יָּפוּ פְעָמַיִךְ ב
בַּנְּעָלִים בַּת־נָדִיב חַמּוּקֵי יְרֵכַיִךְ כְּמוֹ חֲלָאִים מַעֲשֵׂה יְדֵי אָמָּן׃ שָׁרְרֵךְ ג
אַגַּן הַסַּהַר אַל־יֶחְסַר הַמָּזֶג בִּטְנֵךְ עֲרֵמַת חִטִּים סוּגָה בַּשּׁוֹשַׁנִּים׃
שְׁנֵי שָׁדַיִךְ כִּשְׁנֵי עֳפָרִים תָּאֳמֵי צְבִיָּה׃ צַוָּארֵךְ כְּמִגְדַּל הַשֵּׁן עֵינַיִךְ ד ה
בְּרֵכוֹת בְּחֶשְׁבּוֹן עַל־שַׁעַר בַּת־רַבִּים אַפֵּךְ כְּמִגְדַּל הַלְּבָנוֹן צוֹפֶה
פְּנֵי דַמָּשֶׂק׃ רֹאשֵׁךְ עָלַיִךְ כַּכַּרְמֶל וְדַלַּת רֹאשֵׁךְ כָּאַרְגָּמָן מֶלֶךְ אָסוּר ו
בָּרְהָטִים׃ מַה־יָּפִית וּמַה־נָּעַמְתְּ אַהֲבָה בַּתַּעֲנוּגִים׃ זֹאת קוֹמָתֵךְ ז ח

ט דָּמְתָה לְתָמָר וְשָׁדַיִךְ לְאַשְׁכֹּלוֹת: אָמַרְתִּי אֶעֱלֶה בְתָמָר אֹחֲזָה
י בְּסַנְסִנָּיו וְיִהְיוּ־נָא שָׁדַיִךְ כְּאֶשְׁכְּלוֹת הַגֶּפֶן וְרֵיחַ אַפֵּךְ כַּתַּפּוּחִים: וְחִכֵּךְ
יא כְּיֵין הַטּוֹב הוֹלֵךְ לְדוֹדִי לְמֵישָׁרִים דּוֹבֵב שִׂפְתֵי יְשֵׁנִים: אֲנִי לְדוֹדִי
יב יג וְעָלַי תְּשׁוּקָתוֹ: לְכָה דוֹדִי נֵצֵא הַשָּׂדֶה נָלִינָה בַּכְּפָרִים: נַשְׁכִּימָה
לַכְּרָמִים נִרְאֶה אִם־פָּרְחָה הַגֶּפֶן פִּתַּח הַסְּמָדַר הֵנֵצוּ הָרִמּוֹנִים שָׁם
יד אֶתֵּן אֶת־דֹּדַי לָךְ: הַדּוּדָאִים נָתְנוּ־רֵיחַ וְעַל־פְּתָחֵינוּ כָּל־מְגָדִים
ח א חֲדָשִׁים גַּם־יְשָׁנִים דּוֹדִי צָפַנְתִּי לָךְ: מִי יִתֶּנְךָ כְּאָח לִי יוֹנֵק שְׁדֵי
ב אִמִּי אֶמְצָאֲךָ בַחוּץ אֶשָּׁקְךָ גַּם לֹא־יָבֻזוּ לִי: אֶנְהָגֲךָ אֲבִיאֲךָ אֶל־
ג בֵּית אִמִּי תְּלַמְּדֵנִי אַשְׁקְךָ מִיַּיִן הָרֶקַח מֵעֲסִיס רִמֹּנִי: שְׂמֹאלוֹ תַּחַת
ד רֹאשִׁי וִימִינוֹ תְּחַבְּקֵנִי: הִשְׁבַּעְתִּי אֶתְכֶם בְּנוֹת יְרוּשָׁלָ͏ִם מַה־תָּעִירוּ ׀
ה וּמַה־תְּעֹרְרוּ אֶת־הָאַהֲבָה עַד שֶׁתֶּחְפָּץ: מִי זֹאת עֹלָה
מִן־הַמִּדְבָּר מִתְרַפֶּקֶת עַל־דּוֹדָהּ תַּחַת הַתַּפּוּחַ עוֹרַרְתִּיךָ שָׁמָּה
ו חִבְּלַתְךָ אִמֶּךָ שָׁמָּה חִבְּלָה יְלָדַתְךָ: שִׂימֵנִי כַחוֹתָם עַל־לִבֶּךָ כַּחוֹתָם
עַל־זְרוֹעֶךָ כִּי־עַזָּה כַמָּוֶת אַהֲבָה קָשָׁה כִשְׁאוֹל קִנְאָה רְשָׁפֶיהָ רִשְׁפֵּי
ז אֵשׁ שַׁלְהֶבֶתְיָה: מַיִם רַבִּים לֹא יוּכְלוּ לְכַבּוֹת אֶת־הָאַהֲבָה וּנְהָרוֹת
לֹא יִשְׁטְפוּהָ אִם־יִתֵּן אִישׁ אֶת־כָּל־הוֹן בֵּיתוֹ בָּאַהֲבָה בּוֹז יָבוּזוּ
ח לוֹ: אָחוֹת לָנוּ קְטַנָּה וְשָׁדַיִם אֵין לָהּ מַה־נַּעֲשֶׂה לַאֲחוֹתֵנוּ
ט בַּיּוֹם שֶׁיְּדֻבַּר־בָּהּ: אִם־חוֹמָה הִיא נִבְנֶה עָלֶיהָ טִירַת כָּסֶף וְאִם־דֶּלֶת
י הִיא נָצוּר עָלֶיהָ לוּחַ אָרֶז: אֲנִי חוֹמָה וְשָׁדַי כַּמִּגְדָּלוֹת אָז הָיִיתִי
יא בְעֵינָיו כְּמוֹצְאֵת שָׁלוֹם: כֶּרֶם הָיָה לִשְׁלֹמֹה בְּבַעַל הָמוֹן נָתַן אֶת־
יב הַכֶּרֶם לַנֹּטְרִים אִישׁ יָבִא בְּפִרְיוֹ אֶלֶף כָּסֶף: כַּרְמִי שֶׁלִּי לְפָנָי הָאֶלֶף
יג לְךָ שְׁלֹמֹה וּמָאתַיִם לְנֹטְרִים אֶת־פִּרְיוֹ: הַיּוֹשֶׁבֶת בַּגַּנִּים חֲבֵרִים
יד מַקְשִׁיבִים לְקוֹלֵךְ הַשְׁמִיעִנִי: בְּרַח ׀ דּוֹדִי וּדְמֵה־לְךָ לִצְבִי אוֹ לְעֹפֶר
הָאַיָּלִים עַל הָרֵי בְשָׂמִים:

סיכום סימני החג

קַדֵּשׁ – (עושים קידוש על היין). החג הלאומי נפתח דווקא בפנייה אל האדם הפרטי: את, אתה – קדשו את חייכם! אל תישארו מצומצמים בחייכם הפרטיים, אלא חברו אותם לשרשרת הדורות הלאומית הנולדת בליל זה, ומצאו את המסלול הייחודי שלכם בדרך אל הקדושה.

וּרְחַץ – (נוטלים ידיים ללא ברכה). אחרי ההכרזה על השאיפה להגיע לקדושה יש לטפל במדרגתנו הנוכחית: רחצו וטהרו את הפעולות הנעשות באמצעות הידיים, המבטאות את כלי העשייה הנוכחיים, טהרה שתוביל אתכם באופן מדורג אל המטרה.

כַּרְפַּס – (אוכלים ירק טבול במי מלח). בלילה מיוחד זה יש מקום גם לנטיות שמהן אנו נזהרים לאורך שאר השנה. אנו אוכלים ירק כדי לגרות את התיאבון (מתאבן), ובכך מצהירים על המטרה: להעלות את הממדים החומריים אל הקודש המופיע בו.

יַחַץ – (חוצים את המצה לשני חלקים: חלק למצה שבפתיחת הסעודה, וחלק למצת האפיקומן הנאכלת בסוף הסעודה, לאחר השביעה). עדיין אין להתבלבל ולטשטש בין המדרגות: יש לחצות ולחלק בין האכילה הנעשית כאמצעי לקיום גופנו ובאה מצד הרעב, לבין האכילה בעלת הערך העצמי שתתבטא באפיקומן הנאכל בסוף הארוחה.

מַגִּיד – (אומרים את ההגדה). כדי לקדש את הממדים הנמוכים של המציאות יש לפתח תודעה ברורה המוגדת ב"פה-סח". בלילה הזה אנו משוחחים על אודות השחרור מהעבדות שבה היינו במצרים, הן בצד הפיזי והן בצד הנפשי, וכיצד נגיע לארץ ישראל ולבניית בית המקדש.

רַחְצָה – (נוטלים ידיים פעם נוספת, הפעם עם ברכה). לפני האכילה העיקרית ב"שולחן עורך" יש לרחוץ שנית את הידיים, לטהר את האמצעים המביאים אל המטרה.

מוֹצִיא – (מברכים "המוציא לחם מן הארץ"). כדוגמת הלחם, בסיס המזון האנושי, שהוא תוצר של חומרים טבעיים (החיטה והמים) המקבלים מהות חדשה באמצעות החוכמה האנושית (הלישה והאפייה בתנור) – כך, במקביל ללידתו של עם ישראל, היסודות הגולמיים של המציאות מקבלים הלילה צביון חדש.

מַצָּה – (מברכים ואוכלים את המצה). המצה, בצק ללא תוספות וללא תפיחה, מבטאת את הנשמה היהודית בזמן שהיא טהורה ומנוקה מן היצר הרע (התוספת החומרנית המיותרת).

מָרוֹר – (אוכלים ירק מר שנטבל בחרוסת). למרות אכילת המצה, המבטאת את הנשמה המשוחררת משעבוד היצרים, ישנם עדיין צדדי מרירות הנלווים לחיים. אולם יש תקווה: המרור נטבל בחרוסת, עיסה מתוקה העשויה מפירות, שעליה אומרים חכמים שהיא דומה לטיט שבו עבדו אבותינו במצרים – נוזל רופס המתגבש בעבודה קשה לבניין מוצק. כך, בעבודה קשה, אנו מרכיבים את חלקי אישיותנו הרופפים לבניין יציב.

כּוֹרֵךְ – (כורכים יחד מצה, מרור וחרוסת ואומרים "זכר למקדש כהלל"). כדוגמת הלל הזקן, שהיה אוכל את המרור בצורה זו בבית המקדש, כך אוכלים אותו גם אנחנו. הלל הזקן, שסיפורים רבים מתארים את אהבתו לכל אדם – הוא הדמות שכמוה אנחנו שואפים להיות. בעלי העין הטובה כהִלל יכולים להכיל ולכרוך את המצה והמרור יחדיו – הם מבחינים כיצד אף הכישלונות (המבוטאים במרור) אינם סותרים את הנשמה (המבוטאת במצה).

שֻׁלְחָן עוֹרֵךְ – (אוכלים את סעודת החג בפאר והדר). מתוך כל התובנות הללו הגענו למצב שבו השולחן ערוך מבחינה אסתטית: הצדדים החומרניים מתעלים והחוויה הגסטרונומית מתעדנת. בניגוד לאכילה הגסה של הבהמה, אכילה זו נעשית ביופי ובאצילות.

צָפוּן – (אוכלים את האפיקומן). גולת הכותרת של הלילה: "אפִּיקוּ־מָן", הוציאו את הלחם השמימי (מָן הוא הלחם הניסי שאכלו עם ישראל במדבר סיני). אנו מגיעים למדרגה הגבוהה והנסתרת ("צפונה"), שבה אנו מקדשים את כל רובדי החיים. האכילה

כבר איננה מצד הרעבון הגופני, אלא "על השובע" – אכילה לשם האכילה. הצדדים הפיזיים שלנו מקודשים.

בָּרֵךְ – (מברכים ברכת המזון). אנו מודים לה' ומתוך כך "מבריכים" ומרכיבים את מכלול האישיות עם הקדושה שהתגלתה בלילה הזה.

הַלֵּל – (אומרים את תפילת ההלל המלאה, שבח לריבונו של עולם). לאחר לילה מעין זה, שבו הגענו לחיבור בין הנשמה לגוף, אנו חשים תחושת עונג המביאה אותנו להלל ולהודות לשם ה'.

נִרְצָה – (מסיימים את ליל הסדר ומכריזים כי מעשינו "נרצים" ומקובלים על הבורא). "נרצה" לשון נפעל, נסחף מאליו. אנו רצויים לקדושה ונישאים בכל חושינו על גליה, ומסיימים בשיר: "לשנה הבאה – בירושלים הבנויה".

הערות לביאור

1. "החדש הזה לכם ראש חדשים, ראשון הוא לכם לחדשי השנה", שמות יב ב.
2. רמב"ם, משנה תורה, הלכות קריאת שמע פ"א ה"ג.
3. מכילתא יתרו א.
4. רש"י שמות ח, כב; זוהר פרשת פנחס.
5. בזוהר מובא שהטלה הוא ראש לכל עבודה זרה, ולכן נצטוו לשוחטו (שפת אמת, שבת הגדול תרמ"ח).
6. שפת אמת, פסח תרל"א: "כי הזמן הוא הטבע והחירות למעלה מן הזמן והטבע, רק ביציאת מצרים נמשך הארה מלמעלה וכו'".
7. על פי מהר"ל, נצח ישראל פרק ס. המהר"ל אומר שהגאולה הייתה בחוזק, דבר המבטא את אלוקיותה, ולא בדרך הטבע.
8. משנה פסחים י, ה; הגדה של פסח.
9. שפת אמת, פסח תרל"ב: "וזה שכתוב אילו לא הוציא וכו' – פירוש, לכל הדורות... ובגאולת מצרים עשה ה' יתברך להיות קץ לכל השיעבודים".
10. הרב קוק, פתגם החודש לחודש ניסן.
11. שמות מ ד.
12. יש הטוענים שסודרו על ידי רש"י. ראו מחזור ויטרי לתלמידו של רש"י, הלכות פסח סימן סה.
13. משנה, מידות ב ה.
14. רעיון זה נמצא כבר בספרים קדומים, כגון האלשיך ויסוד ושורש העבודה, וכן בסידור עולת ראיה.
15. דברים טז ג.
16. האותיות י"ה הן בגימטרייה חמש עשרה. חז"ל אמרו שהעולם הבא נברא באות יו"ד, והעולם הזה באות ה"א (מנחות כט ע"ב ועוד). יו"ד היא אות המבטאת שלמות עשרונית, קטנה בכמותה הגרפית אך מרובה באיכותה – כדוגמת עולם העתיד. לעומתה, האות ה"א מבטאת חמש – חוסר שלמות, חצי, ואף מבחינה גרפית היא מרוסקת ומפולשת, כדוגמת עולמנו הנוכחי. בליל הסדר אנו יכולים לחבר בין העולמות ולהתעלות מהעולם הזה, המרוסק, אל העולם הבא והשלם – "כי בי־ה ה' צור עולמים" (ישעיה כו, ד).
17. שמות יט ד.
18. על פי נוסח ההגדה "ואפילו כולנו חכמים וכו' מצווה עלינו לספר ביציאת מצרים". ראו הגדת הרב יוסף שלום אלישיב, ד"ה "רשע מה הוא אומר".

19. על פי תוספות קידושין ב ע"ב ד"ה "דאסר לה".
20. גיטין יג ע"א, "עבדא בהפקירא ניחה ליה".
21. משנה, אבות ו ב: "שאין לך בן חורין אלא מי שעוסק בתלמוד תורה".
22. שמות יד כב, כט.
23. קול אליהו פרשת בשלח, ראו שם.
24. עולת ראיה ב, הגדה של פסח, קדש.
25. שמות ו ו-ז.
26. המספר שבע הוא ביטוי לששת צדדי המציאות (ימין־שמאל־למעלה־למטה־קדימה־ואחורה) שעליהם נוספת הנקודה הפנימית, היא נקודת השלמות שבמרכז וביסוד המציאות. ראו מהר"ל, דרך חיים, פרק ה משנה ז.
27. מהר"ל, נר מצוה: "היין המשומר... המעלה הפנימית... היין בעצמו הוא משומר תוך הענב ונסתר בו".
28. סנהדרין לח ע"א; עירובין סה ע"א.
29. ברכות מט ע"א, וראו משנה ראש השנה ב ז-ט.
30. שבת בראשית קבועה מבריאת העולם, לעומת המועדים המתקדשים בבית דין על ידי בית דין מישראל. רש"י בברכות שם.
31. פסחים נד ע"א.
32. על פי שיר השירים רבה פרשה ה.
33. על פי שמות ב י.
34. על פי מהר"ל, גבורות ה', פרק יח. המים משולים לחומר, ומשה היה נבדל מן החומריות.
35. שמות לב א.
36. שולחן ערוך או"ח תעג ו.
37. שבת יד ע"א.
38. מהר"ל, חידושי אגדות על חולין ז ע"א: "החומר הראשון נקרא מים, מפני שהוא נעדר כל צורה".
39. שולחן ערוך או"ח קנח י.
40. עולת ראיה א, ברכת על נטילת ידיים של שחרית.
41. מסילת ישרים, מידת הקדושה.
42. שמות יט ו.
43. אורות, למהלך האידיאות בישראל ב.
44. משנה, אבות ד טז.
45. כוזרי מאמר א קט.
46. תהלים פא יא.
47. שולחן ערוך או"ח תעג ו, ומשנה ברורה שם ס"ק נד.
48. בית יוסף סימן תעג בשם הרוקח ועוד ראשונים.
49. שש מאות אלף הוא מספר המבטא מדרגת חיים מלאה: ששת צדדי המציאות (ימין־שמאל־קדימה־אחורה־למעלה־למטה) כפול מאה־אלף. מהר"ל, גבורות ה', פרק ל. מספר זה מופיע גם בהיסטוריה המודרנית של עם ישראל – שש מאות אלף יהודים שהיו בארץ ישראל בזמן הקמת המדינה.

50. מסילת ישרים, הקדמה: "כנגד מה שאמתתם (של ענייני המוסר) גלויה לכל, כך ההעלם מהם מצוי מאוד".

51. שולחן ערוך או"ח תעג ו, ומשנה ברורה שם ס"ק נח.

52. ההגדה נחתמה בעיקרה בידי רבי עמרם גאון. על פי ספר הגדה שלמה עמ' 41.

53. מובא בספרים רבים בשם האר"י.

54. זוהר פרשת בא. החמץ רומז ליצר הרע שיש בו תוספות מיותרות, ואילו המצה היא כנגד יצר הטוב שהוא טהור.

55. 'ושמרתם את המצות" (שמות יב יז) – "מצוה הבאה לידך אל תחמיצנה", על פי מכילתא בא, מסכתא דפסחא, ט.

56. גיטין יג ע"א, "עבדא בהפקירא ניחה ליה".

57. מאמרי הראיה (מהדורת תשד"מ), "חירותנו", עמוד 158.

58. על פי אבות דרבי נתן ו; פרקי דרבי אליעזר א.

59. בבא מציעא נט ע"ב.

60. ירושלמי יבמות א ו.

61. בבא מציעא שם.

62. על פי ברכות כז ע"ב; רמב"ם הקדמה למשנה.

63. ראו ברכות שם.

64. קידושין מ ע"ב.

65. ירושלמי יבמות א ו.

66. קידושין שם.

67. ירושלמי ברכות א א.

68. שולחן ערוך או"ח ה.

69. ברכות נז ע"ב.

70. עולת ראיה ב, הגדה של פסח, מגיד.

71. עין איה שבת מו, ב.

72. בראשית רבה פרשה סח ט.

73. שולחן ערוך או"ח תעה א.

74. חגיגה יג ע"א: "במופלא ממך אל תדרוש ובמכוסה ממך אל תחקור, במה שהורשית התבונן, אין לך עסק בנסתרות".

75. מאמרי הראיה (מהדורת תשד"מ), "הלילה הזה כולנו מסובין", עמוד 161.

76. בכוחה של אכילת המצה לתת לאדם כוח לעבודת ה' ולתיקון המידות לכל השנה. על פי שפת אמת פסח תרל"ח ועוד; צדקת הצדיק קצד.

77. שמות ג יד: "אהיה אשר אהיה". רש"י מסביר, על פי חז"ל, ששם זה רומז לשלטון ה' המחבר את העבר עם העתיד.

78. ראו למשל משנה בבא קמא ז, ה.

79. ילקוט שמעוני שמות רמז רפו: "למה נקרא שמם אלוהים אחרים? מפני שמאחרים את הטובה לבא לעולם".

80. בראשית רבה פרשה מב ח: "אברם העברי... כל העולם כולו מעבר אחד והוא מעבר אחד".
81. ויקרא יח ג: "וכמעשה ארץ כנען... לא תעשו", ואמרו חז"ל שמעשיהם שפלים מאוד. ראו פירוש רמב"ן על התורה שם.
82. בראשית כה כה, ורש"י שם.
83. מהר"ל, גבורות ה', פרק ח. חיתוך הבתרים היא סימן לברית גזורה וחתוכה שמסמלת מוחלטות ונצחיות.
84. המספר ארבע מאות מורכב מהמספר ארבע, המייצג את המרחב (ארבע רוחות השמיים), כשהוא נכפל במספר מאה, המבטא שלמות עשרונית (עשר כפול עשר) – מוחלטות רחבה. ראו מהר"ל, חידושי אגדות על גיטין נז ע"ב.
85. פירוש הכתב והקבלה על בראשית טו יד.
86. ראה בראשית כט כה ושם לא מא, וברש"י.
87. דברים כו ה, וברש"י.
88. הרב קוק, למהלך האידיאות בישראל, פרקים ד-ה; מהר"ל, גבורות ה', פרק כה: "שהארץ הזאת מסוגלת למעלה אלוקית".
89. המספר שבעים מורכב מהמספר שבע, המבטא את תמצית מעגל החיים (שבעת ימי השבוע), הנכפל בשלמות העשרונית – כלומר תמצית מרוכזת שגונזת בתוכה את השלמות הטבעית. מהר"ל, גבורות ה', פרק יב.
90. שמות א ז, ורש"י על פי שמות רבה פרשה א ח: "שהיו יולדות ששה בכרס אחת".
91. עשרת אלפים הוא מספר המבטא ריבוי של הריבוי (רבבה) – מאה כפול מאה, שלמות משגשגת. מהר"ל, גור אריה על דברים ד לב.
92. מסילת ישרים פרק ב, בביאור מידת הזהירות.
93. משמעו של הפועל המצרי 'מס' הוא לשאת או לסחוב.
94. שמות רבה פרשה א י.
95. שם.
96. שם יא.
97. כלשון בקשתנו הנאמרת בתפילת שחרית: "למען לא ניגע לריק, ולא נלד לבהלה".
98. רש"י על דברים ד לד.
99. "כימי צאתך מארץ מצרים אראנו נפלאות", מיכה ז טו.
100. מהר"ל, גבורות ה', פרק נה. מלאך הוא כוח פרטי וקטן, ולכן אינו עושה כמה שליחויות.
101. ראו בראשית רבה פרשה נו י.
102. שמות רבה פרשה ט ב: "אין הקב"ה רודה את הרשעים אלא במטה".
103. המספר שתיים הוא ביטוי להתגלות הכוחות המפורדים אחד מהשני; המספר אחד הוא ביטוי למקור המאחד, ואילו שניים הוא לקיחת היסוד המאחד והוצאתו מן הכוח אל הפועל בעולם הזה באופן מפוצל, דבר המתבטא בשינוי ממדים רבים. ראו מהר"ל, חידושי אגדות על גיטין נו ע"ב: "ולפיכך לא נאמר כי טוב ביום השני, כי בו היה הבדלה ופירוד".
104. המספר עשר מבטא 'קפיצת מדרגה' ממֵמד היחידות לממד העשיריות – כלומר שינוי מהותי מלמטה עד למעלה. מהר"ל, דרך חיים, פרק ג משנה ו.

105. חז"ל אמרו שהיאור, והמים שבו, היו אלילי מצרים משום שהיו בסיס חייהם, ולכן לקה היאור בראשונה.
106. שמות ט כד.
107. שמות י כג.
108. מכילתא בא, פרשה יג; באר מים חיים פרשת בא פרק יב.
109. מהר"ל, גבורות ה׳, פרק לד.
110. רש"י על שמות ט כד, על פי המדרש.
111. מהר"ל, גבורות ה׳, פרק יח, וכן במקומות רבים נוספים.
112. המספר עשר מבטא מעבר בין העולמות (מיחידות לעשרות), ואילו המספר חמש מורכב מארבעת מרחבי הטבע (צפון-דרום-מזרח-מערב) של עולמנו התחתון, ועימם הנקודה האיכותית המרכזית, המחברת ביניהם. עשר כפול חמש הוא המספר חמישים, המבטא מעבר מעולם תחתון לעולם עליון יותר. ראו מהר"ל, נר מצוה.
113. הביטוי המצרי "חרי טפ" פירושו "כהן קורא".
114. ראה הערה 112.
115. המספר ארבע הוא ביטוי להתפשטות לארבע רוחות השמיים, ארבעת צדדי עולם הטבע.
116. כאמור בהערה הקודמת, המספר ארבע הוא ביטוי למרחבי עולם הטבע. ארבע כפול עשר (המבטא מעבר איכותי) הוא המספר ארבעים, שמשמעו מעבר מעידן טבעי אחד למשנהו (כדוגמת ארבעים יום וארבעים לילה של תיבת נח, שהצעידו את העולם מעידן טבעי אחד לעידן טבעי שני). ראו מהר"ל, גבורות ה׳, פרק יד.
117. המספר שתיים הוא ביטוי לריבוי של כוחות נפרדים (פיצול). שתיים כפול מאה (עשר בריבוע, המבטא עולם העומד בפני עצמו ואינו זקוק להשלמה ממקור חיצוני לו) הוא המספר מאתיים – עולם טבעי שלם שבמקביל אליו קיים עולם על-טבעי שלם – ושני העולמות הללו הוכו בקריעת ים סוף. ראו מהר"ל, נצח ישראל, פרק נא.
118. המספר חמש מבטא את ארבעת צדדי הטבע, שעליהם נוספת הנקודה המחברת ביניהם – היינו, השינוי הכמותי מצטבר בסופו של דבר לכלל המרובה מסך חלקיו, ויוצר שינוי איכותי.
119. הנקודה האיכותית שעליה מדבר רבי עקיבא מתבטאת דווקא ב"חרון אף", מפני שהכעס הוא סוג של יציאה משלוות הנפש, והיינו ביטוי שמכות מצרים לא רק רפרפו על גבי עולם הטבע המצרי, אלא זעזעו אותו עמוקות עד שורשו האיכותי והוציאו אותו משלוותו.
120. ראה הערה 112.
121. המספר חמישים, כאמור בהערה 112, הוא ביטוי למעבר מעולם תחתון לעולם עליון; המספר מאתיים, כאמור בהערה 117, הוא ביטוי לכלל הממדים של הבריאה, הטבעיים והעל-טבעיים; צירוף המספרים חמישים ומאתיים מביא אותנו למספר חמישים ומאתיים – כלל ממדי הבריאה עוברים ממדרגתם התחתונה אל מדרגה עליונה יותר. כלומר, גם המדרגה האיכותית ביותר בבריאה הטבעית והעל-טבעית – מדרגת המוסר האנושי -מתבטלת מול הגדולה האלוהית המתגלה בקריעת ים סוף. בדומה לכך אנו מוצאים את מאתיים וחמישים מקטירי הקטורת בפרשת קורח, שהושמדו עקב יומרתם לעבוד את ה׳ באופן עצמאי – ערכי ככל שיהיה – ללא נאמנות והתבטלות לנבואתו של משה.

122. אחד מי״ג העיקרים של הרמב״ם, המפורטים בהקדמתו ל״פרק חלק״. ביציאת מצרים התבטא עיקר זה באופן מלא ורחב.
123. ראו מהר״ל, נצח ישראל, פרק ג.
124. עין איה, ברכות פרק א, אות קיד.
125. כפי שאנו מבקשים בתפילת העמידה: ״סלח לנו אבינו כי חטאנו״.
126. ראה הערה 116 לעיל, מדוע המספר ארבעים מבטא עידן חדש.
127. מאמרי הראיה (מהדורות תשד״מ), ״השבת״, עמוד 137.
128. שבת פט ע״א: ״מאי הר סיני? הר שירדה שנאה לאומות העולם עליו״.
129. דברים יז ח: ״ועלית אל המקום אשר יבחר ה׳ אלהיך בו״.
130. בראשית ו יד: ״וכפרת אותה מבית ומחוץ בכופר״.
131. יומא פו ע״ב: ״גדולה תשובה, שזדונות נעשות לו כזכיות״.
132. קורבן פסח הוא קורבן יחיד, אך צריך לבוא בחבורה, כלומר שכמה אנשים ימנו עליו.
133. שמות יב ח.
134. שם פסוק מו.
135. שם פסוק ט.
136. שם פסוק מו.
137. המצה נקראת בזוהר ״מיכלא דמיהמנותא״ (מאכל האמונה), מפני שהיא מחברת את האדם לאמונה בה׳.
138. המילה ׳קלס׳ מקורה ביוונית, ופירושה ׳יפה׳.
139. עולת ראיה א, ברכת על נטילת ידיים של שחרית.
140. שולחן ערוך או״ח תעה א.
141. שולחן ערוך או״ח קסח ט.
142. סנהדרין ע ע״ב.
143. עין איה, ברכות פרק ז, אות מא.
144. ברכות יז ע״א.
145. בספר הזהר החמץ מסמל את היצר הרע, מקור המידות הרעות כולן, וכפי שנזכר רבות בדברי השפת אמת, צדקת הצדיק, בן איש חי ועוד.
146. דברים טז ג.
147. פסחים לו ע״א.
148. שמות יב לח.
149. מאמרי הראיה (מהדורות תשד״מ), ״פסח מצרים ופסח העתיד״, עמוד 165.
150. רמ״א או״ח תעג ה.
151. פסחים קטז ע״א.
152. שמות א יד.
153. זוהר במדבר, רעיא מהימנא, רכט, ב (מתורגם).
154. עולת ראיה א, עמוד רי, על הפסוק ״התהללו בשם קדשו, ישמח לב מבקשי ה׳״.
155. שבת לא ע״א.

156. שם.
157. עולת ראיה ב, הגדה של פסח, שולחן עורך.
158. שולחן ערוך או"ח תעב ב, ומשנה ברורה שם ס"ק ו.
159. שני לוחות הברית, חידושים על מסכת פסחים, תחילת המסכת, ד"ה ויחזור.
160. פסחים ע ע"א.
161. על פי תוספות קידושין ב ע"ב ד"ה "דאסר לה".
162. שולחן ערוך או"ח תעח א.
163. פסחים קט ע"א.
164. משנה ברורה תעח ס"ק א.
165. ברכות מח ע"ב.
166. שם.
167. שם.
168. רמב"ן על התורה בראשית יז ט.
169. כדברי התלמוד בברכות שם.
170. אבות דרבי נתן ד ד.
171. שם.
172. רבי סעדיה אבן דנאן בשו"ת פאר הדור סימן רכה.
173. תענית לא ע"א.
174. הרב קוק, אורות הקודש, חלק ב עמ' ש.
175. פסחים צה ע"א.
176. תהילים קנ ו.
177. ראו ברכות לג ע"ב.
178. ברכות יז ע"א; רמב"ם הלכות תשובה פ"ח ה"ב.
179. שולחן ערוך או"ח תפא ב.
180. רמ"א שם.
181. שולחן ערוך או"ח רלט א.
182. שמות יב מב.
183. פסחים קט ע"ב.
184. ראו בבא בתרא טו ע"א, ובהקדמתו של הרב עמוס חכם לספר דעת מקרא על שיר השירים.
185. משנה, מסכת ידים ג ה.
186. שיר השירים ד ז.

הערות להנחיות

א. שולחן ערוך או"ח תעג ו.
ב. בקבלה צד ימין מבטא את הקדושה האלוהית, "ימין ה' עושה חיל", וצד שמאל מבטא את הכוחות המתנגדים לה.
ג. על פי ספר פרי עץ חיים לאר"י, והגדת חב"ד.
ד. מנהג החבאת האפיקומן הוזכר בכמה ספרים, כגון חק יעקב תעב ב.
ה. מהר"ל, נר מצוה.
ו. מהר"ל, נר מצוה: "היין המשומר... המעלה הפנימית... היין בעצמו הוא משומר תוך הענב ונסתר בו".
ז. ראו בדברי הרמב"ן בפירושו לשמות יג טז.
ח. מהר"ל, נר מצוה: "היין המשומר... המעלה הפנימית... היין בעצמו הוא משומר תוך הענב ונסתר בו".
ט. שולחן ערוך או"ח תעב ג.
י. משנה ברורה קנח ס"ק א.
יא. משנה ברורה תעז ס"ק א.
יב. שולחן ערוך או"ח תעז א.
יג. שמות יב כט:"ויהי בחצי הלילה וה' הכה כל בכור בארץ מצרים".
יד. ירושלמי ברכות א א.
טו. מלכים ב ב יא.
טז. מלאכי ג כד.
יז. מלכים א יז א, ועוד.
יח. ראו תוספות יום טוב על המשנה בעדויות ח ז.
יט. שמות ו ח.
כ. וכך פסק השולחן ערוך או"ח תפא א.
כא. שמות ו ז.
כב. שולחן ערוך או"ח תעט א.
כג. על פי מהר"ל, גבורות ה', פרק ס.